智库成果出版与传播平台

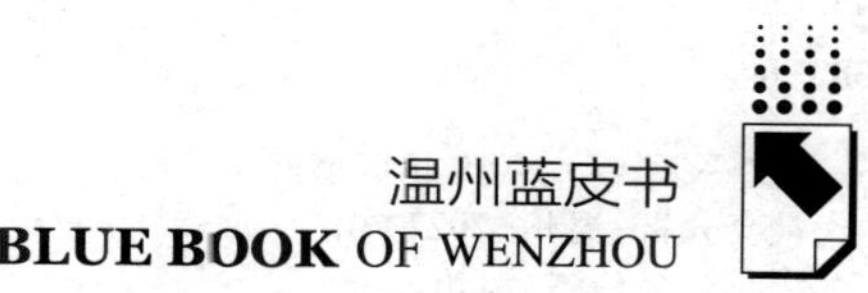

编委会主任 / 张　健
执 行 主 任 / 洪文滨

2022 年温州经济社会形势分析与预测

ANALYSIS AND FORECAST ON ECONOMY AND SOCIETY OF WENZHOU (2022)

主　编 / 王　健　王春光　金　浩
副主编 / 朱康对　任　晓　陈中权　陈　勋

社会科学文献出版社
SOCIAL SCIENCES ACADEMIC PRESS (CHINA)

图书在版编目(CIP)数据

2022年温州经济社会形势分析与预测/王健，王春光，金浩主编．--北京：社会科学文献出版社，2022.7
（温州蓝皮书）
ISBN 978-7-5228-0383-8

Ⅰ.①2… Ⅱ.①王… ②王… ③金… Ⅲ.①区域经济-经济分析-温州-2022 ②社会分析-温州-2022 ③区域经济-经济预测-温州-2022 ④社会预测-温州-2022 Ⅳ.①F127.553

中国版本图书馆CIP数据核字（2022）第110366号

温州蓝皮书
2022年温州经济社会形势分析与预测

主　　编／王　健　王春光　金　浩
副 主 编／朱康对　任　晓　陈中权　陈　勋

出 版 人／王利民
组稿编辑／邓泳红
责任编辑／吴云苓
责任印制／王京美

出　　版／社会科学文献出版社·皮书出版分社（010）59367127
地址：北京市北三环中路甲29号院华龙大厦　邮编：100029
网址：www.ssap.com.cn
发　　行／社会科学文献出版社（010）59367028
印　　装／天津千鹤文化传播有限公司

规　　格／开　本：787mm×1092mm　1/16
印　张：20　字　数：298千字
版　　次／2022年7月第1版　2022年7月第1次印刷
书　　号／ISBN 978-7-5228-0383-8
定　　价／138.00元

读者服务电话：4008918866

温州蓝皮书编委会

主编简介

王　健　中共温州市委党校（温州市行政学院）副校（院）长、中国农村社会学专业委员会委员、浙江省社科信息学会第六届理事会副理事长、浙江省哲学社会科学重点研究基地“文化发展创新与文化浙江建设研究中心”研究员、温州市公共政策研究团队“社会治理创新”负责人。主要从事区域社会发展、人口结构变迁等研究，发表文章40余篇，获得地厅级成果奖10余项，主编《乡村振兴看浙江》《市域治理看温州》《共同富裕看温州》等图书。2007年以来，一直主持温州蓝皮书日常编撰工作，2017年获评“皮书专业化二十年·致敬人物”。

王春光　中国社会科学院社会学研究所副所长，社会政策研究中心副主任，中国社会科学院社会学研究所首席研究员，博士，博士生导师，享受国务院政府特殊津贴专家。长期从事农村社会发展、农村流动人口、社会阶层和社会流动、海外移民等方面的研究。曾主持和参与国家社会科学基金课题、中国社会科学院重点课题的研究，先后出版《社会流动和社会重构》《中国农村社会变迁》《中国城市化之路》《巴黎的温州人》《中国农村社会分化和农民负担研究》《移民空间的建构——巴黎温州人跟踪研究》等专著，并先后在《中国社会科学》《社会学研究》《社会》《中国人口科学》等杂志上发表多篇文章。

金　浩　曾任中共温州市委讲师团团长、中共温州市委党校副校长、温州市乡镇企业局局长、温州市科学技术委员会主任，从事资本市场相关领域研究。

摘 要

本书是由中共温州市委党校和中国社会科学院社会学研究所合作研创的第 15 本关于温州年度经济社会形势分析与预测的报告（温州蓝皮书），由党校、高校、政府研究机构人员撰写。

全书由总报告、经济篇、社会篇、文化篇、生态篇、专题篇和附录 7 个部分 24 篇报告组成。本书的数据来源于省市统计部门、温州市有关部门、调查问卷和 Wind 数据库。

本书分析了 2021 年温州经济社会发展形势，对 2022 年温州发展面临的内外形势进行了分析，提出了需要面对的挑战和存在的问题，并基于问题和挑战提出了相应的政策思路和建议。本报告认为，2021 年是“十四五”的开局之年，温州深入贯彻中央、浙江省委关于统筹疫情防控和经济社会发展的要求，坚持稳中求进的工作总方针，继续深化改革创新，扎实推进高质量建设共同富裕示范区市域样板，开展市域社会治理现代化先行市创建，经济社会发展克服了疫情带来的不利影响；地区生产总值达到 7585.02 亿元，较上年增长 7.7%，财政总收入突破千亿元，公共服务质量稳步提高，就业和人民生活持续稳定，高质量建设共同富裕示范区市域样板顺利起步，城乡居民收入差距有所缩小，生态环境质量更优，实现了“十四五”的顺利开局。基于全市“十四五”规划和重点领域发展的目标，实现区域经济社会稳中求进还面临诸多挑战和问题。2022 年，面对明显增加的风险挑战，政府要遵循新发展理念，贯彻落实好中央经济工作的要求，地区生产总值经济增长要按照“十四五”末突破万亿元的目标，力争增速达到 7%。本报告建议，

2022 年，要继续完善疫情防控工作；稳经济、保民生；增强战略性新兴产业发展动能；以提升乡村振兴质量为抓手，推进更高水平的共同富裕；深化改革开放，推进中心城市能级跃升和国际化；切实提升城市管理品质，营造更加美丽的城市空间；做好应对极端天气的措施。

本报告认为需求萎缩是工业经济面对的最为严重的现实问题，对温州工业经济运行影响尤为突出。预计 2022 年温州工业投资增速有支撑，仍难以超越疫情前的水平。

本报告认为，面对经济增速放缓的局面，温州中小企业经营困难形势加剧，长期来看，税收增速将放缓。2022 年，温州财政增收既有有利因素也有不利因素，总体来看，财政收入增长大致与 GDP 增长同步。

关键词： 区域发展　经济运行　社会发展　温州

Abstract

This book is the 15th annual report (Blue Book of Wenzhou) on the analysis and forecast of Wenzhou's economic and social development situation, which is jointly compiled and published by the Wenzhou Municipal Party Committee School and the Institute of Sociology of the Chinese Academy of Social Sciences. It is written by personnel from Party schools, universities, and government research institutions.

The book consists of 24 research reports in seven parts: General Report, Economic Reports, Social Reports, Cultural Reports, Ecological Reports, Special Topics, and Appendix. The data in this book come from provincial and municipal statistics departments, relevant municipal departments of Wenzhou Municipality, survey questionnaires, and Wind database.

The book analyzes the economic and social development situation of Wenzhou in 2021, analyzes the internal and external development environment of Wenzhou in 2022, puts forward the challenges and problems, and puts forward corresponding policy ideas and suggestions. The report concluded that in the year 2021, the opening year of the 14th Five-Year Plan, Wenzhou thoroughly implemented the requirements of the central and provincial committees to coordinate epidemic prevention and control with economic and social development, adhered to the general policy of seeking progress while maintaining stability, continued to deepen reform and innovation, solidly pushed forward the high-quality construction of a city model of common prosperity, and carried out modernization of municipal social governance. The economic and social development overcame the negative impact of the epidemic prevention and control, with the gross regional product reaching 758.5 billion RMB, increasing by 7.7% year-on-year. The total fiscal revenue exceeded 100 billion RMB. The quality of public services steadily improved, employment and people's life continued to be stable, the high-quality construction of a demonstration city for common prosperity started smoothly, the income gap between urban and rural residents narrowed, the quality of the ecological environment optimized. All contributed to a smooth start of the 14th Five-Year Plan. To implement the city's 14th Five-Year Plan, achieve the goals of key sectors of development, and achieve steady progress in the regional economy and society, there will be many challenges and problems ahead. In 2022, confronted with increasing risks and challenges, the government should follow new development concepts and implement the requirements of the Central Economic Work Conference. The economic growth target of the gross domestic product should be in accordance with the goal of breaking through a trillion at the end of the 14th Five-Year Plan, ensuring a growth rate of 7%. The report suggests that in 2022, we should continue to improve epidemic prevention and control, stabilize the economy, meet people's basic living needs; enhance the development momentum of strategic emerging industries; promote a higher level of common prosperity by enhancing the quality of rural revitalization; deepen reform and opening up to significantly increase central cities' overall capacity and promote the internationalization process; effectively improve the quality of urban management to create a more beautiful urban space; take measures to cope with extreme weather.

This book argues that industrial economy is facing a declining demand, which is the most serious reality for now. This fact has a prominent impact on Wenzhou's industrial economic operation. It is expected that although there is a upward growth of industrial investment in 2022, the growth rate is still difficult to surpass the level before the epidemic.

The book reports that facing the economic downturn, there will be increasing difficulty for small and medium-sized enterprises, and in the long run, the growth rate of tax revenue will slow down. There are both favorable and unfavorable factors for fiscal revenue growth in 2022. And in general, fiscal revenue growth and GDP growth will roughly be synchronizing.

Keywords: Regional Development; Economic Operation; Social Development; Wenzhou

目 录

I 总报告

II 经济篇

Ⅲ 社会篇

Ⅳ 文化篇

Ⅴ 生态篇

Ⅵ 专题篇

Ⅶ 附 录

皮书数据库阅读使用指南

CONTENTS

I General Report

II Economic Reports

Ⅲ Social Reports

Ⅳ Cultural Reports

V Ecological Reports

Ⅵ Special Topics

Ⅶ Appendix

总报告

General Report

B.1

2021～2022年温州经济社会形势分析与预测*

课题组**

摘　要： 2021年是新冠肺炎疫情全球流行的第二年，温州坚持稳中求进的工作总方针，“六稳”“六保”工作落实有效，疫情防控和经济社会发展取得了优异的成绩。地区生产总值、财政总收入均迈上新的台阶，各项民生事业稳步推进，实现了“十四五”的良好开局。比照温州“十四五”规划目标和打造高质量建设共同富裕示范区市域样板的要求，短期来观察，温州面临外部不利因素增加的风险、高新技术产业发展质量不高、高质量共同富裕存在明显短板、极端天气等问题和挑战。2022年，温州应坚持稳中求进的工作总基调，稳经济政策发力要早、要精准，以超常规手段保增长，经济增长目标可调整为7%。针对面临的问题和挑

* 本文数据来源于省市统计部门，温州市有关部门和Wind数据库。

** 课题组成员：王健（执笔）、王春光、金浩、朱康对、任晓、陈中权、陈勋。

战，本报告从疫情防控、稳经济保民生、战略性新兴产业发展、高质量共同富裕、对外开放、提升城市品质、应对极端天气等方面提出了相应的对策建议。

关键词： 区域发展 经济运行 社会发展 温州

2021 年，新冠肺炎疫情依旧在全球肆虐，且演化出德尔塔、奥密克戎等新的病毒变种，国内多地疫情多发散发，为防范疫情所采取的各种限制措施持续冲击着人民的生产生活，严重阻碍经济社会复苏进程。温州贯彻中央经济工作提出的“六稳”“六保”要求，统筹抓好疫情防控和经济社会运行，一些局部零星的疫情均得到快速的控制。供给侧改革持续推进，落实减税降费任务到位，保障了市场主体的活力，全年经济社会运行总体表现稳中有进。地区生产总值的增长超过了政府预期目标，按可比价计算，比上年增长 7.7%，地区生产总值首次跃上 7500 亿元级，就业难和物价上涨等民生问题受到社会极大关注。重点领域工作稳步推进，建设共同富裕市域样板高标起步，数字化改革全域推进，营商环境跃居全国前列，创新要素进一步集聚，当选东亚文化之都，入选 2021 年最具幸福感城市，实现了“十四五”的良好开局。

一 2021年温州经济社会运行形势

2021 年，随着疫情得到阶段性缓解、就地过年措施落地、年初复工复产顺利，温州市经济开始快速反弹，第一季度开局经济同比增长 21.9%，第二季度同比增长 13.9%，第三季度同比增长 10.2%，全年地区生产总值比上年同比增长 7.7%，季度经济呈现前高后低走势，下半年受同期基数和供电影响，增速下滑，全年地区生产总值首次跃上 7500 亿元级，达到 7585.02 亿元。一、二、三产业增加值比上年分别增长 3.7%、9.2%、

6.8%，全市三次产业结构为2.2∶42.1∶55.8，与上年基本相当，综合经济排名保持在全国第30位。县域经济增长水平呈现“五五开”现象，12个县（市、区）中6个增速在全市平均水平之上。其中乐清市增速最高，达到10.8%，全年生产总值达到1433.48亿元，排名全市第一、全省第五，位列全国百强县第18位。永嘉、文成、龙港三县（市）增速均低于6%，其中永嘉县增速为全市最低，仅为4%。

（一）三次产业发展总体平稳，第三产业受疫情影响复苏势头较弱

第一产业发展稳中有进。据统计，温州全年农林畜牧渔产值达到260.7亿元，同比增长5%。温州市农业农村部门通过实施粮食稳产提质、增加规模种粮补贴、开展粮食功能区的提标改造，进一步夯实了粮食生产的基础，加上全年气候良好，全市粮食生产总产量达到68.5万吨，同比增长4.3%。主要农产品产量增长表现为“4正2负”，蔬菜、油菜籽、糖料、茶叶均实现同比正增长，水果、中草药则分别同比增长-1.7%和-10.8%。水产品产量达到66.2万吨，增长3.4%，其中海水产品占比为92.7%，国内捕捞、海水养殖和远洋捕捞分别占63.8%、33.4%和2.8%，远洋捕捞占比小，同比增速达到89.7%。

第二产业实现恢复性增长。第二产业实现增加值3191.32亿元，其中工业增加值2553亿元，同比增长10.5%，规上企业比上年增加745家，达到6708家，工业增加值达1319.55亿元，同比增长10.1%，增速均高于第二产业的增速（9.2%）。产业发展质量继续提升，全市33个行业中31个行业实现产值正增长。规上工业中，战略性新兴产业、装备制造业、高新技术产业增加值增速均明显高于全年地区生产总值增速，分别同比增长11.4%、11.2%、8.9%，规上工业新产品产值同比增长21.3%。建筑和交通运输业实现增加值640.3亿元，房地产投资依然保持较快增长，同比增长18.3%，交通运输业受疫情影响，表现不一。其中港口货物吞吐量达到7976万吨，增长7.8%，列全国第29位；航空客运和铁路客运分别增长5.1%和8.8%，公路客运则下滑明显，公路客运量和公路旅客周转量均明显下滑，比上年分

别下降了 56%、27.7%。

受疫情冲击，第三产业复苏势头较弱，但第三产业的压舱石作用没变。第三产业实现增加值 4229.39 亿元，增速为 6.8%，低于全省和全国平均水平。全社会消费总额增速为 8.9%，不及固定资产投资。

（二）三大需求逐渐复苏，需求增速位次由上年的出口、投资、消费转变为投资、消费、出口，稳投资的作用突出

以“大抓项目，抓大项目”为稳投资的着力点，资本、土地要素保障较以往取得突破，实施重大项目“三单四化五提升”攻坚行动，取得显著成效，全年固定资产投资增长 11.4%，超全省平均水平 0.6 个百分点，有力支撑了区域经济保持良好增长态势。投资结构有效针对城市安全、宜居和新动能成长，结构更趋优化。其中民间投资增长 13.9%，增速居全省第三。分领域看，房地产开发投资增长 18.3%、制造业投资增长 13.4%、高新技术产业投资增长 21.6%、生态环保城市更新和水利设施投资增长 17.4%，均高于固定资产平均增速，取得较快增长。

全年消费走势先高后低，反弹乏力。受下半年“贸易回归”单位销售额减少影响，消费数据不及预期。2021 年温州全市社会消费品零售总额达到 3807.7 亿元，同比增长 8.9%，限上消费品零售总额为 1010.2 亿元，同比增长 10.6%，基本与疫情前相当。引人关注的现象是房地产销售出现了较大幅度下降，商品房销售面积同比下降了 26.4%；居民消费依然旺盛，保持较快增长，全市居民平均消费支出达到 39900 元，增速为 16.4%，高于收入增长水平；新能源汽车销量则延续高速增长态势，同比增幅达到 140.1%。全年旅游总人数和总收入两项指标分别增长 11.4%和 16%，恢复到疫情前的五六成。网络零售额达 2199.8 亿元，同比增长 8.4%。

全年外贸出口走势高开低走，全年出口总值首次突破 2000 亿元，达到 2035.8 亿元，同比增长 8.4%。出口在三大需求中增速由上年的第一位变为 2021 年的第三位。受疫情影响，第二季度国际航运价格暴涨，集装箱货柜一箱难求，全市外贸出口出现较大幅度下滑，外贸企业因难以确保产品交付

手中部分海外订单流失。温州产品对美国和拉美地区出口额增幅分别达到44.6%和39.6%。跨境电商出现爆发式增长，全市新增海外仓16家，累计海外仓达到21家，出口总额达到142.46亿元，同比增长18.98倍。

（三）财政总收入和政府性基金收入均超千亿元，税收结构更加协调，市级一般公共预算收支基本平衡；社会融资创历史高位，重点领域资金保障有效，银行不良率降至0.6%

温州全市财政总收入首次突破千亿元，达到1081.5亿元，同比增长12.4%，其中，一般公共预算收入达657.6亿元，同比增长9.2%。2021年，市级一般公共预算收入为139.7亿元，同比增长6.0%，市级一般公共预算支出为146.4亿元，同比增长7.3%，收支基本平衡。全年全市政府性基金收入达1493.0亿元，同比增长10.5%，其中，国有土地使用权出让收入1198.2亿元，同比增长2.9%；全市政府性基金支出1678.5亿元，同比增长11.3%；市区政府性基金收入887.5亿元，支出961.8亿元，同比增长1.0%。

税收结构更加协调，一般公共预算收入中税收占比达到83.6%，其中第二产业税收为230.2亿元，同比增长13.1%，第三产业税收为318.7亿元，同比增长2.5%，信息传输软件和技术服务业、建筑业、批发零售业、金融业税收增长居前4位，增长分别达到63.2%、38%、25.7%、22.3%。

2021年，金融系统全面落实货币政策“灵活精准，合理适度”，拓宽融资渠道，全市社会融资规模有效增长，达3430.9亿元，创历史高位，保障了全市经济活动有充裕的流动性。信贷增量比上年增加155.8亿元，截止到12月末，全市本外币贷款余额为15825.2亿元，企业和个人经营性贷款分别增长17.3%和20.5%。重点领域资金得到支持，民营企业、小微企业、绿色发展、乡村振兴贷款快速增长。继续处置银行不良资产，不良率降为0.6%，较上年下降0.19个百分点，远低于银行业平均不良率（1.73%）。2021年银行业受收入下降、支出上升影响，经营效益出现下滑，全年实现净利润227.1亿元，同比下降1.2%。

（四）共同富裕示范区市域样板建设顺利起步

制度层面，2021 年 7 月 23 日，《温州打造高质量发展建设共同富裕示范区市域样板行动方案（2021—2025）》（温委发〔2021〕19 号）印发，提出到 2025 年，推动共同富裕取得实质性进展，形成阶段性的标志性成果，在打造体制机制、经济高质量发展、城乡发展更加协调、改革服务更加优质、先进文化更加繁荣、全域美丽更加彰显、社会治理更加高效 7 个方面做到成为领先全国的市域样板，具体部署了 50 项任务举措，每一项任务都确定了牵头单位和责任单位，建立了含 7 个一级指标、60 个二级指标，2022 年度、2025 年度两个阶段性目标值的市域样板指标体系。山区五县均出台了“一县一策”方案。组织层面，成立了温州市共同富裕工作领导小组，由市主要领导担任组长，设立领导小组办公室（“共富办”），建立常态化运行机制。成立了市委社建委，负责对全市社会建设和社会改革的统筹协调、督促指导、整体推进。实践层面，组织 41 个项目参加全省第一批共同富裕重大项目集中开工。鹿城区、瓯海区、泰顺县的 3 个项目入选浙江省高质量发展建设共同富裕示范区首批试点。温州“不断完善山海协作机制 探索共同富裕最佳实践”等 6 个案例入选浙江省共同富裕示范区典型案例清单，数量与杭州、金华、台州并列第一。城乡居民收入比比上年缩小 0.02。

（五）教育供给能力大幅提升，城乡教育优质均衡性进一步增强，医疗高地建设进展顺利，社保水平稳步提升，弱势群体帮扶更加细化

温州市全年教育投入 232.27 亿元，增长率为 5.27%。基础设施继续完善，新（改扩）建中小学项目 151 个，新增公办中小学安装空调及新风系统教室 6120 个，中高考考点教室全部安装空调；新（扩）建公办幼儿园 48 所，改造提升薄弱幼儿园 177 所，新创一、二级优质幼儿园 210 所，优质幼儿园在园比例提升到 71.43%，增幅为全省第一。城乡教育优质均衡性进一步增强，新增城乡共同体学校 339 所，扩大同步课堂和线上线下教研活动，有效缩小城乡教育差距。推出《温州市义务教育学校集团化办学评估指南

（试行）》，集团化办学比例达92%。实施教育补短板计划，全市最薄弱初中和新居民子女学校办学水平得到进一步提升。师资队伍水平稳步提高，继续实施人才兴教战略，全市各地教师待遇得到普遍提高和保障。建立了市属中小学教师工资收入不低于当地公务员平均水平的长效联动机制，同步提高市属高中段教师收入水平，2021年市直属普高教师人均工资收入增加1.7万元。提高乡村教师津贴水平，为全市乡村教师发放津补贴3亿多元。引育人才双轮驱动，队伍建设稳步提高，全年新引进教师4680人，培育省特级教师后备人才177人，分别新增正高级职称教师、省教坛新秀、市骨干教师19人、44人、1800人，全市“三层次”教师累计达1.25万人。有力推动“双减”教学改革，推出“双减1+20”工作落地的政策体系，全市开展课后服务学校实现全覆盖，参与课后服务的学生达到72.4万人。

（六）高能级创新资源和平台建设成效明显

成功举办2021年世界青年科学家峰会并取得丰硕成果。省级瓯江实验室落成，五大研究集群启动。新增省级产业集群新智造试点5个，高新技术企业突破3000家。新增全职院士3人，省鲲鹏行动计划入选2人，省引才计划入选人数翻两番，新引进博士452人、硕士3620人，新增大学生就业12.67万人，各类技能型人才队伍规模快速增加，全年引育各类人才超22万人。温州大学化学学科获批为一级学科博士授予点，温州大学成为继温州医科大学、温州肯恩大学之后的全市第三所具有博士生培养资格的高等学校。全市高新技术产业、战略性新兴产业、数字经济核心产业制造业利润总额增长分别比规上工业高6.8个、6.2个和3.3个百分点。

（七）健康温州建设成效显著，医疗高地建设取得新成果

坚持把人民健康放在优先发展的战略地位，持续推进健康温州建设，完善健康温州的工作体系，全市人民健康指标继续改善，居民主要健康指标接近高收入国家水平。2021年，疫情防控能力有效提升，建成发热门诊（含基层发热诊室）228家，核酸检测机构增至51家，日检测最大能力达到每

日32.2万单管。实施健康温州的28个专项行动，“明眸皓齿”、慢病管理等5个案例入选健康浙江行动示范样板和优秀案例，健康浙江考核实现温州全域好评，全市居民健康素养水平上升为35.77%，新培育国家卫生乡镇41个。编制出台《温州市“一老一小”整体解决方案》，制度性推进全市“一老一小”健康照护。老年健康服务供给继续增强，新增5家老年医疗机构，老年学科规范化建设有效提升。

医疗高地建设取得新成果。全市生命健康产业总营收超过千亿元，达到1071.6亿元。温州医科大学三所附属医院进入全国科技实力百强医院，附一院入选省级区域医疗中心项目库。新增三甲综合医院1所，新增床位2285张，全市医疗综合实力继续提升。特色和优势学科建设进一步加强，新增2个省级重点实验室，市属医院5个优势学科平台加快建设。重视中医药事业发展，出台《关于促进中医药传承创新发展的实施方案》。新增国家级医疗人才2人，省级医疗人才18人。

（八）营商环境跃居全国前列

持续深化“三服务”活动，叠加民营经济“两个健康”先行区的政策，力求精准服务企业、切实解决难题，温州版“三服务”效果显著，全年为企业减负297.57亿元。深化“易企办”改革，推进企业开办全链条、全流程网上办，网办率达99%以上。中国营商环境评价结果显示，温州开办企业指标位列全国第九，市场主体和企业数分别突破120万户和36万户。全市信用监测排名跃升至全国第2名，创近年来最好成绩。在2021年“万家民营企业评营商环境”评比中，获全国地级市第2名。温州的经验得到国家层面的认可和推广，温州市“30条经验”入选全国推广首批支持民营企业改革发展典型做法，居全国各城市首位。温州市“两个健康”示范区探索成果得到民营企业的认可，这些经验凝结成《温州市“两个健康”先行区建设促进条例》，通过温州市人大常委会审议发布。

（九）数字化改革全域推进

发布《温州市数字化改革总体方案》，按照“一年出成果、两年大变样、五年新飞跃”的要求，全力打造“数字党政智治区、数字服务标杆区、数字经济领跑区、数字生活引领区、数字治理示范区”。对标152跑道，深入对接全省一体化智能化公共数据平台，“1+5”门户全面贯通，“瓯易办”上线运行。数字社会49个应用上线“浙里办”。“金融风险防范与处置”应用、“行政机关合同管理一体化（涉公合同精密智控）”应用，入选浙江省委改革办公布的数字化改革第二批“最佳应用”名单，入选数居全省地市首位。积极参与省级部门协同建设的“产业链监测”“浙里营商”应用跻身“全省最佳”之列。

（十）就业形势总体稳定，城乡居民生活品质更加优化

积极化解疫情对就业的冲击，持续开展惠企减负、稳岗留员，推进重点群体就业帮扶模式，就业形势总体稳定，城镇登记失业率处于1.8%的低水平。城镇居民人均可支配收入达69678元，农村居民人均可支配收入达35844元，分别增长9.8%、10.5%，低收入农户人均可支配收入达到14645元，同比增长15.2%。CPI小幅上涨，全年同比上升1.4%，食品烟酒价格仅上涨0.8%。房租价格由2019年的37.19元/（m^2·月）降为2021年的36.77元/（m^2·月），房租收入比由15%下降为13%①，居民日常生活总体稳定。

社会保障水平稳步提高，更加关注疫情下困难群体的生活。社会保障待遇稳步提高，市区企业退休人员基本养老金从每月人均2961元提高到3110元，市区城乡居民基础养老金从每月人均245元提高到270元，各县（市）基础养老金提高幅度达到25~60元。社保覆盖面继续扩大，职工养老保险参保人数新增27.1万人。把在疫情状态下维持弱势群体应有的生活质量作为政府为民办实事的重要举措。2021年，全市低保标准调整到10632元，保障困难群众14.63万人，发放民政救助资金11.03亿元，同比增长13.55%。打造“真爱到家·救助服务联合体”，发挥温州民间慈善力量，

① 数据来自Wind，人均居住面积为20m^2。

帮助困难群众实现个性需求6万多人次，创新数字化帮扶，推进社会救助“一件事联办”，对低收入人群开展致贫返贫预警监测，实现救助资金“一键达”发放。面对严峻的就业形势，帮扶3万名失业人员实现再就业。

居住环境进一步优化，继续推进市区核心区剩余23个城中村改造，老旧小区改造进展良好，新开工69个，完成整治类46个，既有住宅加装电梯180台，老旧小区地下、地上改造给老旧小区带来了巨大变化，小区旧貌换新颜，居民的幸福感获得感有了很大提升。在非必要不出市的防控原则下，近郊游和户外露营成为广大市民休闲度假的新宠，各种形式新颖、时尚的露营成为市民新的生活方式。

（十一）美丽温州建设提升全域美

持续推进都市区建设，开工“大建大美”项目321个，建成城市阳台、纱帽河等项目414个，建成奥体中心二期、龙舟运动基地等亚运场馆。创成国家级美丽休闲乡村5个，新时代美丽乡村779个，美丽城镇54个，省级美丽河湖12条（个），完成45个省级城镇“污水零直排区”建设，洞头诸湾作为全省唯一优秀案例，入选全国首批8个美丽海湾。打造了一批如山根音乐小镇、小坝坊、侨家乐等的慢生活街区和文旅融合品牌，增加了温州的时尚化、国际化、本土化生活气息，拓展了居民的精神生活空间。生态环境继续改善，多项工作居于全省领先。聚焦精准治污、科学治污、依法治污，打好蓝天、碧水、净土三大保卫战。开展扬尘治理、淘汰改造锅炉、企业VOCs治理、淘汰旧柴油车等行动，臭氧年均浓度下降到126μg/m^3，低于全省平均水平（142μg/m^3），降幅居全省第一，市区PM2.5年均浓度为25μg/m^3，与上年持平。泰顺、文成、苍南、永嘉全年空气质量优良率均达到100%，市区空气质量优良率为98.9%，同比提高1.6个百分点，位列丽水、台州之后，居全省第三。全市各类水体质量得到有效改善。加大治水投资强度，建成45个省级城镇“污水零直排区”。开展水环境质量“达Ⅲ消Ⅳ”行动，突出重点流域水环境质量综合整治，国控断面Ⅰ～Ⅲ类水比例达到100%，省控断面Ⅰ～Ⅲ类水比例达到93.8%。综合开展近岸污染治理，近岸海域优良水质比例达到64.1%，居全省第一。持续推进“无废城市”建设，市域无废创建38项指标中有37项达标。16870家企业纳入全市小微危废收纳体系，市域覆盖率达100%。完成七大类“无废细胞”创建495个，超额完成省定任务。开展重点化工园区地下水污染排查，加强源头治理和地下水污染协同防治。

（十二）社会治理取得重要进展

全市以市域社会治理现代化试点城市创建和信访工作现代化试点城市创建作为探索政府治理体系和治理能力现代化的集中体现，通过强化党政领导、创新机制办法、加强跟踪督办、完善考评机制等在打击违法犯罪、化解信访积案上取得了重要成果。依法严打各类突出违法犯罪，刑事案件发案数进一步下降。推进“净网2021”专项行动、“护航2021”专项行动，一些侵害企业权益的黑恶势力团伙受到法律的制裁。基于互联网的侵财案件手段不断翻新，网络电信诈骗案件持续高发，成为持续影响社会稳定的突出问题，2021年全市破获电信诈骗案4500多起。一些疑难复杂的信访案件得到化解，有力维护了群众的权益和社会的安全稳定，社会治安总体稳定向好。

二　2022年温州经济社会发展面临的问题与挑战

2022年，温州将着力推进“十四五”规划目标实施、打造高质量建设共同富裕示范区市域样板、市域社会治理现代化试点城市创建等一系列涉及区域长远发展的重要任务。当前和今后一段时间，新冠肺炎疫情流行、全球经济下行、需求萎缩、俄乌冲突爆发、中美关系冲突等多重不利因素还在持续叠加，给温州经济社会发展带来了新的问题和挑战。

（一）外部不利因素增加对实现年度经济社会目标形成挑战

一是因新冠肺炎疫情持续流行，可能发生成规模的企业倒闭现象。二是

俄乌冲突爆发引发的国际大宗初级产品价格上涨和需求萎缩将导致企业利润被进一步挤压，加剧企业风险。三是中美冲突在贸易领域扩大化，导致出口下降。四是经济下行压力和新增就业人口进入劳动力市场导致就业压力继续升级。

（二）高新技术产业发展质量不高

数据显示，2021 年，温州全市规上工业中高新技术产业增加值为 853.77 亿元，仅占全省的 6.8%，比疫情前的 2019 年下降了 0.2 个百分点。全市规上工业中高新技术产业增加值增速为 8.9%，比全省增速低 5.1 个百分点，居全省末位。全市高端制造业盈利能力明显不足，利润指标低于全省平均水平。

（三）高质量建设共同富裕存在明显短板，低收入群体增收困难

一是区域、城乡、收入三大差距相对突出，缩小差距的难度加大。二是低收入农户人数位居全省第一，收入增长难度加大。数据显示，近年来全市低收入农户人均可支配收入增长缓慢，山区五县低收入农户人均可支配收入增速在全省 26 个欠发达县中排名靠后。全市低收入农户中弱劳动能力和无劳动能力的比例较高，难以通过就业实现收入增长，其中低保户和特困户占全市低收入人口的 81.1%。三是农村公共服务历史欠账多，城乡公共服务供给结构需要优化。

（四）多元参与的城市管理格局未能形成，脏乱差现象突出

城市形象是硬实力和软实力的综合体现，对内起着文化整合作用，对外发挥着促进开放、提升城市经济竞争力的效用，不可不重视。比如，杭州市自 2007 年提出创建“生活品质之城”以来，以精致和谐、开放大气的人文精神为支撑，以和谐创业为根本途径，吸引了大批海内外优秀人才。10 多年来，杭州实现了经济、社会、文化、生态的全面发展，并陆续成为 G20 和亚运会的举办城市，从一个二线城市发展成为国际知名城市和经济实力位

居全国前列的一线城市。近年来，随着温州市区“大建大美”“精建精美”工作的快速推进，城市更新加快，新建道路桥梁、轨道交通、公园、景观、商业文化街区、公共服务设施陆续投用，地标性建筑不断增加，多中心商业分布的大都市区商业格局基本形成，“二线三片”特色精品项目使温州城市形象大有改善，城市价值得到了很大提升，市民的满意度、幸福感在城市蝶变中得到有效增强。新的城市空间和文化、景观设施在带给市民物质和精神愉悦的同时也对市民和管理者提出了挑战，公共设施损毁、环境卫生差、交通秩序混乱、占道经营这些问题在城市更新中依然普遍存在，在一些老旧小区和城郊接合部这些问题更加突出，不仅影响市民生产生活，严重损害了城市形象，而且破坏了温州的招商引资环境。这反映了城市管理部门和市民还不能适应新时代城市发展的要求，在思想观念和行为方式上还跟不上时代发展新要求。

（五）极端天气引发重大自然灾害的挑战

近年来，由全球气候变暖导致的极端天气明显增多，极端天气出现常态化迹象。温州是台风多发地区，2002 年以来，有 20 个台风对温州造成较大的经济损失和人员伤亡，平均每年 1 个。据气象部门预测，2022 年影响温州的台风数量偏多，极端天气将给防灾减灾带来巨大挑战。

三　2022年经济社会发展展望与政策建议

展望 2022 年，不确定因素更为复杂多变，风险挑战多于机遇。从国际看，供应链危机仍将继续，地缘政治冲突导致俄乌战争爆发，粮食和能源危机引发粮食和能源价格上涨，全球性的通胀将不可避免，全球经济复苏面临新的困境。从国内看，新冠肺炎疫情危害仍将持续，经济发展面临需求收缩、供给冲击、预期减弱三重压力。面对明显增加的风险挑战，中央经济工作会议要求 2022 年经济工作要稳字当头，稳中求进，各地各部门要担负起稳定宏观经济的责任，积极推出有利于经济稳定的政策，政策发力要适当靠前。2022年，温州将迎来东亚文化之都活动年、亚运会等一些重大活动，有助于推动区域经济社会向好发展。课题组建议，区域经济社会发展要遵循新发展理念，紧紧盯住“十四五”制定的经济总量突破万亿元的目标，2022年的经济增长目标应力争达到7%，以优异成绩迎接党的二十大召开。

（一）完善疫情防控方案

2022年，疫情仍是影响经济社会正常运行的最大变数，要始终坚持动态清零的防控方针，绝不能掉以轻心，应吸取年初某些城市防疫乱象的惨痛教训。首先，落实对易感人群的疫苗接种，形成更高水平的防疫屏障。其次，做好居民生活物资的保障，保持物流的畅通，加强基层管理队伍建设。最后，检视应对较大规模的疫情反弹应急方案，做到发现漏洞，及时完善。

（二）着力稳经济、保民生

1. 财政支出要提高效能，优化支出结构

积极的财政政策将是2022年的主基调，财政政策力求精准、高效、优结构。第一，精减不必要的政府支出，市县政府要在上年的基础上进一步压减支出，减少非生产性支出，节约财政资源。第二，支持市场主体，稳定就业形势。中央要求实施更大力度的减税降费政策，温州中小企业、个体工商户多，抗风险能力比较弱，减税降费政策更要提前落地，不能拖延。及时缓解企业和个体户的经营压力，增强市场主体的活力，稳住经济运行的基本盘。第三，确保民生支出。切实保障疫情期间的基本民生支出，保障疫情防控、教育、卫生医疗、社会保障、基本养老的支出，提高弱势群体、困难群体的生活补助标准。第四，支持科技创新和科技型企业。支持温州国家自主创新示范区建设，推动创新平台建设和人才队伍建设，支持国家先进制造业产业集群“卡脖子”技术的科研攻关。支持全市专精特新企业和科技型企业的研发投入，助力制造业加快实现转型升级。

2. 扩大有效投资

首先，加强对“新基建”的投资。加强和谋划5G、新能源、数字化等“新基建”项目投资，满足生产和消费升级对“新基建”的需求。其次，稳定房地产市场，促进房地产市场健康发展。再次，抓好省市县长工程的实施，全面推进“四大建设”，推进老旧小区改造以及已经谋划的重点项目。最后，确保投资要素高效率供给。

3. 完善消费环境，培育消费热点

一是促进旅游业加速复苏。受疫情影响，全市旅游业下滑严重，要抓住2022年温州将迎来东亚文化之都活动年、亚运会的机会，加速旅游业恢复增长。第一，加强对旅游软硬件的投入和培育。温州是国家历史名城，名山秀水海岛湖泊湿地汇聚温州，“食在温州”闻名遐迩，旅游资源和要素极为丰富。但酒店、景区、交通等旅游配套设施落后，餐饮服务能力严重不足，难以有效满足旅游业的高速发展。第二，建议开年推出一些特色旅游景点向全国免费开放，为旅游业恢复预热。第三，有效对接长三角游客群，研发更多特色鲜明的文旅融合产品，吸引长三角游客群。

二是抓好新能源汽车消费。以新能源汽车为代表的大宗消费品升级换代正日益步入快车道。2021年，全国新能源汽车销量达352.1万辆，连续7年居世界首位。随着产品不断丰富、技术更成熟，加上智能网联的加持，新能源汽车相较燃油车具有明显优势。据行业人士预测，2022年，新能源汽车有可能达到500万辆。政府有关部门应及早做好新能源汽车数量大幅增长的准备，在停车、充电方面出台更多的优惠政策，消除市民购买新能源汽车的后顾之忧。要抓住新能源汽车补贴政策实施最后一年的时机，促进新能源汽车消费的快速增长。

三是支持新业态新模式发展。近年来，基于互联网的新型消费发展势头迅猛，成为消费领域的突出现象，得到市场的认可。温州商人对市场敏感度高，对新事物接受度高，在发展新业态新模式上具有一定的优势，政府应该以包容审慎的态度给予鼓励和支持，激发市场主体的活力。

四是加快发展租赁消费。鼓励市民转变消费观念，发展租赁消费。当前，分享经济的观念正逐渐被接受，随着大宗消费品的升级换代，越来越多的耐用消费品进入二手市场。比如不断增长的汽车拥有量将势必加剧交通拥挤、停车资源紧张问题，增加使用成本，一些用车频率不高的家庭不必一定要拥有私家车，更宜以租赁方式使用汽车。政府部门应倡导鼓励发展租赁服务，使市民可以较低的支出提高生活品质，同时缓解停车资源紧张的矛盾，既减少大宗消费品闲置造成的巨大浪费，又能有效避免造成负面的环境后果。

4. 促进海洋经济发展

温州有 8649 平方公里的海域面积，海洋经济发展基础较好，前景广阔。浙江省政府工作报告提出支持温州增强城市综合竞争力，加快甬舟温台建设临港产业带，温州海洋经济发展迎来良好的机遇。首先，增强陆海统筹能力。做好陆海产业发展布局，加强陆海在资源要素和产业发展上的衔接。其次，加强海洋科技创新能力建设，打造海洋科技创新平台，提升创新在海洋经济发展中的引领作用。再次，构建现代海洋产业体系。推动海洋传统产业向海洋现代产业发展和高级化，依托海洋特色布局临港产业园区，完善产业链条，促进海洋产业集群化。最后，促进海洋经济合作。加强与海洋经济强市和龙头企业在港口、技术、人才培养、市场方面的合作，提升海洋经济高质量发展水平。

（三）坚持创新引领，增强战略性新兴产业发展动能

进一步营造好战略性新兴产业的发展环境。首先，加强战略性新兴产业政策体系规划，开展五大新兴产业发展评估，根据发展情况进行必要的调整。其次，依托“一区一廊一会一室”创新平台，聚焦重点创新项目，构建有效的产学研用金体系，促进战略性新兴产业技术创新并提高应用市场化效率。最后，建立战略性新兴产业引导基金，鼓励社会资本参与新兴产业发展。

（四）以提升乡村振兴质量为抓手，推进更高水平的共同富裕

深入贯彻 2022 年中央和浙江省委两个一号文件精神，坚持党对“三农”工作的全面领导，制定好温州版的一号文件，坚持城乡统筹发展、农

村优先的导向，充分调动各种资源，聚焦缩小“三大差距”，打造更高质量的共同富裕温州样板。第一，增强农业科技、数字技术和先进装备在农业生产中的应用，充分发挥“三位一体”服务“三农”作用。第二，做强品牌农业，打造一批特色农产品，带动形成一批特色产业。第三，完善低收入农户的保障体系，建立保障标准的动态调整机制，逐年增加低收入农户的各项转移性收入。第四，激活农村闲置资源。开展农村闲置宅基地和闲置农房的双激活行动，探索多种方式的资源增值和收益实现方式。第五，公共服务优先安排农村，促进乡村建设水平提升。分类开展村容村貌的整治提升，优化公共服务的建设和布局，解决农村居民关注的教育、医疗、环境卫生、交通等难点痛点，提升群众的获得感幸福感。第六，发挥好各类共同富裕基金的作用。2021 年以来，相关部门和社会组织建立了各类共同富裕基金，为使用好这些共同富裕基金，建议及时与各地政府有关部门加强信息沟通，共同确定基金的使用，做好共富项目的策划、执行、督察、考核与验收。第七，提升农村应对自然灾害的能力。温州夏季多台风，极易产生台风引发的灾害事件。全市农村地质灾害点数量多，灾害风险不可忽视，有关部门和农村要切实做好防灾减灾工作，提升应对自然灾害的能力。

（五）深化改革开放，推进中心城市能级跃升，提高其国际化水平

高水平推进对外开放是温州实现跨越式发展、破解单靠内源型发展困局，形成内源和外源融合的协调发展格局的必然选择，也使温州有机会通过深化改革开放成为我国东南沿海的重要中心城市。首先，应加快文化转型。塑造新时代适应对外开放要求的文化气质是进行对外开放的关键因素，坚决革除地域文化中存在的不重规则、封闭排外的落后文化，塑造开放大气、包容友善、尊重契约、合作创新的新时代文化，实现地域文化的推陈出新。其次，打造国际化的一流营商环境。深化数字化政府改革，促进内外资投资便利化。加快补齐公共服务国际化短板，提升空港、海港的国际化水平，打造适应国际人才需求的教育和生态社区。再次，比照深圳、上海打造一流的法治环境。最后，实施聚焦战略性新兴产业发展的海内外招商引资、招才引智。

（六）切实提升城市管理品质，营造更加美丽的城市空间

对标国家文明城市要求，温州的城市管理还存在不少不尽如人意的方面，比较突出的问题诸如背街小巷及老旧小区环境脏乱差、交通秩序混乱、垃圾混放、河道污染、噪声污染、工地扬尘，等等，其中有人为因素也有规划和基础设施方面的原因，亟待整治。其一，人为因素是造成城市诸多问题的重要因素。利用机关、学校、媒体、企业、社区、物业以及各类社会组织开展道德意识、文明意识、生态意识、法治意识的教育和宣传，深入开展“温州是我家，环境靠大家”行动，并根据情况迭代升级行动内容。通过教育宣传实质性改变市民的不文明不道德行为，达到居民普遍遵规守纪、行为规范。只有市民人人都把温州当成自己的家来爱护，才可以大幅度减少脏乱差问题，有效提升城市的品质。其二，升级市政设施，优化公共设施布局。加强城市污水处理、废弃物处置、停车资源等市政设施建设和管理，优化布局繁华街道、公园、绿地周边的厕所数量，在城市中心打造一批无垃圾的街区。其三，加强管理执法，对各种不文明行为进行必要的教育和处罚，动员相关社会组织、党员干部和热心群众参与城市管理，形成多种力量齐抓共管的机制。

（七）做好应对极端天气的措施

面对极端天气常态化的趋势，重点做好预防超级台风可能带来的灾害风险的防灾减灾应急方案。第一，做好地质灾害地区的群防群测，保障群众的生命财产安全。第二，加强防洪排涝骨干工程的建设和维护，提升防洪抗灾能力。第三，加强小流域的治理，在汛期前做好堤岸修护、河道疏浚，防止小流域管理不善引发重大风险。第四，做好防灾减灾救灾的物资储备，加强应急救援队伍建设，避免发生次生灾害。第五，加强对极端天气的预报监测，做到及时、准确、完整。

经 济 篇

Economic Reports

B.2 温州经济运行分析与预测（2021～2022年）*

高顺岳**

摘 要： 2021年，温州经济处于上年疫情深度调整后的恢复期，供给端的产能得到较好的释放，需求端拉动有所好转，民生保障有力有效，经济运行效益和质量逐步提高，“十四五”实现良好开局。但是受新冠肺炎疫情和复杂严峻的外部经济环境的叠加影响，原材料价格波动加剧，企业成本上升，市场订单承接难度加大。消费尚未恢复到正常水平，下半年房地产市场销售明显回落。全年实现地区生产总值（GDP）7585.02亿元，继续保持全国30强城市位次。按可比价计算，地区生产总值比上年增长7.7%，两年平均增长5.5%，高于全国0.4个百分点。全市用电量增长14.3%，高于全省平均水平0.1个百分点。展望2022年，外部

* 本文数据除注明外，均来自统计部门。

** 高顺岳，温州市统计局副局长，经济学博士，高级统计师，高级会计师，主要研究方向为区域经济。

环境依然复杂严峻，疫情防控和温州推进共同富裕示范区建设任务繁重艰巨。在国家稳增长、稳预期，加强宏观政策跨周期调节，加大实体经济支持力度的大背景下，温州经济将继续恢复至正常发展轨迹运行，经济增速将高于前两年的平均水平。

关键词： 经济运行 稳增长 温州

面对复杂严峻的国际环境和国内新冠肺炎疫情散发等的多重影响，温州市认真贯彻落实党中央、国务院、浙江省委省政府决策部署，坚持稳中求进工作总基调，科学统筹疫情防控和经济社会发展，扎实做好“六稳”“六保”工作，锚定“五大新坐标”，建设“五城五高地”，开展“三大百日攻坚”行动，进一步优化营商环境，充分发挥温州民营经济体制机制优势，经济运行持续复苏向好，实现了“十四五”良好开局。

一 2021年温州经济运行主要特点

根据初步核算，2021年温州市地区生产总值（GDP）为7585.02亿元，持续保持全国30强城市位次。按可比价计算，2021年温州GDP比上年增长7.7%，顺利实现年初市人代会7%以上的预期目标。两年平均增长5.5%，高于全国0.4个百分点。三季度以来，受电力供应紧张等因素影响，生产需求同步受到制约，经济增势有所放缓。分产业看，第一、二、三产业增加值分别比上年增长3.7%、9.2%和6.8%，三次产业结构为2.2∶42.1∶55.8，其中制造业增加值占GDP比重为31.9%，比上年提高0.9个百分点。

（一）工业经济逐步复苏，产业结构出现分化

2021年，温州工业经济的产能得到较好的释放，实现了受上年疫情冲击后的恢复性增长。全市实现工业增加值2553亿元，比上年增长10.5%，工业

经济以占 GDP 33.7%的比重，对经济增长的贡献率达到 44.5%，拉动 GDP 增长 3.4 个百分点。全市工业用电量增长 15.7%，高于全省平均水平 1.5 个百分点。全市 6708 家规模以上工业企业增加值达 1319.6 亿元，占全部工业经济的比重为 51.7%，比上年增长 10.1%，两年平均增长 6.6%。受同期基数持续走高、省内疫情多点散发、能耗双控等因素叠加影响，温州市工业生产呈现高开稳走、稳中趋缓的态势。第一季度、上半年、前三季度同比分别增长 41.6%、23.0%和 16.1%。分行业看，规上 33 个工业大类行业中，有 29 个行业增加值比上年增长，较上年增加 5 个行业，增长面达 87.9%，其中 15 个行业实现两位数增长。从“5+5”产业看，数字经济、新能源及节能、新材料、智能装备、生命健康等五大新兴产业增加值增长 9.5%，比服装、鞋业、泵阀、汽车零部件、电气等五大传统产业高出 0.8 个百分点。其中增长较快的汽车零部件、新材料、智能装备、数字经济产业增加值分别比上年增长 15.7%、12.8%、11.8%和 10.4%，分别高于规上工业平均水平 5.6 个、2.7 个、1.7 个、0.3 个百分点。鞋业、电气、新能源及节能产业分别增长 7.1%、6.5%和 5.5%，明显低于全市工业增长平均水平，增长速度居后（见表 1）。

表 1　2021 年温州“5+5”产业增加值情况

单位：亿元，%

指标名称	增加值	比上年增速
规上工业	1319.6	10.1
五大传统产业	593.0	8.7
服装产业	67.6	9.1
鞋业产业	89.7	7.1
泵阀产业	65.0	9.7
汽车零部件产业	93.5	15.7
电气产业	277.2	6.5
五大战略性新兴产业	584.7	9.5
数字经济产业	213.3	10.4
新能源及节能产业	202.8	5.5
新材料产业	107.4	12.8
智能装备产业	208.8	11.8
生命健康产业	92.2	9.8

（二）服务业恢复滞后于工业，农业发展形势良好

由于疫情防控有效有力，需求逐步回升，温州全市服务业保持恢复态势。但是，服务业涉及面广，疫情对住宿、餐饮、旅游等领域影响较大。同时，2021年下半年以来，房地产投资出现波动，商品房销售面积明显下降。2021年，全市实现服务业增加值4229.4亿元，比上年增长6.8%，低于工业经济3.7个百分点，对经济增长的贡献率为49.8%，两年平均增长5.2%，增速仍低于疫情前水平。分行业看，对服务业拉动较大的行业分别是信息传输、软件和信息技术服务业，住宿餐饮业，批发零售业，交通运输、仓储和邮政业，增加值比上年分别增长14.4%、20.1%、12.6%、10.6%，增速分别高于服务业7.6个、13.3个、5.8个、3.8个百分点；但是金融业、非营利性服务业、房地产业增长相对缓慢，甚至负增长，增加值分别比上年增长5.4%、3.5%、-2.3%，增速分别低于服务业1.4个、3.3个、9.1个百分点。2021年，农林牧渔业产值比上年增长5.1%，增速高于全省平均水平1.9个百分点。其中农业（种植业）、林业、畜牧业、渔业产值分别增长0.7%、-1.4%、20.8%和3.7%。粮食生产再获丰收，粮食总产量达68.5万吨，比上年增长4.3%。经济作物生产形势较好，油料、茶叶、瓜果、蔬菜产量分别增长10.0%、4.3%、2.7%和0.3%。畜牧产能持续恢复，生猪累计出栏84.5万头，增长37.4%。水产市场供给充足，水产品产量增长3.6%。

（三）内外需求有所好转，经济循环日益畅通

温州市着力打造区域消费新高地，通过优化消费需求，发放消费券，释放消费潜力，为居民消费升级创造条件，消费品市场保持恢复态势。2021年，全市实现社会消费品零售总额3807.7亿元，比上年增长8.9%，其中限上消费品零售额达1010.2亿元，增长10.6%。但是，两项指标两年平均增速分别为2.9%、1.4%，仍远低于疫情前的水平。从统计监测的限上单位消费类别看，汽车、石油等有关出行的消费占限上消费品统计的58.1%。其

中，汽车类消费416.5亿元，占比为41.2%，比上年增长7.3%，两年平均增长-1.7%，仍然没有恢复到疫情前的水平。从汽车消费结构看，新能源汽车增长140.1%，呈现井喷式增长。石油及其制品类消费171.0亿元，占比为16.9%，比上年增长33.1%，两年平均增长4.1%。生活用品类消费增长平稳，化妆品类，服装、鞋帽、针纺织品类等比上年分别增长3.2%、6.8%（见表2），照相器材、金银珠宝等升级类消费分别增长28.5%、38.6%，五金电料、建筑及装潢材料等生产资料类消费分别增长10.5%、18.6%。新业态新模式持续活跃，网络购物、移动支付、线上线下融合等新型消费快速发展，限上批发零售业单位通过网络实现的商品零售额比上年增长11.9%，快递业务量、业务收入比上年分别增长23.6%、16.0%。

表2　2021年温州限额以上单位主要商品零售情况

单位：亿元，%

商品分类	绝对量	占限上比重	2021年增速	两年平均增速
汽车类	416.5	41.2	7.3	-1.7
石油及其制品类	171.0	16.9	33.1	4.1
服装、鞋帽、针纺织品类	71.7	7.1	6.8	-3.2
粮油、食品类	52.9	6.2	-18.5	2.3
中西药品类	37.2	3.7	7.7	7.1
家用电器和音像器材类	30.1	3.0	-3.5	-6.7
日用品类	18.4	1.8	-6.1	-10.3
化妆品类	11.1	1.1	3.2	12.4

2021年，全市以“大抓项目、抓大项目”为导向，持续推进招大引强，优化投资结构，促进制造业投资和基础设施投资，投资保持稳定增长。全市固定资产投资比上年增长11.4%，增速高于全省平均水平0.6个百分点，两年平均增长8.1%，发挥了投资适度超前从而拉动经济增长的作用。从主要投资领域看，工业领域投资较快增长，工业投资、工业技改投资比上年分别增长18.8%、21.3%，增速分别高于全省平均水平1.0个、7.4个百分点，两年平均分别增长20.4%、23.8%，为下阶段扩大产能打

下基础。新兴领域投资增势良好，高新技术产业投资、生态环保城市更新和水利设施投资比上年分别增长 21.6%、17.4%，两年平均分别增长 20.9%、11.0%；房地产开发投资增长 18.3%，两年平均增长 9.6%。受“三道红线”落地导致融资收紧、楼市调控加压，以及销售逐步降温等因素影响，房企拿地和新开工积极性减弱，房地产投资下行压力加大，增速呈现逐月下滑走势。

受海外疫情、运费高涨、汇率波动等不利因素影响，尤其是运费高涨严重挤压出口利润，运力资源转向外地高附加值产业，导致温州本地进出口持续承压，但仍保持平稳增长。2021 年，温州市实现进出口总额 2411.2 亿元，比上年增长 10.1%，低于全国平均水平 11.3 个百分点。其中：出口总额突破 2000 亿元，达到 2035.8 亿元，增长 8.4%；进口总额 375.4 亿元，增长 20.3%。三项指标两年平均分别增长 12.6%、9.9%和 31.5%。实际使用外资再创新高，全年新批外商投资项目 115 个，实际使用外资 5.45 亿美元，比上年增长 66.4%，高于全省平均水平 50.2 个百分点。其中，高技术产业外资额增长 41.5%。服务贸易加快恢复，全年实现服务贸易进出口额 103.8 亿元，比上年增长 24.5%。

（四）新动能持续壮大，市场活力有所增强

温州积极促进经济转型升级，加快释放新兴产业动能，发展现代服务业，但是总量仍然不大，对经济拉动作用不强。2021 年，规上工业中，高技术产业、战略性新兴产业、数字经济核心产业等先进制造业增加值比上年分别增长 12.3%、11.4%和 10.4%，增速高于规上工业平均水平 2.2 个、1.3 个和 0.3 个百分点。规上工业新产品产值增长 21.3%，新产品产值率为 38.6%，比上年提升 0.9 个百分点。2021 年全年规上工业企业研发费用增长 23.8%，研发费用占营业收入比重达 3.17%。数字经济相关行业快速增长，1~12 月，全市规上互联网、软件和信息技术服务业营业收入增长 23.2%，高于全省平均水平 5.4 个百分点。科技服务业增长较快，规上科学研究和技术服务业营业收入增长 13.5%。生活性服务业提质扩容，规上居民服务业、

文化体育和娱乐业营业收入分别增长42.9%、28.3%，分别高于规上服务业平均水平20.1个、5.5个百分点。据温州市市场监管局统计，截至12月底，温州市市场主体总量达到123.3万户，比上年增长5.1%。其中：企业38.1万户，增长16.2%，全年新设企业8.5万户，增长26.6%；个体工商户84.1万户，增长0.9%。这表明市场主体增长平稳，尤其是在电商等网络平台的影响下，实体个体户基本持平，应关注增长拐点的出现。民营工业稳定增长，2021年，规上民营工业增加值比上年增长9.2%，两年平均增长6.3%；2021年全年规上民营工业企业利润总额增长12.0%，高于规上工业7.2个百分点。民间投资持续活跃，民间投资比上年增长13.9%，高于全部投资2.5个百分点，占全部投资的比重为61.0%，较上年提高1.3个百分点。

（五）发展质量持续提高，民生领域支出保障有力

疫情后经济效益逐步恢复，2021年全市财政、企业、居民等三大收入持续改善。全年财政总收入突破1000亿元，达到1081.5亿元，比上年增长12.4%，其中一般公共预算收入为657.6亿元，增长9.2%，两年平均分别增长7.4%、6.6%。其中，实现地方税收收入549.5亿元，增长7.7%，两年平均增长7.6%。全市规模以上工业企业实现利润增长4.8%。2021年，全市居民人均可支配收入为59588元，比上年名义增长10.3%，高于全省平均水平0.5个百分点。其中城镇居民人均可支配收入水平为69678元，增长9.8%，农村居民人均可支配收入水平为35844元，增长10.5%，两年平均分别增长6.9%、8.9%。城乡差距逐步缩小，城乡收入比为1.94∶1，比上年缩小0.02，与全省平均水平持平。低收入群体增收势头良好，全市低收入农户人均可支配收入为14645元，比上年增长15.2%，高于全省平均水平0.4个百分点。民生支出799.4亿元，比上年增长4.7%，高于一般公共预算支出0.8个百分点，其中教育、社会保障和就业、卫生健康、科学技术支出分别增长5.3%、8.8%、7.0%、17.5%；民生支出占一般公共预算支出比重为74.9%，比上年提高0.6个百分点。就业形势稳定向好。受就业优先

政策深入实施及经济基本面恢复带动，就业形势持续向好。2021 年，全市城镇新增就业人员 17.30 万人，完成全年目标的 192%，比上年增加 3.14 万人，增长 22.2%。城镇登记失业率为 1.8%，处于较低水平。随着市场保供稳价力度不断加大，居民基本生活品供给增加，居民消费价格温和上涨。2021 年，全市居民消费价格上涨 1.4%，涨幅比上年回落 0.6 个百分点，其中食品价格与上年持平（猪肉价格下降 29%），非食品价格上涨 1.7%。

另外，金融市场稳健运行。12 月末，金融机构人民币存款余额为 16213.9 亿元，比上年增长 7.9%，贷款余额为 15755.4 亿元，比上年增长 16.1%，两年平均分别增长 11.1%、16.9%。金融支持实体经济发展的力度不断加大，全年新增制造业贷款 301.6 亿元，12 月末制造业贷款余额为 2136.4 亿元，比上年增长 16.4%。金融风险持续收敛，12 月末，全市不良贷款率降至 0.6%，比年初下降 0.19 个百分点。碳达峰碳中和统筹推进，生态环境保护明显加强，环境质量持续提高。2021 年市区 PM2.5 浓度为 25μg/m^3，与上年持平；优良天数比例为 98.9%，比上年提高 1.9 个百分点。

二 2021年温州经济运行中需关注的问题

当前，疫情存在不确定性、供给需求放缓、经济预期转弱，潜在风险隐现，温州市稳增长面临困难和挑战。从先行指标看，市场预期和企业信心转弱。对温州市 10321 家四上企业的景气状况调查显示，企业对 2022 年第一季度综合经营状况预期“乐观”的占 37.5%，“一般”的占 56.9%，“不乐观”的占 5.5%，其中预期“乐观”评价低于即期（2021 年第四季度）6.2 个百分点。12 月制造业采购经理指数（PMI）中，制造业企业对未来 3 个月的经营预期指数为 52.3%，环比下降 1.6 个百分点，预期趋于谨慎。

（一）传统企业发展受成本上升因素制约

2021 年全国、浙江省经济实现较好的恢复，主要得益于工业经济，尤其是具有资源优势和高科技产业优势的区域。但是，温州市传统的中小企业数量多，产业层次偏低，受市场需求下降、企业成本上升、能耗双控等因素影响更加明显，温州工业对经济发展支撑不足。温州资源优势不明显，大多数处于中下游的企业面临成本上升和需求下降的双重挤压。大宗商品价格上涨给产业链中下游企业，特别是中小微企业的生产经营带来较大成本压力。2021年，温州工业生产者出厂和购进价格同比分别上涨3.7%、11.7%，购销价格剪刀差达8.0个百分点。由于原材料成本占经营成本比例较大，且中小微企业、个体工商户议价能力不强，对冲成本波动能力弱，生产成本上升在所难免。由于行业竞争充分，中下游企业无法将成本传导至消费者，原材料价格的快速上涨大幅侵蚀利润空间，2021年全年全市规上工业利润总额同比增长4.8%，增速比上半年、前三季度分别回落26.2个、9.0个百分点，低于全省平均水平16.2个百分点；营业收入利润率为5.6%，低于全省平均水平1.3个百分点，居全省第10位。2021年全年全市规上工业企业产成品存货同比增长27.3%，应收账款增长7.9%，“两项资金”占流动资产的比重为44.2%，高于全省平均水平6.4个百分点，高居全省首位。利润收窄，抑制企业投资意愿。受此影响，制造业投资增长后续乏力，2021年全市制造业投资比上年增长13.4%，增速比上半年、前三季度分别收窄20.4个、8.9个百分点，居全省第8位。

（二）消费尚未恢复到疫情前水平

受全国疫情多点散发持续影响，部分接触型消费服务受到一定限制，整体消费复苏进程受到一定遏制。2021年，全市社会消费品零售总额两年平均增长2.9%，仍低于2019年6.7个百分点，分别低于全国、全省1.0个、0.5个百分点。其中，全市限额以上贸易单位总体规模偏小，对消费增长支撑乏力，2021年全市限上消费品零售额占全社会消费品零售额比重为26.5%，低于全省平均水平9.8个百分点，低于杭州、宁波34.1个、10.8个百分点。全市接待国内旅游人次、国内旅游总收入两年平均分别下降1.4%、0.9%，限额以上住宿业营业额、航空旅客吞吐量两年平均分别下降 4.1%、13.3%。金融数据显示，居民消费贷款增速放缓，消费意愿趋于保守，12 月末，金融机构人民币短期消费贷款比上年下降 1.3%。

（三）房地产市场存在潜在风险

随着房地产调控政策的密集实施，温州市商品房销售大降，土地市场快速降温，进而拖累财政收入、投资以及上下游建筑建材家电等关联产业，部分房企资金链紧张可能引发连锁风险。2021 年，温州市商品房销售面积比上年下降 26.4%，低于全省平均水平 23.9 个百分点。温州市财政收入对土地出让依赖较强，而土地出让市场出现多宗住宅用地流拍，土地出让收入支撑明显不足。此外，温州市居民倾向于将资金投向热点城市房地产等领域，造成温州市存款大量外流，上年末人民币存款增长 7.9%，居全省末位，对经济产生不利影响。

三　2022年温州经济展望和对策建议

展望 2022 年，全球经济仍处在中低速增长轨道。美联储等主要经济体央行货币政策转向，与疫情反复带来的不确定性，成为全球经济复苏面临的两大突出风险。从国内看，我国经济韧性强、长期向好的基本面不会改变，2022 年我国经济有望保持持续恢复的发展态势。2022 年，温州市经济发展面临的形势严峻复杂，下行压力和风险较大，加上基数效应的消退，预计经济增速将从恢复性较快增长逐步回归常态化水平，经济增速预计高于前两年的平均水平。从积极因素看，在重大项目招大引强建设热潮带动下，投资有望保持稳步增长；2021 年四上企业年度新入库企业净增长 1456 家，净增数量位于宁波之后，居全省第 2 位；市疫情防控形势向好，加上内外需求逐渐复苏，消费市场有望回升；在千企智能化改造、千企节能化改造的推动下，企业转型升级步伐将进一步加快。从各种风险挑战看，受大宗商品价格上涨冲击、芯片短缺和节能降耗影响，工业稳增长面临较大压力。市场主体预期转弱、投资更加谨慎，加上房地产政策趋紧，对投资及房地产关联行业将产生较大影响。受原材料价格上涨、供应链受阻等影响，外贸形势将更加严峻。为做好 2022 年温州的经济工作，特提出建议如下。

（一）促进实体经济稳定发展

2021 年下半年以来，温州实体经济发展明显趋缓，疫情以后传统经济经营困难增多，尤其是原材料涨价透支企业微薄利润。因此，稳定实体经济发展尤为重要，以更大力度持续优化营商环境，采取更有力举措助企纾困，让市场主体数量更多、规模更大、实力更强。进一步加大对实体经济的政策支持力度，在原材料、物流、用工、资金等关键要素方面加大协调保障力度，确保直达实体经济的政策落地见效。支持贸易企业开拓国际市场，协调解决供应链不稳定、汇率波动、运费高昂等问题。要打好稳增长政策组合拳，政策靠前发力，把握政策窗口期。结合温州实际，全力以赴抓好政策争取、项目落地工作，综合形成财政、金融、科技、消费等政策包，推动稳增长政策早出台、早落地、早见效，全面提升政策时度效。围绕打造传统支柱产业、新兴主导产业两大万亿级产业集群，一方面，加快传统产业改造提升，抓好技术改造、强化要素保障，推动千企智能化、千企节能化改造，提升制造业企业核心竞争力；另一方面，加大新兴产业培大育强力度，用好各项政策利好，打通产业堵点、补上断点，加速形成新兴产业集聚发展态势。

（二）发挥消费基础性作用

围绕打造区域消费中心城市，大力发展首发首店经济、夜间经济、信息消费等消费新业态，加快商业街区商圈建设，培育消费新热点。做好春节等假日消费文章，通过消费券、集中促销活动等形式提振消费需求，紧抓消费带动力和支撑力较强的重点商品和服务，促进新能源汽车、绿色智能家电等大宗消费，促进旅游市场恢复。培育壮大文化服务、休闲旅游、健康养生等生活性服务业，增加高品质服务供给。按照《中共中央国务院关于全面推进乡村振兴加快农业农村现代化的意见》所提出的“全面促进农村消费”，建议更加关注农村地区的消费与投资，将扩大内需与保障民生和推进乡村振兴有机结合，积极补足农村消费环境存在的短板，切实将农村地区的内需潜力有效释放出来。

（三）发挥投资适度超前作用

加快谋划推进重大项目建设，推动资源要素向重大项目集中，提高重大项目建设效率，确保早建成、早投产、早收益，加快形成新的经济增长点。深化数字化改革引领的重大领域改革，加快推进工业互联网、人工智能、生命健康等“新基建”项目。把更多的资金投向企业，投向技术创新，投向市政基础设施建设和民生改善。完善“大招商招大商”机制，突出招引投资规模大、科技含量高、发展前景好、带动能力强的大项目好项目，着力引进头部企业总部，特别是全国性、区域性总部，以招大引强的突破带动项目建设实现突破，为经济发展提供坚实支撑。

（四）稳住房地产市场

房地产市场直接影响投资、消费、财政、金融等，要坚持落实“房住不炒”部署要求，密切关注国家房地产调控政策的新变化，以及房地产市场走势情况，做好房地产买卖、租赁住房、保障房等方面的政策衔接，保障居民合理住房需求，高度关注房地产行业中相关开发企业、建筑业企业资金状况，保持房地产信贷平稳有序投放，确保房地产市场平稳健康运行。

（五）打造共同富裕示范区市域样板

针对打造共同富裕示范区市域样板的薄弱环节，完善高质量社会保障体系，推动山区5县跨越式发展；继续“扩中提低”缩小收入差距，对标全省平均水平，逐步提高低收入标准，缩小城乡差距，推进就业、教育、卫生、养老、社保、住房等公共服务优质共享，切实提升全市人民群众的获得感、幸福感。建设高质量就业创业体系，加强职业教育和就业培训，建立创业带动就业促进机制，持续做好高校毕业生和山区劳动力高质量就业。扎实推进能源资源和粮食安全保障，抓好“米袋子”“菜篮子”，做好大宗商品储运，保证市场供应和价格稳定。全额保障民生用电用气，提升能源安全保障能力。

B.3
水无常势：温州工业经济运行形势分析与预测（2021～2022年）

任　晓*

摘　要： 2021年温州工业经济经受住了上游价格大幅抬升、能耗“双控”限产限电、供应链和集运梗阻等不利因素的叠加影响，总体运行稳健，产业链供应链提质升级步伐加快。工业经济稳中向好、长期向好的基本趋势没有变。进度数据跟踪表明，当前工业经济产能增速转弱，利润增速下行压力加大，投资节奏趋缓，维持平稳运行难度正在增加。背后关键影响因素可能是，补库存步伐不及预期，原材料成本上行，工业投资周期的非平稳性、决策的复杂性和前景的不确定性上升。展望2022年：稳增长有待需求回暖支撑，工业经济景气度水平要看需求实质性的反弹情况；利润增长面临上游原材料价格上涨和下游销售不畅双线压力；投资受库存回补动力不足等多重制约因素压制，高增或后劲不继。建议支持中小工业企业加快数字化绿色化转型，着重补齐高端产能不足的短板，推动温州工业企业结构调整和优化。

关键词： 工业经济　产业周期　产业政策　温州

2021年，随着新冠疫苗接种推进，疫情管控放松，全球经济迎来重启，但疫情对供给侧的“凯恩斯供给冲击”，让各国经济修复政策选择捉襟见

---

* 任晓，中共温州市委党校（温州市行政学院）图书馆馆长，教授，主要研究方向为产业经济。

肘，经济复苏要应对并兼顾疫情反复、劳动力缺口、金融风险暴露等多重挑战与宏观目标再平衡，国别经济正常化进程势头不一，节奏失调，差距分化。国内经济基本面保持恢复主基调，增速呈现上下半年前高后低走势。温州在“疫情冲击的负向影响存在明显长尾效应，疫情防控常态化大幅增加了运行成本”① 的背景下，坚持疫情防控“零容忍”，工业经济运行努力克服能耗“双控”限产限电、供应链梗阻、货流不畅、生产各环节成本上涨等不利因素的叠加影响，总体运行稳健，产业链供应链韧性提升，产业升级步伐加快。中央经济工作会议指出，当前“需求收缩、供给冲击、预期转弱”三重压力，在工业领域表现明显，也突出反映在温州工业经济运行态势中。同时，更要看到，“温州工业经济稳中向好、长期向好的基本趋势没有变”,② 我们既要正视困难，也要坚定信心，发现产业发展中的主要问题和关键短板，找到解决方案和实现路径，推动产业高质量发展，加快构建现代化产业体系，不断夯实工业经济基础。

一　产能增速转缓，稳增长有待需求回暖

2021 年温州工业生产延接上一年启动稍慢的动能修复进程，产能加快恢复。开年第一季度，生产轨迹反映的工业增加值累计同比增速，温州领先浙江全省平均水平 11 个百分点，果如此前研判，“不晚于 2021 年一季度，实际工业生产有望达到疫前正常水平”。③ 2020 年 1~11 月，温州规模以上工业增加值累计同比增速为 11.8%（见图 1），两年平均增长 9.17%，总体运行平稳，符合预期目标。工业经济增速方面，三个季度和前 11 个月规模以上工业增加值两年平均分别为 8.04%、10.00%、9.39%、9.17%，呈现

① 王健、王春光、金浩主编《2021 年温州经济社会形势分析与预测》，社会科学文献出版社，2021。

② 王健、王春光、金浩主编《2021 年温州经济社会形势分析与预测》，社会科学文献出版社，2021。

③ 王健、王春光、金浩主编《2021 年温州经济社会形势分析与预测》，社会科学文献出版社，2021。

上半年回暖复苏积极、下半年复苏有所放缓的态势。整体工业生产运行特征符合“工业生产向上修复持续，回稳反弹的动能在边际递减，增速摸高承压，上行幅度收窄”① 的估计，另外，也与“进入二季度后，增速会出现边际放缓”② 的预期一致。

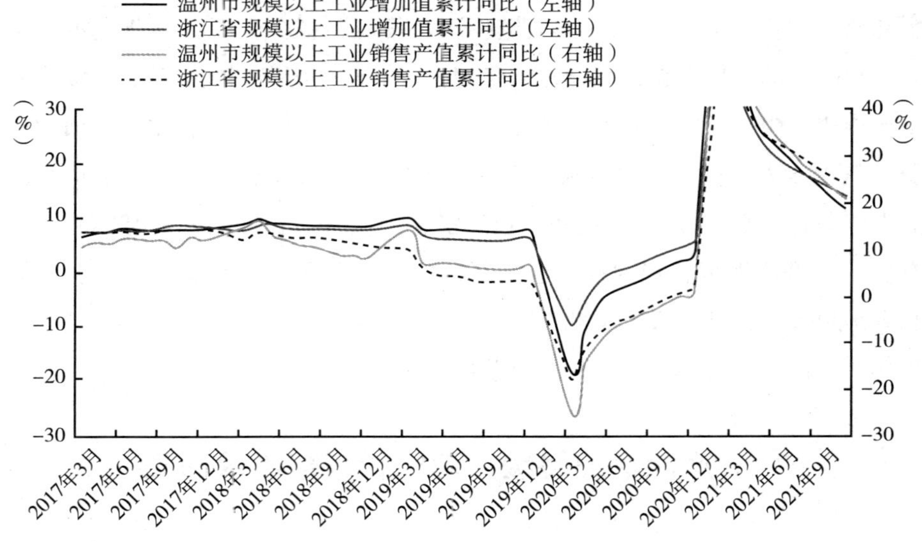

图 1　2017~2021 年浙江省、温州市工业经济增长情况

资料来源：温州市统计局《温州统计月报》（2017~2021）；浙江省统计局《浙江统计月报》（2017~2021）。

从工业经济运行的区际相对表现来看，温州相对浙江全省平均水平，按季和前 11 个月规模以上工业增加值两年（2020 年和 2021 年）平均增速，分别较同期全省平均水平低 4.61 个、1.36 个、2.30 个和 2.78 个百分点（见图 2），二季度之后，省市相对差距从快速收敛调转为走阔。一方面，说明工业经济整体处在稳定恢复进程中；另一方面，经济恢复的基础仍然不稳

① 王健、王春光、金浩主编《2021 年温州经济社会形势分析与预测》，社会科学文献出版社，2021。

② 王健、王春光、金浩主编《2021 年温州经济社会形势分析与预测》，社会科学文献出版社，2021。

固，维持平稳运行难度正在加大。1~11 月，所有月份温州工业增加值累计同比增速均低于全省平均水平，不同于疫情发生之前三年（2017~2019 年）温州工业增加值累计同比增速高于全省平均水平的表现，可见工业经济尚存在拖累潜在增长能力发挥的因素，或限制产能释放的约束条件。

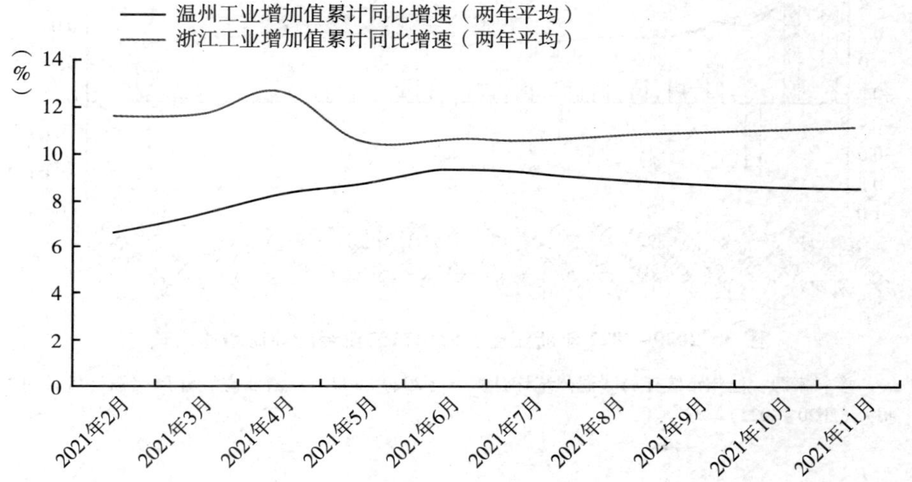

图 2　2021 年浙江省、温州市工业经济两年复合平均增长

注：两年复合平均增长由笔者整理计算。

资料来源：温州市统计局《温州统计月报》（2019~2021）；浙江省统计局《浙江统计月报》（2019~2021）。

趋势指标显示，2021 年前 11 个月，温州工业经济工业增加值各月环比增速，在 3 月达到 69%阶段峰值，也是“复产重启”进程中的次峰位，此后逐月下行，至 11 月下行至 11.4%。虽然增速回落不免受 9 月以来能源紧缺的大背景叠加能耗双控政策拖累，但毕竟落后于同期浙江全省环比月度平均值 0.4 个百分点（见图 3）。将 3 月环比增速推至高位的原因，除了年初 1~2 月的低基数技术性条件之外，很重要的背后逻辑是，对冲疫情干扰而产生的补偿性增长。随着疫情冲击造成的产出缺口基本填平，匹配产销短期缺口动产能释放逐步到位，库存回补过程驱动的高增速势头随之回落。

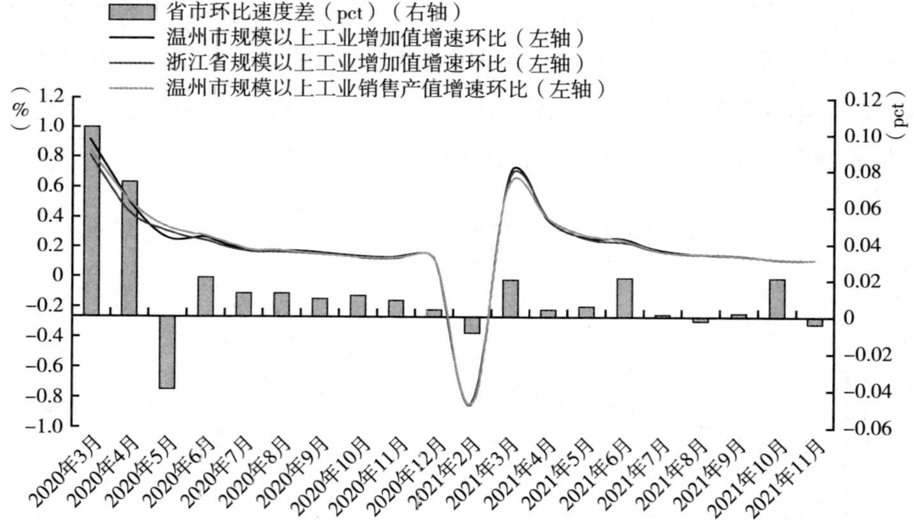

图 3　2020～2021 年浙江省、温州市工业经济环比增速比较

资料来源：温州市统计局《温州统计月报》（2020～2021）；浙江省统计局《浙江统计月报》（2020～2021）。

进度数据显示，1～11 月，温州工业增加值月度环比年度平均值为 24.4%，略高于同期浙江全省平均水平 0.48 个百分点。其中，8 月、11 月和 10 月的环比增速，分别低于和持平全省平均水平（见图 3）。透过增速环比这一反映工业运行节奏和趋势的领先指标，可以观察到当前温州工业经济尽管仍然韧性十足，但已经可以看出，增长势头转弱，增长势能收缩，加速趋缓。

从产能修复的逻辑出发，当前工业企业补充库存的步伐不及预期，可能是导致当下产出出现趋势性边际走弱的原因。2021 年我们曾预期温州"动产能释放匹配产销短期缺口与库存周期缺口是较长一段时期的工业生产主线。"① 当年"产出的销售去化迅速，后续必定要经过补产销缺口再到补库

① 王健、王春光、金浩主编《2021 年温州经济社会形势分析与预测》，社会科学文献出版社，2021。

存缺口过程，生产增长尚存有较大空间”[①]。然而，产能增速趋弱事实表明，后产能补缺阶段的新一轮库存主动回补周期并未如期充分展开，以至于“主导工业经济修复的内生动力，会逐步回归新一轮产成品库存周期回补”[②]的驱动力量接续中断。

从工业经济的库存周期轮动节奏看，2019年温州曾出现，“工业企业为了缓冲需求下滑，预期偏软，加快主动去库存，削减存货投资，压缩产能，降低库存水平”[③]，叠加2020年疫情几乎击穿库存缓冲低限的负向冲击，转入补库存阶段后的回补库存本应响应快速，力度超常。然而，历史数据轨迹分析难以支持当下温州工业经济已经进入主动补库存阶段的看法。

从工业销售产值增速相对变动观察，2019年为基期的两年复合平均变动趋势表明，两年前就该接续的主动补库存进程未见开启，甚至呈现的是近乎相反的状况。近期省市增速相对差距收窄所呈现的一定的“补库存”特征，不能排除原材料价格大幅下跌和限电缓解后，企业生产活动加快对库存的短期提升的原因。目前还不能确认补库存动力已经成为主导工业经济的趋势力量（见图4）。

温州工业企业对库存问题的谨慎，背后是2021年开年以来原材料成本的大幅上行，成本端承压导致生产安排的紧凑，推迟并弱化了库存补充的安排及其强度。相对浙江省的平均水平，温州工业企业规模结构中的大型企业占比低，且单个企业规模也较小。这种企业结构对库存去补决策的影响是：企业库存回补对原材料价格敏感；生产经营资金紧张，不愿大量备货；具备一定程度“灵活”收放和调整产能的条件。

因此，整体而言，工业企业层面库存增减受外部因素影响更大，工业经济库存周期受外生条件干扰较多，不容易在节奏上“以我为主”（见图5）。进入10月，上游原材料价格已经显著下降，对中游企业的成本端压力有所缓和，但

① 王健、王春光、金浩主编《2021年温州经济社会形势分析与预测》，社会科学文献出版社，2021。

② 王健、王春光、金浩主编《2021年温州经济社会形势分析与预测》，社会科学文献出版社，2021。

③ 王健、王春光、金浩主编《2020年温州经济社会形势分析与预测》，社会科学文献出版社，2020。

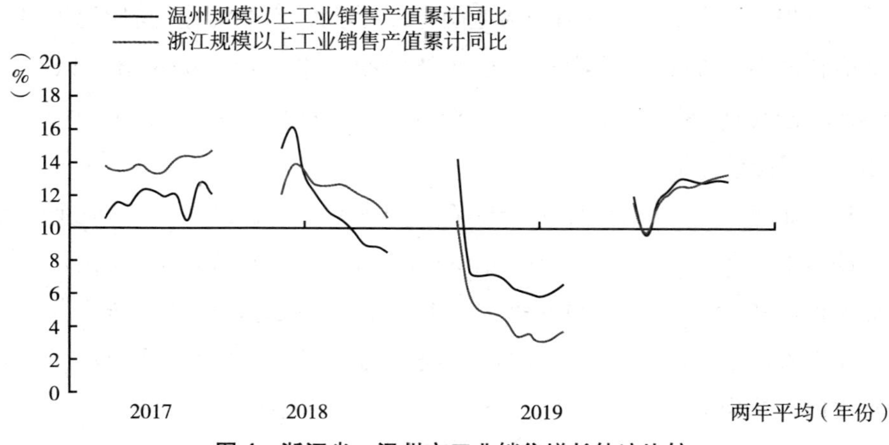

图 4　浙江省、温州市工业销售增长轨迹比较

注：两年复合平均增长由笔者整理计算。

资料来源：温州市统计局《温州统计月报》（2017~2021）；浙江省统计局《浙江统计月报》（2017~2021）。

考虑到“温州工业产品所处区段下游接受尾端”①，在当前需求疲软局面得到扭转之前，受企业规模结构条件等约束，供给端单侧回暖对生产的正向拉动有限。

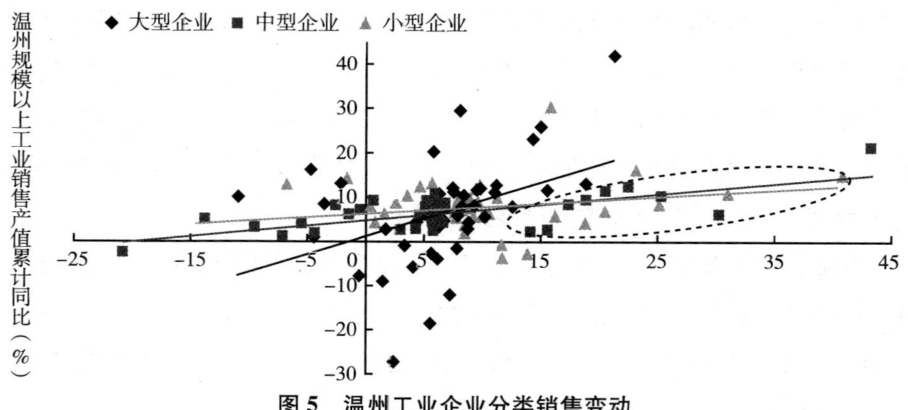

图 5　温州工业企业分类销售变动

资料来源：温州市统计局《温州统计月报》（2017~2021）。

---

① 王健、王春光、金浩主编《2020 年温州经济社会形势分析与预测》，社会科学文献出版社，2020。

后续来看，在以稳字当头、稳中求进为主基调的政策护航下，制造业生产活动或将在供给侧保价稳供力度持续加码的宽松友好环境下，步入库存回补阶段，原材料价格下降对工业经济，特别是对中小制造业企业的生产抑制明显减弱，中小企业相对大型企业取得更大程度的生产经营状况改善。这有助于消解工业经济动能放缓的短期压力，在边际上遏制供给端出现的回落态势，也能够为温州整体工业生产赢得调整空间，通过修复和改善周期节奏，积蓄优势产能，巩固生产复苏的基础。

事实上，前述分析提示的当前需求疲软问题，可能是制约工业经济活动充分扩张的关键。未来需求端的改善迹象尚未有明确的信号支持，特别是出口需求增速或将回落，后续外需或呈弱减态势。2022 年在外需大概率逐步放缓背景下，对工业企业产品的终端需求强劲支撑或将逐月削减。如果需求低迷持续，供给侧生产必定面临再次退坡重压。主动补库存进程可能因为缺乏销售需求同步跟随而被打断，工业品出厂价格下跌倒逼生产收缩，致使工业经济再陷低谷。

未来工业经济的景气水平主要看需求能否出现实质性的回暖。政策需要在呵护供给端的同时，也要发力强化需求，强调双向畅通循环。根据上述可能出现的情况，给出对应的工业经济增长估计分别为，基线情况增长为 10.64%左右，下行情况增长可以落在 8.73%附近，上行情况增长可以在 12.45%上下（见图 6）。

二　成本挤出利润，盈利回稳短期承压

2021 年 1~11 月，温州市规模以上工业企业利润增长 7.3%，两年复合平均增长为 9.6%，高出前值 0.12 个百分点。规模以上工业企业主营业务收入增长 21.3%，两年复合平均增长为 12.2%，高于前值 0.23 个百分点（见图 7）。工业企业利润和营收累计增速较前值扩大，以及利润和营收保持上升的增速，可以确认生产修复在持续，也再次验证“2019 年以来，利润与

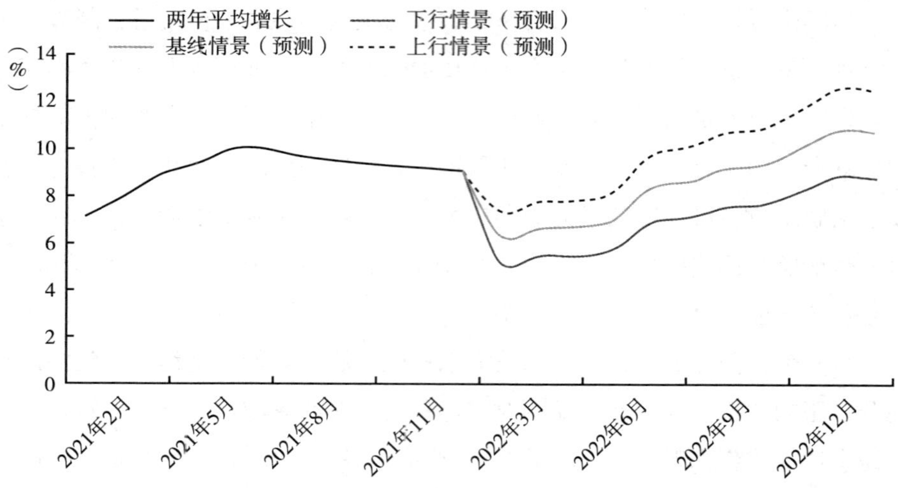

图 6　2021~2022 年温州工业增长轨迹与预测

注：两年复合平均增长由笔者整理计算；预测按基线情景、上行情景和下行情景分别进行估计。

资料来源：温州市统计局《温州统计月报》(2019~2021)。

收入收缩变动方向趋于一致，差距出现收敛”① 的结论。

2012 年前 11 个月，工业企业营业收入两年平均累计同比持续改善，按指标领先平均水平推算，补库存趋势有望延续至 2022 年第二季度。工业企业利润两年平均累计同比于 9 月阶段性见顶，与此前提出的判断相符，“最迟不晚于三季度，温州工业企业营收能够完全修复至疫情之前，同期利润同比增速会逐月上升到年度高位，之后开始走弱”②，显示本轮补库存力度或将逐步减弱。利润增速下滑如果不能遏止，生产扩张意愿就会动摇，削弱补库存强度。营收涨而利润降的局面难以稳定维持。

2021 年 1~11 月，工业企业利润环比增速为 12.5%，前值为 11.6%；营收环比增速为 12.1%，微略低于前值 0.005 个百分点（见图 8）。此前推断，

① 王健、王春光、金浩主编《2020 年温州经济社会形势分析与预测》，社会科学文献出版社，2020。

② 王健、王春光、金浩主编《2020 年温州经济社会形势分析与预测》，社会科学文献出版社，2020。

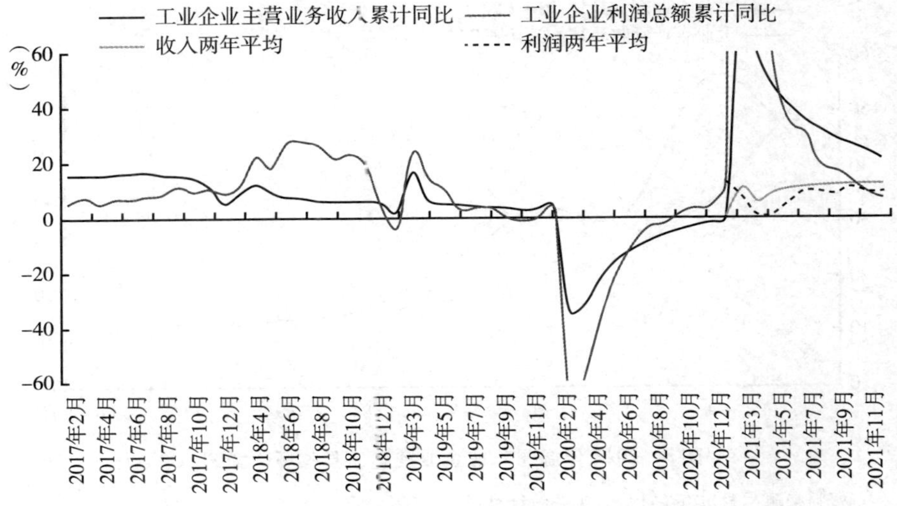

图7　2017~2021年温州工业企业利润与营收累计增长

注：两年复合平均增长由笔者整理计算。

资料来源：温州市统计局《温州统计月报》（2017~2021）。

“受基数效应的抬高作用，2021年一季度规模以上工业企业利润累计同比增速会短暂上升，一季度后月度利润环比增速会回落”①，如图7、8所示，得到进度数据支持。

从11月工业企业利润环比边际改善，可以看到利润增速在下行中仍保持退中有守、慢中有底的韧性。虽然第三季度以来系列助企纾困、保供稳价等提振工业经济的政策，暂时部分缓解了中下游板块工业的成本压力，有助于顶托“润增速出现趋势性钝化”②；但在营收环比增速趋缓带动下，供给端的改善可能只是转化为库存增速走阔。事实上，2021年延续了“2020年

① 王健、王春光、金浩主编《2021年温州经济社会形势分析与预测》，社会科学文献出版社，2021。

② 王健、王春光、金浩主编《2021年温州经济社会形势分析与预测》，社会科学文献出版社，2021。

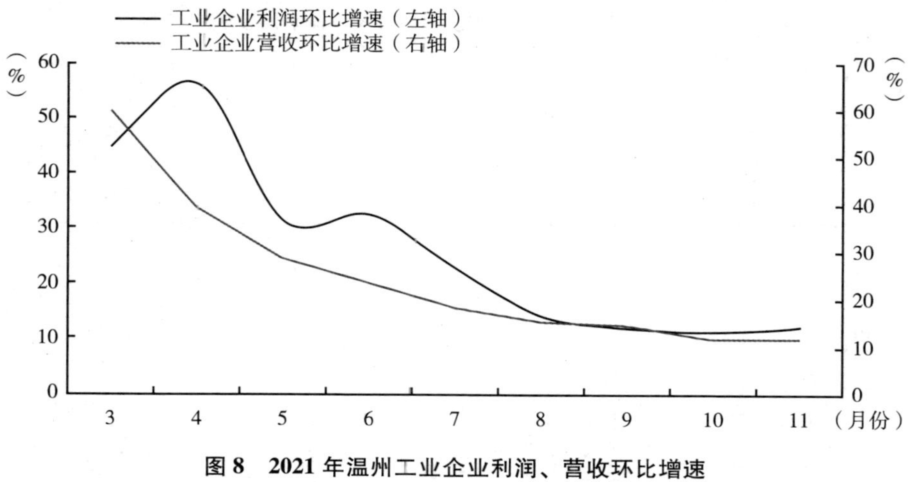

图 8　2021 年温州工业企业利润、营收环比增速

资料来源：温州市统计局《温州统计月报》（2021）。

内利润增长幅度扩张主要来自‘量’”的推动”①，利润主要还是受营收回补动力的牵引。在企业具备一定提价保利润的能力之前，要防范陷入“量收利减”下行局面。

成本上升是压降年内工业企业利润率的主要原因。2021 年前 11 月，规模以上工业企业每百元营业收入中的成本为 82.88 元，同比上升 0.62 元。单位成本自 4 月开始逐月持续上涨，月度最大成本差值达到 0.43 元。5 月开始，利润率平均线逆转，利率水平此后位于上一年下方，且两者差值逐月走阔。比较观察利润率与成本走势可见，温州工业企业基本不具备向市场转移成本压力的能力，4 月成本上涨之初，尚能借势通过前期库存抬高利润，但不晚于 7 月，成本上行已经在销蚀利润（见图 9）。这就证实了 2021 年利润率走高的非结构性判断。“利润率迅速上行是对突发疫情的短期综合反应，当前相对高位利润率缺乏基础性利好稳定支撑”②，另外，这也意味着

① 王健、王春光、金浩主编《2021 年温州经济社会形势分析与预测》，社会科学文献出版社，2021。

② 王健、王春光、金浩主编《2021 年温州经济社会形势分析与预测》，社会科学文献出版社，2021。

“生产缺口被拉大后形成工业企业主导的卖方市场，与疫情冲击下被压减或延后的需求，共同推高了市场优势”①，有赖趋势性外部因素推动，不可持续。

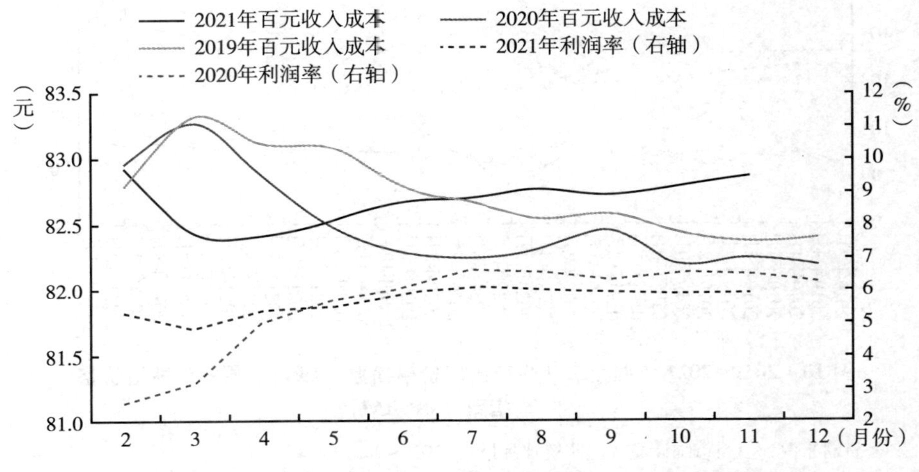

图 9　2019~2021 年温州工业企业每百元收入中的成本、利润率

资料来源：温州市统计局《温州统计月报》（2019~2021）。

特别需要关注的是，温州个别的工业企业规模结构面临的成本端压力。2021 年原材料价格的大幅上涨对中下游盈利剧烈挤压，已经严重挑战中小型工业企业的生产的稳健性。以工业生产者原材料购进价格指数（PPIRM）观测，截至 11 月，原材料价格上涨已至 11.4%。同期工业生产者出厂价格指数（PPI）仅上升 3.5%，利润率连续 4 个月下行（见图 9、图 10）。

工业原材料的快速大幅涨价，让处于库存低位的温州本地制造业中小企业几乎面临生存考验。量和价两个维度的反应模式是，库存低位→成本敏感度高→压缩产能→控制原材料的敞口→保利润保生存。故本轮原材料购进价格异动，在产业链层面的利润再分配角度警示本地工业重视。其一，需求端疲弱条件下，对成本端的压力缓冲准备。包括但不限于成本传导转移的定价

① 王健、王春光、金浩主编《2021 年温州经济社会形势分析与预测》，社会科学文献出版社，2021。

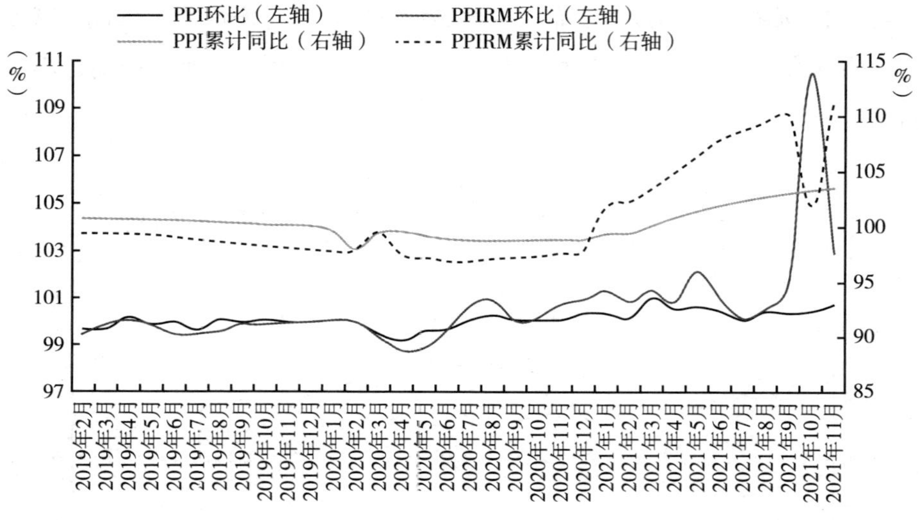

图 10　2019~2021 年温州工业生产出厂价格指数（PPI）、原材料购进价格指数（PPIRM）

资料来源：温州市统计局《温州统计月报》（2019~2021）。

控制、议价能力，供给价格弹性。其二，基于产能利用率弹性的成本传导机制。包括但不限于非市场化的边际限产、能耗双控等抵御能力。其三，降低利润对成本的敏感度，建立被动成本控制能力。包括但不限于应用存货管理、套保合约等策略及其组合，阻断冲击由成本端向利润端蔓延，防止成本失控与利润损失共振。

事实上，在供应链波动叠加政策收紧综合影响背景下，占据高端制造赛道，通常也意味着更有效的风险控制，以及更强势的产业链条中利润再分配地位。高端制造行业能够通过收入端增长覆盖成本端损失，以高于制造业整体平均水平的净利率、杠杆率、周转率维持利润增长的确定性。高端制造板块表现是观察温州制造业整体盈利基本面的关键。2021 年 1~11 月，温州规模以上高技术制造业、高新技术产业、装备制造业、战略性新兴产业的利润同比增长分别为-0.7%、12.2%、4.9%和 15.7%，分别低于同期浙江全省平均水平 20.4 个、10.7 个、9.7 个和 9.1 个百分点（见图 11）。

温州高端制造业盈利能力相对落后，需要在改善高端制造业的利润上有

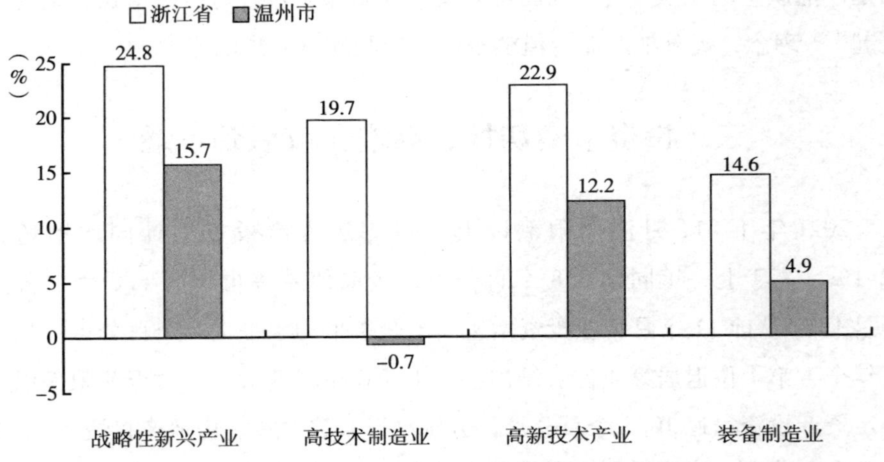

图 11　浙江省、温州高端制造行业利润增长比较

资料来源：温州市统计局《温州统计月报》（2021）；浙江省统计局《浙江统计月报》（2021）。

所发力。温州已经实施或正在推出一系列加快高端制造业发展的产业政策，如《培育发展五大战略性新兴产业行动计划（2019—2021 年）》《关于加快生产性服务业创新发展的若干政策意见（征求意见稿）》《温州市新一轮制造业“腾笼换鸟、凤凰涅槃”攻坚行动实施方案（2021—2023）》等，期待在政策推动和市场化自发投资跟进下，高端制造板块出现积极变化，以改善中长期温州工业经济的盈利水平。

展望 2022 年，除库存积累、产能利用率等内生性因素以外，利润受两个主要外部因素影响。一是上游大宗商品原材料价格的变动，如果上游价格保持平稳或下行，温州工业企业利润就会逐渐修复，价格下行则将带动利润提升。二是市场需求变化，终端需求景气度高低走势将影响利润变化方向。总体上需求改善会推高利润水平，但也存在行业间差异。具备市场定价议价优势的行业能够通过涨价转移传导成本压力，保持利润稳定，甚至可能借机拉高利润，而成本敏感度更高行业的利润或延续承压。

总之，要对成本冲击有充分准备，增强抵御成本变动能力，建立有效成本控制机制，以防成本对利润的挤出。更重要的是，树立“盈利能力本质还是产能质量的反映”[①]、“利润持续增长根本保障来自高质素增长新动能的崛起”[②] 理念，提升在产业价值链条中主导利润再分配的能力。

三　投资节奏切换，高增长或后劲不继

2021 年 1～11 月温州限额以上工业固定资产投资累计同比增速为 22.1%，高于上一年同期 3.8 个百分点，较前值跌幅再扩张 6.8 个百分点（见图 12）。前 11 个月工业投资增速高出全省平均水平 1.6 个百分点，从上一年全省第 1 位退居第 4 位。结构上，工业投资增速大幅高过温州限额以上固定资产投资增速 10.8 个百分点，分别高于基建投资、房地产投资 18.8 个和 6 个百分点，表明增量投资对实体经济支持在不断走实、走稳、走深。

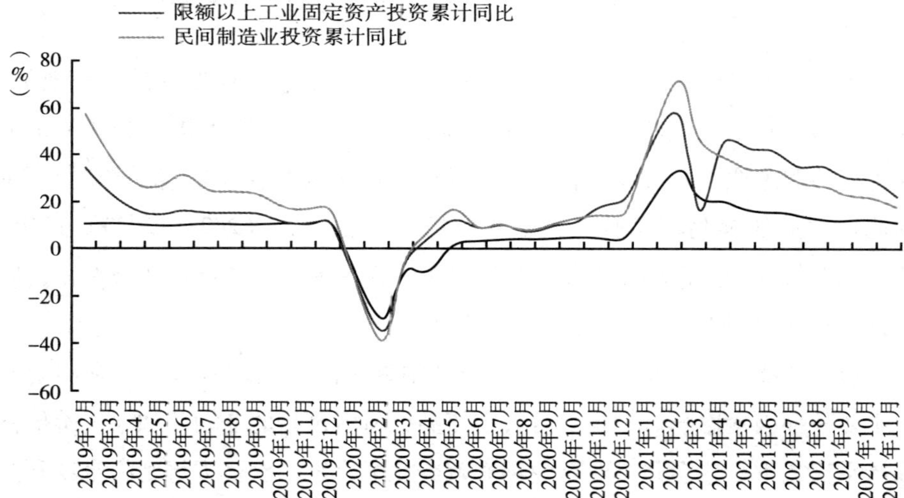

图 12　2019～2021 年温州固定资产投资、工业固定资产投资、民间制造业投资增速

资料来源：温州市统计局《温州统计月报》（2019～2021）。

① 王健、王春光、金浩主编《2021 年温州经济社会形势分析与预测》，社会科学文献出版社，2021。

② 王健、王春光、金浩主编《2021 年温州经济社会形势分析与预测》，社会科学文献出版社，2021。

进度数据反映出工业投资二一年度反弹势头尚未消退，但力度节奏已经发生切换，投资加码高增的持续性或将偏弱。综合需求变动、库存周期、产能利用水平、盈利预期、政策导向等多个因素，外部需求不振短期难改观，库存回补动力不足，产能利用率逼近正常年份高位，叠加绿色改造和产能高质量等转型升级政策要求，带来了产业投资决策的复杂性，提高了一般工业投资门槛，这都增加了工业投资前景的不确定性，在一定程度上造成生产投资观望情绪，对应的制造业投资可能表现为弱增长走势。

2021 年前 11 个月，温州民间制造业投资同比增长 17.8%，高于同期民间固定资产投资增速 3.1 个百分点。不过，增长相对放缓已有所显现。自 2021 年下半年开始，温州民间制造业投资增长相对浙江全省平均水平由 2019 年以来连续 27 个月超前，转为最近 5 个月连续落后，现值差距为 2.8 个百分点，且增速差距还在逐月走阔，省内增速位次从上一年同期第 1 位落至目前第 8 位（见图 13）。2021 年第二、三季度民间制造业投资明显降温，反映市场化程度更高、决策链更短更直接的民间资本，对前景不确定性增加，以及经济恢复不及预期。

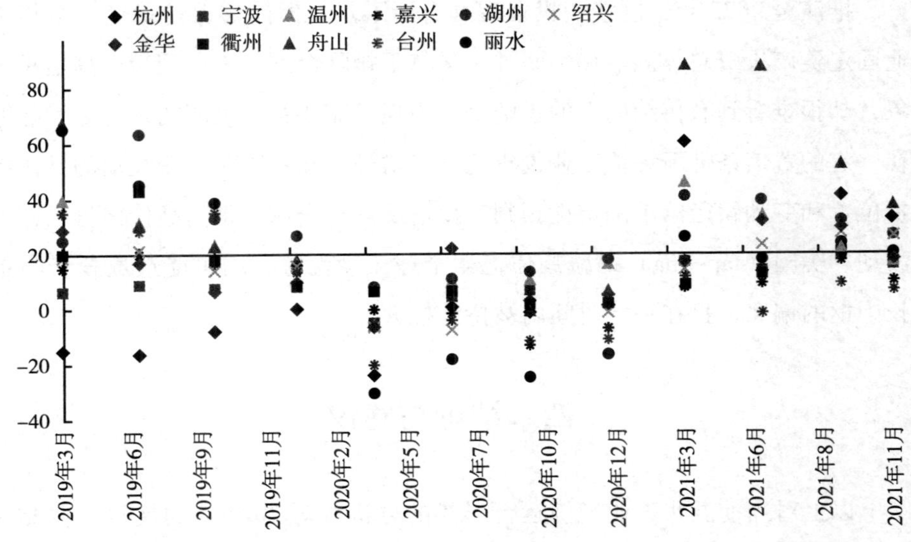

图 13　2019~2021 年温州与浙江省内其他地市工业固定资产投资增长比较

资料来源：温州市统计局《温州统计月报》（2019~2021）。

经济增长放缓意味着新增需求有限，当期的制造业投资就是下期的产能，投资形成的后续产能释放，就可能陷入市场需求不足的困境。从这个角度考虑，预计 2022 年内温州工业投资增速有支撑，但投资增幅升破疫情之前水平可能性较小。

基于统计模型对制造业投资“后劲”的估计结果如图 14 所示。图 14 中实线表示工业固定资产投资增长实际变动。2021 年 4~11 月，工业固定资产投资清晰地落在图 14 灰色区域，无溢出，体现了第二、第三季度以来投资增长表现虽然趋势有所回落，但仍然在可接受范围以内。其中，工业投资轨迹在 2020 年的 1~5 月超出灰色区域所表示的合理速度范围，反映疫情冲击倒逼“保守”观念转变，促进技术改造行动落地，引致供给侧出现一波应激式集合反应。“制造业整体技术改造和重塑的‘千企智能化改造’”“数字经济等新动能加快成长”等，带动“资本支出节奏进一步加快”。[①] 这一波工业投资高增带来高基数，一定程度上造成 2021 年 2~3 月投资增长率脱出合理范围。

推演至 2022 年，制造业投资后劲有所不足，但能够保持稳定。全年工业固定资产投资总体固然韧性坚强，虽然不排除个别月份出现短暂高增长现象，却很难看到有持续向上的投资增长表现。需要补充说明的是，尽管能够在一定的置信条件下评估工业投资的未来增长，却不能对投资波动的具体拐折位置和变动路径给出确定性预判。疫情反复、全球大宗商品价格再次剧烈波动、美国（tapering）缩减购债拖累全球流动性等，均可能造成投资与增长中枢的偏离，且在一定时间内被持续拉大。

四　结论与建议

以上对当前温州工业经济运行形势的分析及对 2022 年的展望，主要有

① 王健、王春光、金浩主编《2021 年温州经济社会形势分析与预测》，社会科学文献出版社，2021。

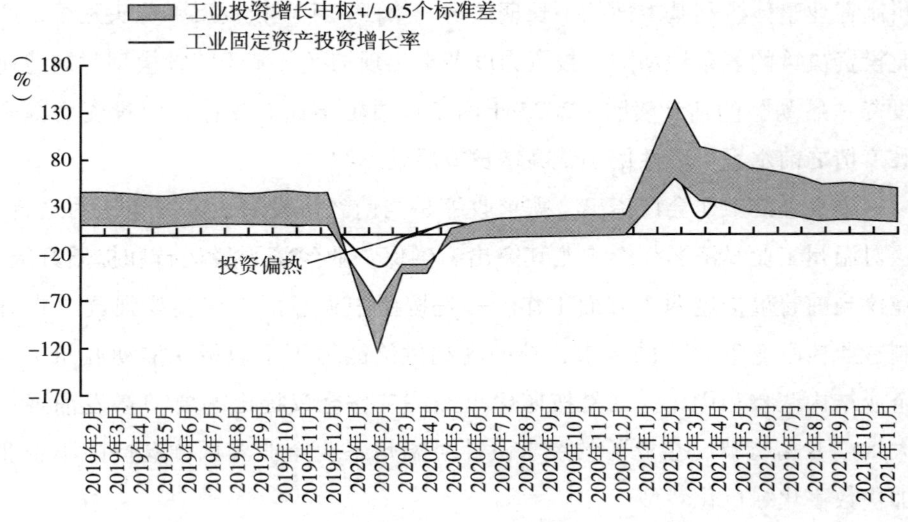

图 14　2019~2021 年温州工业固定资产投资增长变动估计

注：投资增长中枢基于统计模型，实线超出灰色区域上方时段表明投资偏热，反之则偏冷。

资料来源：笔者整理计算。

如下结论。第一，工业经济运行的稳健性经受住能耗“双控”限产限电、产业链供应链梗阻、成本上涨等不利因素的叠加影响，产业链供应链提质升级步伐加快，工业经济基本面稳中向好、长期向好的趋势没有变。第二，产能增速转弱，经济恢复的基础仍然不稳固，维持平稳运行难度正在加大。温州工业企业构成不利于在产能调整节奏上“以我为主”，成本端承压导致生产安排的紧凑，推迟并弱化了库存补充的安排及其强度，以致新一轮库存主动回补周期展开不及预期。未来工业经济的景气水平主要看需求实质性的回暖情况。第三，工业企业利润边际改善，利润增速在下行中仍保持退中有守、慢中有底的韧性。成本上升成为压降年内工业企业利润率的主要因素，反映温州工业企业基本不具备向市场转移成本压力的能力。下一年企业利润主要受上游大宗商品原材料价格和市场需求两大外部因素变动影响。盈利能力本质还是产能质量的反映，考虑到高端制造赛道具备更强势的产业链条中利润再分配地位和利润增长的确定性，能否尽快切入高端制造板块是巩固温州制造业整体盈利基本面的中长期关键。第四，工业投资反弹势头延续，产业投资决策的复杂性增加，投资力度节奏出现切换。基于统计模型对制造业投资“后劲”的估计表明，2022年内工业投资增速有支撑，但投资增幅升破疫情之前水平可能性偏小，高增长或后劲不继。

中央经济工作会议指出，需求收缩是当前经济发展面临三重压力之首。这对温州工业经济运行影响尤其突出。确保工业经济平稳运行和提质升级，建议当前着重推进两个方面工作。一是按照中央经济工作会议强调“提升制造业核心竞争力”的要求，补齐高端供给能力不足短板，推动温州工业企业结构调整和优化。二是按照中央经济工作会议提出的要“激发涌现一大批‘专精特新’企业”的要求，针对温州工业企业弱项，支持中小企业加快数字化绿色化转型。

参考文献

王健、王春光、金浩主编《2021年温州经济社会形势分析与预测》，社会科学文献出版社，2021。

王健、王春光、金浩主编《2020年温州经济社会形势分析与预测》，社会科学文献出版社，2020。

王健、王春光、金浩主编《2019年温州经济社会形势分析与预测》，社会科学文献出版社，2019。

蒋儒标、王春光、金浩主编《2018年温州经济社会形势分析与预测》，社会科学文献出版社，2018。

蒋儒标、王春光、金浩主编《2017年温州经济社会形势分析与预测》，社会科学文献出版社，2017。

潘忠强、王春光、金浩主编《2016年温州经济社会形势分析与预测》，社会科学文献出版社，2016。

B.4
温州市农业农村发展形势分析（2021~2022年）

谢小荣　董信田*

摘　要： 本文分析了2021年温州乡村产业加速融合、美丽乡村全域拓展、农村改革系统深化、数字应用多跨协同、共富基础不断夯实、农业安全从严整治的总体发展态势，并指出当前温州"三农"发展面临的主要问题，如农业劳动生产效率不高、产业平台带动力弱、农民增收内生动力不足、要素支撑力度不足等，提出了加快深化农业"双强"行动、未来乡村建设、"三位一体"改革、农村扩中提低、安全发展等对策建议。

关键词： 农业农村　农村综合改革　未来乡村　共同富裕　温州

2021年，温州紧扣锚定"五大新坐标"、开创"十个新局面"的战略部署，聚焦高质量发展和共同富裕，以乡村振兴为抓手，大力实施农业"双强"行动、未来乡村建设、"三位一体"改革等，全力打好农产品稳产保供、渔业安全百日攻坚战，多措并举推进农业生产经营活动，工作目标达到或超预期，实现了"十四五"良好开局。全年实现全市农林牧渔业增加值167.6亿元，同比增长3.8%，居全省第1位；农村居民人均可支配收入达35844元，同比增长10.5%，居全省第5位，城乡居民收入比为1.94∶1。

* 谢小荣，温州市人大常委会委员、温州市人大农村和资源保护委员会副主任委员、浙江省农村发展研究中心特聘研究员，主要研究方向为农业与农村；董信田，温州市农业农村局办公室副主任。

一　2021年温州市农业农村发展状况分析

（一）乡村产业加速融合

组织实施农业“双强”行动，召开全市农业高质量发展大会，发布并签约“揭榜挂帅”项目5个，市政府与浙江省农业科学院签订战略合作协议。谋划第一批“双强”项目110个，计划投资8.16亿元。认真抓好粮猪稳产保供，粮食播种面积达167.3万亩，同比增长2.63%；粮食产量达68.45万吨，同比增长4.3%；生猪存栏69.99万头，其中能繁母猪存栏7.25万头，生猪出栏84.53万头、同比增长37.38%。实施西部生态休闲产业带项目320个，累计投资达238.9亿元，带动乡村旅游人数5996万人次，实现乡村旅游经营收入49亿元。新增国家级现代农业产业园1个、国家级特色农业强镇1个、省级现代农业园区1个、市级田园综合体2个，完成验收国家级现代农业产业园1个、省级现代农业园区3个、省级特色农业强镇3个、市级田园综合体4个。新增中国美丽休闲乡村2个、省级休闲乡村4个、省级农家乐集聚村5个。突出“一品一导则、一场一标准”，创建“瓯越鲜风”标准化生产基地276个，120个建设类列入市政府民生实事并高质高效完成，培育“肥药两制”试点主体1005家。与中石化合作建设“乡村驿站”，推进首批“瓯越鲜风”品牌农产品入驻97家中石化易捷门店。温州“大黄鱼”获国家农产品地理标志认证和国家地理标志证明商标。

（二）美丽乡村全域拓展

率浙江全省之先探索未来乡村试点建设，围绕“五化十场景”，制定未来乡村建设的指标体系、政策体系、工作体系、评价体系，谋划“十四五”期间未来乡村168个，2021年先行试点25个，初步建成第一批13个。未来乡村入选第一批全省高质量发展建设共同富裕示范区典型案例、全省农业农村领域高质量发展推进共同富裕实践试点。深入开展乡村振兴示范带建设，新建成28条，累计建成109条；统筹推进美丽乡村“五美联创”，新建成省级新时代美丽乡村776个，累计建成2347个，覆盖面达79.5%；新建成省级新时代美丽乡村示范县1个，累计建成4个；全年评出最美田园、最脏田园各30个。全面深化“三大革命”，新增垃圾分类处理村319个，累计完成2827个，覆盖率达95.8%，农村生活污水全部实现集中处理，规范化农村公厕实现行政村全覆盖。开展农村人居环境“两最三比”活动，全年市级比选出人居环境最干净和最差乡镇各20个，县级比选出最干净村157个、最差村169个，镇级比选出宜居最美庭院3338户、卫生最差公厕323个。洞头、泰顺、平阳、文成、鹿城、永嘉获得全省农村人居环境提升工作优胜县。

（三）农村改革系统深化

体系化推进农村合作“三位一体”综合改革，抓住“三位一体”改革15周年契机，举办全省“三位一体”改革研讨会，系统建立了全省领先的目标体系、工作体系、政策体系和评价体系，创成标杆县1个、示范县3个、示范乡镇21个、示范基地23个，提炼典型案例24个，改革案例被中央农办“农村要情”录用，改革做法得到时任浙江省省长郑栅洁、副省长刘小涛的肯定批示。推进龙港宅基地试点改革，出台“1+12”政策体系，建立宅基地资格权跨社区调剂保障机制，全面开展宅基地信息调查，建立了一户一档案，其试点经验在全国培训班上做交流发言。乐清市列为全国第二轮土地承包到期后再延长30年试点。完成闲置农房盘活2794幢，累计盘活11047幢。推进农民资产授托代管融资、农村集体产权制度改革，与中国农业银行温州分行、中国银行温州市分行签订战略合作协议，全市农房抵押贷款余额为109亿元，农民资产授托代管融资贷款余额为209.4亿元，受益农民达10.5万人。同时，温州市数字乡村改革、永嘉县农村产权市场化运作机制改革获批2021年全国农村改革试验区拓展试验任务，文成、平阳、龙港3县（市）获批浙江省第一批新时代乡村集成改革试点。

（四）数字应用多跨协同

推进乡村产业大脑建设，开发多个专题应用场景，归集12013家经营主体数据。全市15个应用场景入选省厅第一批先试先行多跨应用场景，苍南县中魁村入选浙江省首批未来乡村数字化“2+4”应用场景落地试点，全市浙农码赋码量突破62万次，4个应用场景对接浙农码。建成瑞安“三位一体”智农共富数字化平台并应用推广，实现农户“无忧生产”“无滞销售”“无本务农”。推进农业产业数字化转型，洞头、苍南等6个试点项目列入全市S1账本，建设数字农场4个、数字渔场4个、数字牧场9个，种养基地数字化改造45个。实施温州“渔智安”应用系统建设，打造了渔船智控“一张图、四场景”，入选浙江省农业农村数字化改革第一批“优秀应用”，系统自2021年8月份上线以来，发送海上“斑马线”预警信息5.25万条，动态干预渔船1.48万艘次。全面启用农村集体资产管理系统，实现“5个100%”。农村集体“三资”前置全托监管系统获全国“2021数字农业农村新技术新产品新模式优秀案例”。率全省之先完成农民建房“一件事”系统并上线运行，线上审批宅基地9066件，批准面积达79.86万平方米。

（五）共富基础不断夯实

落实农业农村领域“扩中”“提低”方案，实施低收入农户增收“四增一减”计划，落实“帮扶五策”“增收十法”，推进山区5县和龙港市低保标准统一提高到886元，低收入农户收入14645元，同比增长15.2%，增速快于农民收入增速4.7个百分点，居全省第4位。实施“百亿强村”富民行动，全年开竣工村级集体经济项目871个，村级投资129.7亿元，撬动社会投资343.3亿元。发展村集体折股量化项目293个，投入财政资金6.7亿元，撬动社会资本5.1亿元，带动村集体年均增收1080万元以上、低收入农户年均增收1700元左右。与浙江省农信联社温州办事处联合发布“金融强村”十条意见，向全市425个村社发放贷款7.9亿元。全年全市村集体经济总收入达107.9亿元，村集体经济总量跃居全省第二，其中，经营性收入达69.7亿元，总收入25万元且经营性收入10万元以下的村社全面消除。泰顺县、文成县相继列入全省山区26县跨越式高质量发展“一县一策”试点，山区5县列入国家支持浙西南革命老区振兴发展规划范围，永嘉县获中央专项彩票公益金支持项目，中央补助5000万元。

（六）农业安全从严整治

以“两办”名义印发《关于深化清廉村居建设的实施方案》，获评全国乡村治理示范村7个，创建省善治（示范）村379个，超额完成46%，居全省第一。从严整治渔业安全，涉嫌帆张网渔船清理、异地挂靠渔船整治、精密智控先行先试建设、海上千万工程建设、网位仪专项治理等5项工作全省领先，治理市内挂靠渔船98艘、省内挂靠渔船369艘、帆张网渔船25艘，打击取缔涉渔“三无”船舶1094艘，建设海上千万工程渔船32艘，网位仪整治做法全省推广并列入工信部试点，海上“斑马线”商渔船防碰撞机制为全国首创。渔船生产事故数和死亡人数分别下降66.7%和50%，渔船事故数在全省沿海地市中保持最低水平。率全省之先开展外市籍变型拖拉机专项整治，注销、报废变型拖拉机760台，实现变型拖拉机上路安全隐患清零。开展“绿剑”系列集中执法行动，立案查处农业违法案件989起，移送司法机关28起；查办渔业违法案件1839起，移送司法机关案件81件、人数186人，收缴违禁渔获物5.02万余公斤，农渔业办案数量均居全省首位。率全省之先“破冰”农村宅基地执法办案，化解宅基地投诉举报和信访件271起，立案查处农村村民违法占地建设住宅案件77宗，做出行政处罚决定24宗。

二　当前农业农村发展面临的主要问题

（一）农业劳动生产效率不高

全市农业劳动生产率约为2.0万元/人，不到全省平均水平的一半。一方面，虽然一产增加值增速全省最快，但总量较小，不到杭州、宁波的一半，台州也接近温州市的2倍，特别是其中占比较高的渔业，体量只有台州的28%、舟山的33%、宁波的44%。另一方面，温州市农业从业人数全省最多，2020年为83.46万人，比杭州、宁波分别多24万人和39万人，比台州也多13万人。

（二）产业平台带动作用较弱

近几年，虽然温州市争取和建成了一些中央省市级的农业产业平台，比如国家级农业产业园、省级农业产业园区、市级田园综合体，但由于基层重平台争取和建设，轻项目招引，平台缺少项目支撑，集聚效应和辐射带动作用发挥不明显。

（三）农产品品牌影响力不大

打造“瓯越鲜风”品牌的持续投入和宣传力度较弱，与仙居杨梅、福鼎白茶等品牌的投入和宣传相比差距较大；同时，温州市农业体量较小、农业碎片化问题较大，推进农业生产标准化、规模化存在先天不足。

（四）未来乡村建设尚需深化

未来乡村作为共同富裕的基本单元，在试点推进中，主导产业不明晰，大部分没有形成有带动力的产业；主体风貌不够突出，主题文化不够鲜明，对特色文化元素的挖掘不够，缺乏标志性、“未来感”的项目支撑；数字化素养不高，未来乡村智慧场景打造力度不够；开放程度不够，农民群众参与不多，农民的主体意识未被激活。

（五）农民增收内生动力不足

虽然2021年温州市农村居民人均可支配收入增速列全省第5位，但总量仅列全省第7位，而且总量与前6位的差距较大（前6位均在4.1万元以上）。这主要在于农民收入结构不合理，财产性收入占比一直偏低（5%左右），对农民增收的支撑作用不强。同时温州市低收入农户基数大，因残和因病致贫占比高，自我发展能力弱。而且温州市农村低保标准偏低，较其他地市对低收入农户增速贡献率偏低。

（六）渔业安全风险依然较大

渔业安全经过2021年一年的大力整治，形势持续向好。但由于温州市渔业本质基础差、基层监管力量配备和工作机制严重不足、工作推进不平衡、个别地方重视程度不够、“三无”船舶屡禁不止等问题，温州市渔业安全隐患依然较大，需要常抓不懈。

（七）土地要素支撑力度不够大

乡村产业发展的用地空间不足，许多边（山）坡地、杂地等划入基本农田保护范畴；用地条件苛刻，设施农业用地要求直接用于农业生产，其他经营性用地均不能作为设施农业用地；用地成本偏高，工业用地价格远远超出农业企业的承受能力，且农转用审批难。

三　2022年温州市农业农村工作建议

2022年，温州市应认真贯彻中央农村工作会议和中央一号文件精神，对标浙江省提出的农业“双强”、乡村建设、农民共富“三条跑道”，紧紧围绕“稳粮保供、全域美丽、数字引领、改革集成、富裕富足”主题主线，大力抓好粮食生产、海上安全、农业“双强”、未来乡村、农民“扩中”“提低”、乡村改革，积极推进质量变革、效率变革、方式变革、动力变革。

（一）以“双强”行动为抓手，加快推进农业产业高质量发展

一是实施种业振兴“510”工程。围绕“一园一城一室一会一龙头”“五个一”平台，加快推进温州国家农业科技园“一园三区多基地”建设，

同步配套启动建设温州农业科技城。大力培育省级以上农业重点实验室，重点支持泰顺奶牛育种等省级重点实验室建设。引导中小种业企业联合兼并，鼓励支持国企、民企、种研院校联合组建种业集团，培育1家年产值超亿元的种业企业。支持办好南方种业博览会。聚焦花椰菜、花蛤、大黄鱼、奶业等十大地方特色优势品种，强化关键核心技术联合攻关和优质新品种培育，打造一批拳头产品和单打冠军，花椰菜等国内市场占有率达30%以上。

二是着力提升农机化水平。针对山地农机化的短板，大力研发引进轻型、小型化农机，推进文成、泰顺率先突破，打造山地农机化的最佳实践，推进泰顺县全域农机化试点建设。加快建设区域性农机公共服务中心，大力发展农机社会化服务，每个县建设1家以上服务中心。特别是引进大型农机企业，向企业化服务转型。

三是持续推进“两带”和田园综合体建设。坚持更高标准、产业项目植入，强化项目带动，持续抓好“两带一园”建设，提质提标109条乡村振兴示范带，谋划西部生态休闲产业带项目200个以上，年度计划投资180亿元。瞄准种业、科技、农机等头部企业，大力开展农业招商引资，新落地投资1亿元以上农业项目10个以上，持续抓好7个在建田园综合体建设、提升4个已建田园综合体。

四是扎实推进产业链培育。围绕大黄鱼、瓯柑、杨梅、番茄、铁皮石斛等产业，市县联动推进产业链建设，市级主抓10亿元级产业链，县级主抓5亿元级产业链，全年培育做强3~5条10亿元级农业全产业链。着力推动“预制菜”产业发展，制定中央厨房（预制菜）产业培育计划，重点在预制菜研发、品牌打造、企业主体培育和产业园的建设等方面下功夫，打造“瓯越鲜风标准化生产基地+中央厨房+物流配送”产业链。

（二）以未来乡村为引领，推进新时代美丽乡村迭代升级

一是迭代升级建设场景。全面总结一年来未来乡村建设试点经验，要立足“五化十场景”更加聚焦“三基三主”（基层组织、基础设施、基本公共服务，主导产业、主体风貌、主题文化），强化基层组织作用发挥、基础设

施建设、基本公共服务供给，挖掘主题文化，彰显主体风貌，做强主导产业，真正实现未来乡村建设的引领性和群众获得感。

二是提速提质抓试点扩面。要立足“两带一园”建设成果推进未来乡村试点扩面，建立市四套班子领导挂钩联系未来乡村制度和“赛马比拼”机制，开展“一月一督查一通报、一季一评价一观摩、一年一汇报一展示”，提速提质建设未来乡村37个左右。

三是持续深化五美联创。深入实施新时代美丽乡村“千万工程”，统筹建设美丽城镇、美丽乡村、美丽田园、美丽河湖和美丽经济，重点推动美丽乡村标杆示范创建，新建新时代美丽乡村标杆县1个、新时代美丽乡村610个，实现美丽乡村全域覆盖。

（三）以“三位一体”改革为重点，深化农村综合改革

一是深化数字化改革。聚焦乡村产业发展、农民生活服务的高频需求，围绕“一县一品”产业大脑，打造数字农业龙头企业、数字农场、数字牧场、数字渔场；围绕未来乡村，打造养老、医疗、教育、治理等实用管用的数字化场景。全面推广“三位一体”智农共富应用，高质量完成低收入农户帮促、“肥药两制”改革、农村“三资”管理服务、渔船精密智控等试点任务。

二是深化“三位一体”改革。围绕组织化、一体化、数字化、现代化“四化”建设，推进合作社高质量发展、为农服务中心全覆盖和乡镇农合联实体化运作，加快推动小农户与现代农业有效衔接。巩固提升示范乡镇20个，新建示范乡镇10个、示范县2个，新培育省、市、县示范性农民专业合作社50家，提升省、市、县示范性家庭农场100家，新培育省级产业化联合体5家。

三是深化“三权分置”改革。推进龙港宅基地制度改革，探索建立无房户跨社区调剂保障机制。加强农村宅基地管理，完善农民建房“一件事”办理系统，启动第二轮万幢农房盘活项目。探索村集体建设用地入市交易试点。深化农村承包地“三权分置”改革，推广整村流转、委托流转，推进

第二轮土地承包到期后再延长30年试点。推进农村产权市场化运作机制、集体经济增收分配机制、股权流转和有偿退出机制改革。大力推进农业转移人口市民化改革。

（四）以扩中提低为抓手，夯实农民农村共同富裕基础

一是重点抓增量项目促增收。积极创新农业种养模式，大力推广发展稻渔、稻虾、稻鳖、茭渔等技术，清单化、比拼式抓一批产业增量项目落地，确保农林牧渔业增加值和农民收入增长走在全省前列。

二是完善联结机制促增收。推进“两进两回”、农民就业创业培训，大力培育农民专业合作社、家庭农场、龙头企业、农创客等新型主体，推动高素质农民创业就业，全年培训高素质农民和农村实用人才8000人。“一户一策”推进低收入农户增收，建立新型帮共体，构建新型主体带动低收入农户发展机制。加强就业帮扶和返贫风险动态监测，机制化保障低收入农户收入增长15%以上，全面消除农村家庭人均收入10000元以下现象，完成易地搬迁5000人以上。

三是实施强村行动促增收。实施村级集体经济巩固提升三年行动和“百亿强村”计划，鼓励村集体组建或入股强村公司，坚持以项目建设带动村集体经济发展，全年计划开竣工村集体经济项目800个左右，村级集体经济总量达到110亿元左右，年经营性收入50万元以上的行政村占比达45%以上。

（五）以安全发展为底线，大力推进“三农”本质安全建设

一是加强渔业安全本质建设。部署开展海上安全“春雷”行动，推进海上联合大巡查大执法、“三无”船舶清港、商渔船防碰撞引航、海上智治提升、指挥体系重塑“五大行动”，提升渔业安全本质水平。

二是着力抓好粮食生产。压实粮食安全党政同责责任制，打好粮食保卫战，粮食播种面积、粮食产量分别达到168.5万亩和68.25万吨，确保完成上级下达的硬任务。党政同责抓好耕地保护，把耕地保有量和永久基本农田

保护作为刚性指标实行严格考核，采取“长牙齿”的硬措施和数字化手段，推进耕地用途管控和耕地“非粮化”整治，完成6万亩粮功区“非粮化”整治优化，做好7.1万亩市领导经责审计涉及粮功区“非耕地”分类整治举证和2.68万亩省厅审计发现粮功区“非粮化”的后续补充上图入库。

三是强化农产品质量安全整治。以开展食用农产品“治违禁、控药残、促提升”三年行动为抓手，加强重点农产品监督抽检和跟踪评价，农产品定量监测频次达1.51批次/千人；推进农药化肥双减量行动，促进农业绿色发展和农产品品质提升。

参考文献

温州市统计局：《2021年温州市国民经济和社会发展统计公报》，2022年3月18日。

B.5
温州市固定资产投资展望与分析（2021~2022年）

汪振标　徐陈清　陈沛思　吴晖环*

摘　要： 2021年，温州市全面贯彻国家和浙江省委、省政府促投资增长系列决策部署，全面落实新发展理念，坚持抓项目、促投资、争要素、优服务，持续打好重大项目建设攻坚战，全市固定投资呈现较快增长。从稳投资的要求看，面临着稳增长压力大、结构指标不均衡、要素保障不充分等问题，同时，中央对稳投资也出台了利好措施，温州应借势加大项目建设力度，持续扩大有效投资，为经济社会发展打好坚实基础。

关键词： 固定资产　有效投资　“新基建”　温州

一　2021年温州固定资产投资运行情况

2021年，是“十四五”开局之年。温州全市上下贯彻市委、市政府工作决策部署，坚持“一切围着项目转、一切盯着项目干”，牢固树立“大抓项目、抓大项目”工作导向，以开局抢跑、起步冲刺的昂扬姿态，跑出加速度，干出高质量，展现新气象，有效投资工作成效显著，为全市经济社会发展提供项目支撑。

* 汪振标，温州市发展和改革委员会投资处处长；徐陈清，温州市发展和改革委员会投资处副处长；陈沛思、吴晖环，温州市发展和改革委员会投资处科员。

（一）固定资产投资增长较快

受上年投资增速“前低后高”影响，2021 年固定资产投资增速呈现逐月回落态势，但总体处于较快增长区间，快于同期 GDP 增速。1~12 月，全市固定资产投资增长 11.4%（见图 1），居全省第六位，超出全省平均水平 0.6 个百分点，超额完成市定 9%高线目标。

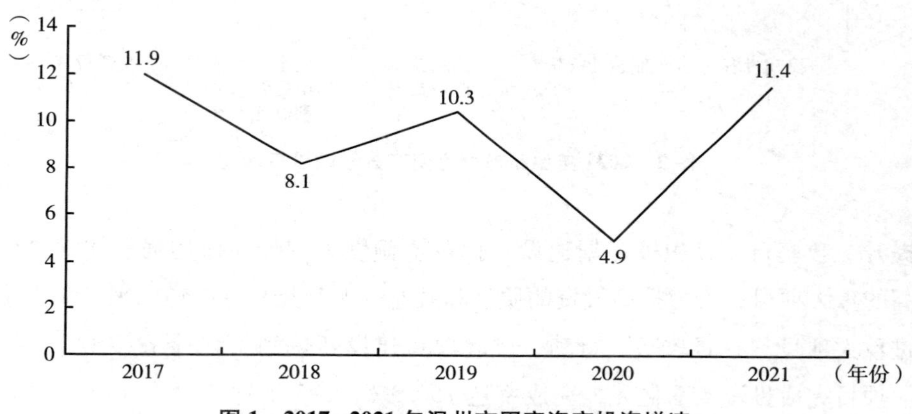

图 1　2017~2021 年温州市固定资产投资增速

（二）投资结构稳中提质

2021 年，全市民间投资增长 13.9%、制造业投资增长 13.4%、高新技术产业投资增长 21.6%、生态环保城市更新和水利设施投资增长 17.4%（见图 2），好于投资面上增速。其中，民间投资增速居全省第三位，高新技术产业投资、生态环保城市更新和水利设施投资均居全省前列；交通投资增长-6.3%，低于投资面上增速，排全省第九位，但剔除建设用地费，增速为 7.5%。

（三）项目建设提速推进

2021 年，全市以“大抓项目、抓大项目”为导向，紧盯重大产业、重大基础设施、重大民生等三大领域，全年实施重大项目建设“三单四化五

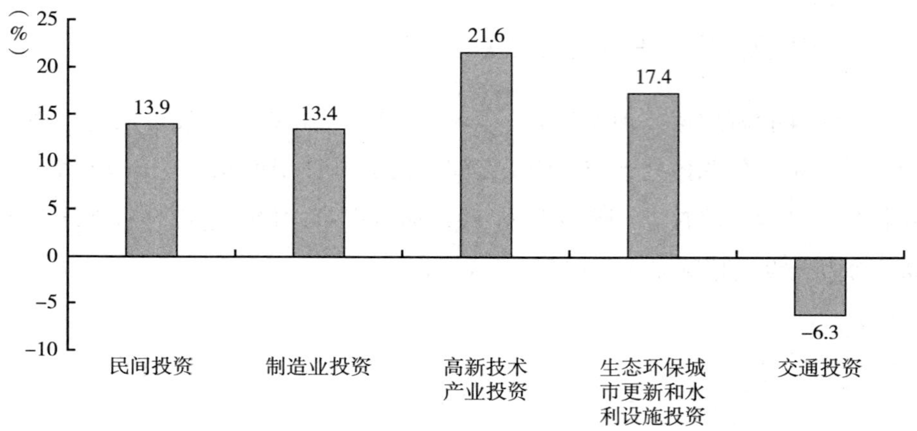

图 2　2021 年温州市固定资产分领域投资增速

提升”攻坚行动，积极谋划建设一批投资额度大、带动作用强、技术含量高的重大项目，着力提高投资的质量和效益。尤其是 9 月中旬以来，大力推进重大项目“百日攻坚”行动，掀起项目建设新热潮。81 个省“4+1”重大项目完成投资 459 亿元，完成率达 150.5%；293 个省“六个千亿”产业项目完成投资 667.4 亿元，完成率达 166.7%；全市重大建设项目计划完成投资 1633.1 亿元，完成年度计划的 108.1%；市级政府投资实施类项目完成投资 255.7 亿元，完成年度计划的 100.9%；182 个纳入“百日攻坚”续建重大项目完成投资 998.1 亿元，完成率达 110.3%。组织两批 89 个项目参加 2021 年全省扩大有效投资重大项目集中开工活动，完成年度计划的 155.8%；持续推进重大项目招引，新开工亿元单体制造业项目 171 个，实际使用外资 5.4 亿美元。温州国际博览中心、温州国际未来科技岛、安吉至洞头公路洞头霓屿至北岙段工程、永宁大桥等重大项目开工，杭温高铁、市域铁路 S2 线、三澳核电一期工程等重大项目加速推进，平阳正威长三角电子信息产业中心项目一期半导体关键材料生产基地、温州大道东延线（钱江路—温强线）工程、奥体中心二期、龙舟亚运基地等重大项目建成。

（四）省市县长项目工程提质扩量

市委、市政府高度重视省市县长项目工程，主要领导亲自研究部署，协调推动项目加速落地。2021 年，全年谋划省市县长工程项目 43 个，包含 2 个省领导挂钩项目，全省最多。全年累计落地开工项目 33 个，落地率达 75.6%，其中制造业项目 25 个，占比达 75.8%，双双超额完成年度高线任务目标。平阳正威长三角电子信息产业中心项目，总投资达到 120 亿元，成为全市第一个总投资超过百亿元的制造业项目，实现了“当年拿地、当年开工、当年竣工、当年投产”目标，得到省领导充分肯定。

（五）要素支撑有力，资金争取创新高

全年 346 个专项债项目获批发行资金额 425.4 亿元，数量和发行额超 2019 年、2020 年两年总和，居全省第二。对接国开行、农行“共同富裕”专项融资共储备项目 26 个，融资需求 500 亿元，已获批 104 亿元。争取中央预算内补助资金超 2.5 亿元。发行企业债券 9 只，发债金额 92 亿元。用地指标争取创新高。28 个项目入选省重大产业项目名单，其中实施类项目 25 个，居全省第一，获用地指标奖励超 2900 亩，创历史新高。108 个项目列入省重点建设项目计划，争取带帽“农转用”土地指标 7931 亩，超 2020 年同期。

二　稳投资面临的机遇和挑战

（一）机遇

一是扩大有效投资仍然是经济稳增长的关键。在疫情冲击、百年变局加速演进、外部环境更趋复杂严峻和不确定情况下，投资对经济发展支撑作用愈加凸显。中央经济工作会议上强调“要适度超前开展基础设施投资”；浙江省委经济工作会议上强调“要深入实施投资新政，抢抓政策机遇的窗口

期，开展优结构、扩投资‘1+9’行动”；市委主要领导在市委十二届十四次全体（扩大）会议上，旗帜鲜明地提出要“一切围着项目转、一切盯着项目干”，以项目谋划建设高质量，推动经济社会发展高质量，做好一季度稳投资工作。

二是要素保障进一步扩大。按照中央经济工作会议精神，2022 年将实行积极财政政策、稳健的货币政策，保持适度支出强度，财政赤字率或将进一步降低，专项债规模也将与 2021 年的规模基本持平，将有效弥补地方政府财政支出压力。国家对需中央加大建设用地保障项目、“国批、省批”项目、支持能耗单列的重大项目支持力度不断加大，积极支持地方申报。如，目前全市 19 个项目已列入需中央加大建设用地保障力度国家重大项目清单，16 个争列中央保障建设用地重大项目、4 个争取能耗单列项目已由省发展改革委转报国家。省政府出台扩大有效投资政策二十条，从加强土地要素保障、争列国家重大项目能耗单列、争取地方政府专项债和中央预算内资金投资等方面予以重点保障，将有效保障重大项目建设，充分发挥投资对经济稳增长的关键作用。

三是重大项目支撑基础较好。2022 年，全市安排重大建设项目 815 个，年度计划投资超过 1700 亿元。特别是聚焦重大产业、重大基础设施、重大民生三大领域，开展 2022 年扩大有效投资“3121”行动、一季度投资工作专班攻坚行动，全力督促重大项目比进度、比质量，全力抓好重大项目促前期、促开工、促进度攻坚战，抢抓形成投资实物量。

（二）挑战

一是持续向好的基础尚不牢固。外部环境更趋复杂严峻和不确定，疫情冲击导致的各类衍生风险不容忽视，产业链供应链循环不畅，部分实体经济生产经营依然困难。

二是投资增长压力较大。从投资总量来看，全市 2021 年投资增速为 11.4%，两年平均增速为 8.3%，处于高位运行，继续扩大投资总量压力很大。如经过近几年高速增长，全市交通投资基数已经较大，随着市域铁路

S1线、甬台温高速复线、龙丽温高速文瑞段、溧宁高速文泰段等一批重大交通项目相继竣工投用，项目难以接续，继续保持较快增长难度加大，联动基础设施投资增长乏力；从房地产投资看，呈现房地产市场热度下降、下行转向趋势，面临下行压力。同时，还面临着制造业投资占比不足等问题。从自身看，近年来全市制造业投资连续保持高位增长态势，但与全省及省内先进市相比，制造业投资占面上投资比重不足，低于全省平均水平。

三是要素保障制约大。温州“七山二水一分田”的地形地貌特点决定了温州在土地资源要素上存在“先天不足”，特别是耕地占补平衡问题极大制约交通、水利等项目推进，农转用缺口指标落实难度大，永农补划难以落实符合要求的补划地块。同时，国家对能源实行双控制，即刚性控制能源消费强度（单位GDP能耗）和弹性控制总量。由于产业结构偏轻的关系，温州是全省单位GDP能耗低、能耗消费空间小、可腾出能耗空间小的城市，对当前全市“大抓项目、抓大项目”，加速推进重大产业项目来说，能耗空间可调控余地小的问题将成为项目尤其是重大产业项目落地的“硬约束”。

三　2022年温州稳投资的政策建议

做好2022年扩大有效投资工作，要坚持以习近平新时代中国特色社会主义思想为指导，认真贯彻党的十九大和十九届历次全会、中央经济工作会议和浙江省委十四届十次全会精神，全面贯彻落实市委、市政府决策部署，坚持稳中求进的工作总基调，完整准确全面贯彻新发展理念，忠实践行“八八战略”、奋力打造“重要窗口”，统筹疫情防控、经济社会发展和“十四五”目标衔接，坚持稳字当头、稳中求进，初步安排2022年固定资产投资增长9%以上，高于GDP预期增长目标；制造业投资等5项结构指标增速快于面上投资增速，交通投资总量与2021年持平，以投资的“稳”和“进”为社会经济发展大局做出新的更大贡献。

（一）建立全周期的项目管理机制

突出条块化攻坚、清单化管理、节点化推进，强化领导牵头谋划推进

“十大标志性工程”，逐个项目抓攻坚、抓推进、抓落实。一是实施条块合力攻坚。根据固定资产投资总量及结构目标，制造业投资、民间项目投资、高新技术产业投资、生态环保城市更新和水利设施投资和交通投资，由发改、经信、科技、生态环境、住建、交通、水利、综合执法等主管部门按照职能做好任务分解，落实归口管理责任。二是实施项目清单管理。建立标志性重大支撑项目清单、任务清单、责任清单，通过定目标、定节点、定责任、定时限，加快前期攻坚一批、落地开工一批、建设实施一批、建成投用一批。三是实施领导挂钩制度。完善市县领导挂钩联系重大建设项目制度，按照“一个重大项目、一位市级领导联系、一位部门领导主抓、一套工作机制、一抓到底”和市县分级负责的要求，建立领办包干机制，定期督办、定期协调。四是实施项目“两集中”机制。围绕“集中攻坚”和“集中审批”，一方面由常务副市长牵头，市发展改革委梳理重大项目难点堵点问题，建立重大项目联席会议制度，定期研究、“面对面”审批，打通关键卡点。涉及工程类项目的部门主要负责人，要带头包干项目，推进情况定期报送组织部门和市“两办”；另一方面，对涉及能耗指标、土地指标、资金平衡和上级审批的重大项目，开展集中攻坚，确保项目早开工建设、早投产达效。

（二）建立全方位的要素支撑机制

贯彻落实《温州市扩大有效投资政策举措清单》，强化全方位要素跟着项目走，坚持政府与市场两端发力，拓展存量和创造增量相结合，着力提高要素供给水平和利用效率。一是土地跟着项目走。指导各地做好重大基础设施争取使用国家新增建设用地计划指标、补充耕地指标国家统筹和省级统筹，涉及国家级重点项目要做好先行用地申请报批工作。积极争取省以上重大基础设施项目新增建设用地计划指标，申请奖励省重大产业项目新增建设用地计划指标，争取更多项目纳入国家用地保障范围，获得更多的跨省城乡建设用地增减挂钩节余指标。加大全市国有建设用地供应，重点加大新增工业供地。加快龙湾二期、浅滩二期、丁山二期等围填海区域土地供应，实现

“地等项目”。二是资金跟着项目走。建立地方政府专项债券穿透式、全周期的管理体系，形成“储备一批、发行一批、建设一批”的滚动接续机制，力争全年储备需求1000亿元以上、一季度发行200亿元以上，督促已发行资金使用，尽快形成实物投资量。对承担经营性基础设施建设的市级国有平台公司，根据项目情况和财力状况，提请市政府研究同意后向其注入一定资本金，撬动更多社会资本参与重大项目建设。安排5000万元财政资金，专题用于市本级重大基础设施项目前期经费，各县（市、区）应同步予以安排。积极申报基础设施项目REITs试点。统筹安排智能化改造专项资金支持企业技术改造，逐步实施贷款贴息政策。三是能耗跟着项目走。全面落实原料用能抵扣政策，加强原料用能、地方新增可再生能源消费量统计核算。制定全市工业增加值能耗低于0.49吨标准煤/万元准入标准，严格控制“两高”项目准入管理，在属地确保完成能耗“双控”任务目标前提下，对节能审查开辟绿色通道。对列入省级开发区（园区）的区域实施区域能评，并进一步优化能评手续。对符合国家“六大领域”“四个条件”的重大项目实行能耗单列政策，梳理重大用能项目，积极向上对接，争取支持。四是政策服务跟着项目走。交通方面，全力支持经营性高速公路项目，在投资人未确定的情况下，由地方公益性交通事业单位代投资人先行开展项目前期工作，申领项目受理通知书。水利方面，指导各地做好海塘与道路、公园、绿地、文旅等功能融合的项目谋划，争取省级部门审批支持，支持苍南、龙港、瑞安等地近期急需建设的项目，尽快启动用海报批程序。能源方面，更大力度落实“风光倍增”计划，指导项目科学选址，优化审批流程，鼓励开展海域使用权立体分层设权改革，加快文成、永嘉等抽水蓄能电站项目前期进度，推进苍南抽水蓄能项目选址。

（三）建立全覆盖的督查激励机制

谋划实施新一轮“十大标志性工程”比学促活动，通过“集中晾晒”、“赛马”比拼、过程考核、督查约谈等有效机制，加快形成扩大有效投资行动热潮。一是实施新一轮“集中晾晒”活动。谋划实施新一轮“十大标志

性工程”互比、互学、互促“集中晾晒”活动，由各工程牵头单位汇报整体进展，尤其是重点项目推进情况，用竞赛的方式营造“大抓项目、大兴产业、大促发展”的浓厚氛围。二是实施季度“赛马”比拼。实行过程管理考核，“月跟踪、季监测”各地有效投资指标完成情况、重大项目推进情况以及省“赛马”相关指标，由市发改部门会同市统计部门做好绩效评价，对滞后项目进行亮灯预警，对落后指标实施考绩预扣分，对落实市级投资专项行动计划成效好的县（市、区）有关单位优先予以要素支持。三是实施多层级督查约谈。定期开展督查，对项目建设、难点突破、履职尽责等情况，开展一线跟踪督查，督查结果立即予以通报，对进度落后于时序 2 个月及以上的，纳入市政府重点督办内容。建立落后约谈制度，对进展明显缓慢的地区，每季度末由常务副市长对各地政府分管领导进行约谈。

B.6

2021年温州外经贸形势分析及2022年展望

林俐　侯丹　孙寅　金碧婷*

摘　要： 2021年温州市对外贸易高开低走。引进外资企业数与上年同期持平，实际利用外资大幅增长，境外投资新建企业数量下降但中方投资额增长，本土跨国公司快速成长成亮点。当前，全球疫情形势依然严峻，外部环境更趋复杂和不确定，国际经济复苏势头放缓，温州外经贸发展面临新的机遇与挑战；全市外经贸工作要保持战略定力，准确把握外经贸形势，加大改革创新力度，确保外经贸平稳发展。本文提出以下建议：以数字化为牵引，赋能外贸发展；加大金融支持力度；打造竞争优势，建设更高水平对外开放平台；简政放权，便捷吸引外资落地；强化社会关系，稳步推进境外投资。

关键词： 对外经贸　对外投资　外贸新业态　温州

2021年温州市对外贸易高开低走。引进外资企业数与上年同期持平，实际利用外资大幅增长，境外投资新建企业数量下降但中方投资额增长，本土跨国公司快速成长成亮点。

---

* 林俐，温州大学商学院教授，主要研究方向为区域开放与企业国际化；侯丹、孙寅，温州大学商学院；金碧婷，温州市商务局。

一　2021年温州市外经贸发展情况

（一）对外贸易：先扬后稳

根据温州市统计局数据统计，2021 年温州市累计进出口总额达 2411.2 亿元，超过台州，居浙江省第六位，同比增长 10.1%，其中：出口总额 2035.8 亿元，这是温州市年出口额首次站上 2000 亿元这个新台阶，同比增长 8.4%；进口总额 375.3 亿元，同比增长 20.3%，进口增速明显高于出口。全市贸易顺差为 1660.5 亿元；进出口总额、出口总额、进口总额两年平均分别增长 12.6%、9.9%和 32.1%。从出口方面看：1 月受疫情影响，出口与上年同期相比下降 6.85%；2 月出口状况由回落转为高速增长，增幅达到最高 523.2%；3 月和 4 月出口平稳增长，同比增幅分别为 38.3%和 29.6%；5 月增幅开始减缓，出口增幅回落至 9.8%；6 月出口继续回落，增长率为负值，与上一年同期相比下降了 14.3%；7 月出口继续下降，下降幅度达到 29.2%；8 月和 9 月出口额增长率并未上升，依然是负值；10 月出口增速回转，同比增幅为 11.6%；11 月、12 月出口持续增长，增幅分别为 13.1%、39.3%。从进口方面看：1 月进口额较上年同期上升 4.3%；2 月进口 19.6 亿元，与上年 2 月相比下降 14.8%；3 月进口增长率回升至 47.4%；4~5 月进口增速继续上升，在 5 月进口增长率达到峰值为 270.1%；6 月增速开始有所回落，较上年同期上升 64.9%；7~8 月增幅较之前月份继续有所放缓；9~10 月增幅较之前两个月增幅有所回升；11 月和 12 月进口增长率下降为负值，较上年同期分别下降 7.1%、46.9%（见图 1）。

从横向比较来看，杭州海关发布的数据显示，2021 年 1~12 月，全省进出口总值达到 4.14 万亿元，进出口总值首次跻身于全国前三位，较上年同期增长 22.4%，高于全国平均水平 1.0 个百分点，占全国份额稳中有升。对于出口总值，截至 2021 年末，浙江省的出口额首次迈过 3 万亿元大关。其出口额达到 3.01 万亿元，同比增长 19.7%；进口贸易总额也有亮眼成绩，

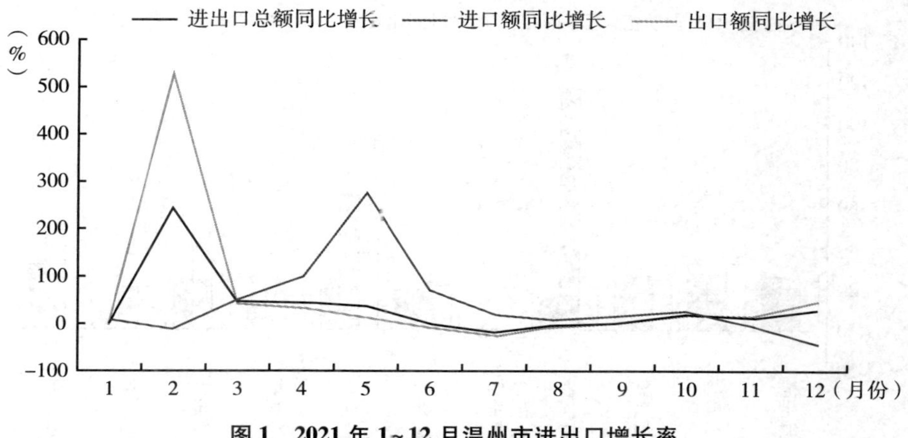

图1　2021年1~12月温州市进出口增长率

资料来源：根据温州市政府信息公开数据计算。

初次冲破万亿元，进口值约为1.13万亿元，相比上年增长幅度将近33.3%，进口增速高出全国平均水平8.8个百分点；全省进出口、出口和进口规模创历史新高。横向对比，浙江进出口、出口金额居全国第3位，进口金额居全国第6位。全省11个市（地区）外贸出口与上年同期相比呈现不同程度的增长，其中温州市增幅为8.4%，全省排名由上年的第6位下降至第10位，说明温州市在疫情期间对外贸易的应对策略有提升空间。从进口来看，温州市进口增幅为20.32%，全省排名由上年的第2位下降至第9位（见图2）。

1.机电产品出口额占比超过50%

若从出口产品来看，增长幅度较为明显的是机电产品，增长速度较为快的是生命科学技术产品。在温州市的出口构成中，出口额超过30%的是劳动密集型产品，其中包括眼镜、鞋业、服装等，在2021年全年中这些劳动密集型产品的出口额达到将近690亿元。上一年温州机电产品出口额创历史新高，跨过千亿元门槛，出口到其他国家的总值超过1053亿元，机电产品对于温州市的对外贸易出口额的贡献值超过一半。在2021年全年，温州市的高新技术产品同比增长也较为明显，将近占温州市出口总值的3.6%，在这个产业中，增长速度尤为明显的是光电技术与生命科学技术产品，其增速

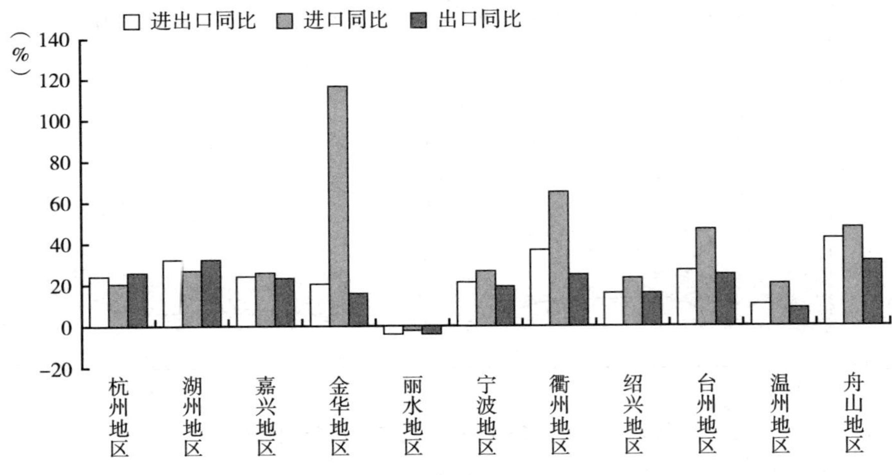

图 2　2021 年浙江省各地区进出口增长率

资料来源：根据杭州海关数据（http：//hangzhou. customs. gov. cn）计算。

达到将近 39%。若从进口产品来看，拉动温州市进口额的主要是钢材、铁合金等大宗商品。钢材、铁合金的进口额分别是 29. 6 亿元、125. 9 亿元，增长速度前者是后者的 3 倍之多，前者同比增长 46. 1%。在上一年，温州市进口额增长较为明显的还有消费品和农产品，消费品进口额达 51. 9 亿元，农产品进口额达 39. 4 亿元，相对于后者，前者的增长速度较为突出，其 2021 年的进口额是 2020 年进口额的 2 倍多，拉动温州市进口增长的 8. 6%，农产品拉动温州市进口增长 5. 6%。增长较为明显的产品还有机电和高新技术产品，增速分别达到 72% 和 82%，进口额分别为 4. 7 亿元和 15. 6 亿元。

2. 稳外贸有利因素正积聚

据温州海关统计，2021 年温州对 RCEP 自贸协定成员国出口约占全市同期出口将近 25%，其中对东盟的出口额为 366. 3 亿元，大体上和 2020 年一致。进口方面，自 RCEP 自贸协定成员国进口占全市同期进口总额的将近 60%，来自泰国、越南等东盟国家的进口值是 167 亿元，其增长值是上一年进口值的 1/4，占上一年温州市进口总值的 44. 49%。

从温州市其他进出口的对象来看，增长较为明显的就是美国，出口额相较于上年增长44.6%，出口贸易值是326亿元，拉动上一年温州市出口贸易增长5.37个百分点。除了出口美国这一国家，拉美市场也是温州出口的市场中占比较大的市场，其出口贸易总值是190.2亿元，拉动温州市出口增长将近3个百分点。向法国、德国等欧盟国家的出口总贸易总值回落3.1%。欧盟、东盟、非洲等市场是温州进口商品的几个主要来源地，在2021年，进口来自非洲的贸易额回落将近17%，向欧盟市场的进口贸易额达到将近29亿元，呈现增长态势，增幅是41.1%。

3. 民营企业仍是出口主力

温州市2021年各类企业进出口中，民营企业仍然占据着主导地位，仍然是温州市外贸增长的重要主体。从企业来看，前三季度，温州有进出口实绩的外贸企业共9288家，其中民营、外商投资和国有企业分别有9103家、167家和18家。截至12月底，温州跨境电商备案企业共计842家。2021年温州民营企业出口贸易额为1938.6亿元，相比上一年增长8.4%，占比为95.23%，稳固占据主力军地位；国有企业出口贸易额为42.1亿元，同比增长14.7%；外商直接投资企业出口贸易额为55.2亿元，增长6.3%。

4. 开放平台更加坚实

一般贸易拉动进出口增长较为突出，保税物流进口呈现强劲增长态势。前三个季度，一般贸易进出口额为1478.2亿元，增长17.4%，占温州市进出口总值将近87%，分别拉动出口和进口增长10.6个和36.2个百分点。同期，市场采购出口额为194.5亿元，下降31.9%，占比下滑7.2个百分点至13.7%；保税物流进口额为11.9亿元，增长2.7倍，进口增长贡献率达10.2%。此外，2021年温州跨境电商呈现井喷式发展态势。跨境电子商务综合试验区项下出口额累计达142.46亿元，指标完成率达356.15%；二线出区进口额累计达24.93亿元，指标完成率达124.65%。跨境电商综合试验区正全面助力温州打造区域商贸中心城市与区域消费中心城市。

海外仓建设呈现好势头。相关统计数据显示，2021年温州市新增公共

海外仓16家，圆满完成任务。截至目前，温州市共有21家公共海外仓企业。浙江省商务厅《浙江省跨境电子商务综试区建设综合评价报告》显示，温州市公共海外仓总面积和数量分别位居全省第三、第四。为推进全市海外仓建设，2021年以来市商务局密切与省商务厅及兄弟地市的对接，强化与垂直部门、商协会、重点企业的合作，统筹全市商务系统力量，加大对海外仓主体的支持、引导、宣传力度，鼓励外贸企业加大对"一带一路"等重点市场海外仓的布局，深化外贸物流供应链建设。

（二）引进外资：实际利用新高

新冠肺炎疫情间歇性反复出现，国际社会多变不定，加剧全球经济局势动荡，中国率先恢复经济，成为全球疫情背景下最大的经济增长国，良好稳定的经济环境使中国成为外资流入地。2021年温州引进外资工作成绩卓越，超额超标完成，大项目大突破，招大商引大资，充分发挥大项目乘数效应。2021年温州市新批外商投资项目115个，同比持平；实际使用外资54450万美元，同比增长66.42%，增幅高于全省平均水平50.2个百分点，增幅、完成率均列全省第一，提前4个月超额完成全年省定、市定目标任务，获全省外资工作考核B类第一名，创同口径实际利用外资历史新高。

2021年全市外商直接投资企业数量增长较稳定，5~9月维持两位数趋势。合同外资金额增长波动较大，颇有季节周期性特点。实际使用外资金额变化幅度偏大，与合同外资金额变化具有一定的同趋性，呈周期性波动增长（见图3）。全市新设投资总额5亿美元以上大项目两个，投资总额合计14.54亿美元，合同外资2.68亿美元，占全市合同外资总量的18.58%。全市实际使用外资2000万美元以上大项目9个，合计实际使用外资33519万美元，占全市实际外资总量的61.56%。

实际外资产业结构进一步优化，稳中提质是2021年温州市实际使用外资工作的重点目标。1~12月，全市新批制造业项目22个，同比增长57.14%；合同外资39426万美元，同比增长225.16%；实际使用外资10138万美元，同比增长99.53%，占全市实际使用外资总量的18.62%。其中亿

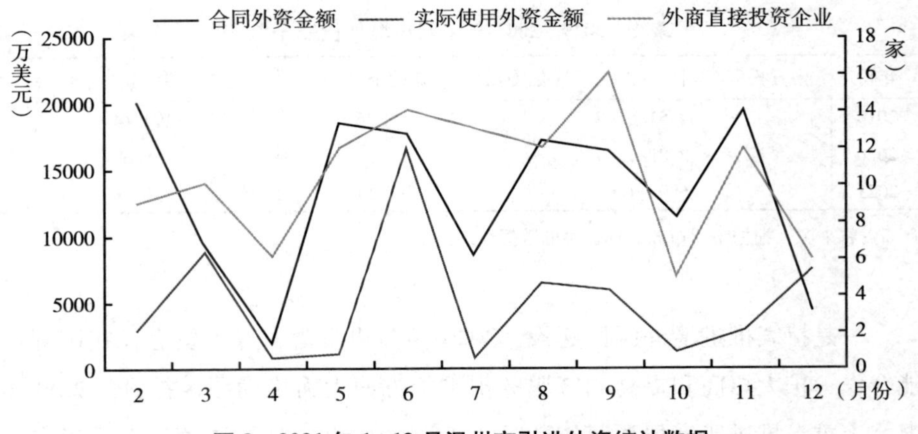

图3　2021年1~12月温州市引进外资统计数据

注：2月数据为1月、2月累计量。

资料来源：根据温州市统计局发布的数据整理。

元以上制造业项目2个，占全市合同外资总量的23.03%，占全市实际使用外资总量的18.63%。

高技术产业对外资的吸引力也与日俱增，2021年全市高技术产业合同外资68349万美元，同比增长23.03%；实际使用外资17453万美元，同比增长41.55%，提前超额完成全年高技术实际使用外资任务，占全市实际外资总量的32.05%。重大产业项目作为未来发展的战略支点，将加速引领经济转型升级实现高质量发展。

（三）对外投资：本土跨国公司快速成长成亮点

2021年1~12月，温州市新设境外投资企业17家，增资11家，并购项目2个，累计中方投资备案额6.09亿美元，较上年同比增长111%；共建"一带一路"国家投资占比为31.53%（见表1）；累计完成对外承包工程营业额1.57亿美元，同比增长42%。

2021年随着新冠疫苗普及，全球经济逐渐复苏，境外投资形势稍有缓和，加之近几年温州市企业产能过剩，企业蓄力已久，境外投资呈现向好态势。

表1　2019~2021年温州市境外投资一览

年份	中方投资/其中“一带一路”(亿美元)	新设企业(家)	投资“一带一路”占比(%)
2019	7.51/6.92	36	92.14
2020	2.88/1.89	30	65.63
2021	6.09/1.92	17	31.53

资料来源：根据温州市商务局提供的数据整理。

一是持续推进境外园区建设。2020年温州市落实专项资金，在国际产能合作、扩大招商和提高园区服务水平等方面大力推动园区提升。2020年温州市重点推进印度尼西亚纬达贝工业园的建设，已在该项目上总投资超7000万美元，在温州市建立的境外疫情防控线上平台的指导下，纬达贝工业园科学应对并积极克服疫情影响，全力推进园区基础设施建设。温州推动建设了贝尔麦克商贸物流园，该园区位于塞尔维亚，温州市规划在克罗地亚的里耶卡港和罗马尼亚康斯坦萨港建保税物流配送设施，形成对东南欧地区较为完整、快速、便捷的物流配送体系。

自国家着手开展境外经贸合作区建设以来，温州市紧跟时代的步伐，已建设3个国家级境外经贸合作区、3个省级境外经贸合作区，同时温州市取得了较好的成绩，其成绩水平在全国处于领先水平，相较于全国其他省份的城市，温州市建设的国家级境外园区数量是最多的。境外经贸合作区是温州市参与“一带一路”建设的重要平台，园区涵盖加工制造、资源利用、商贸物流、农业产业等多种类型，它们在提升温州市全球资源配置能力、助推外贸高质量发展、打造国内国际“双循环”开放格局等方面发挥了自身平台枢纽作用。2021年度浙江省境外经贸合作区考评结果公布，5个浙江省境外经贸合作区年度评价优秀，其中温州市2个上榜，分别是印尼纬达贝工业园、塞尔维亚贝尔麦克商贸物流园。在区域布局上，温州市6个境外经贸合作区均建在共建“一带一路”国家，其中2个建在RCEP协定国。2021年，6家境外经贸合作区建区企业累计投资额达10亿美元；总计入园企业243家，累计投资额达16.6亿美元；带动所在国税收3.1亿美元，带动当地就业4万多人；带动进出口额72.6亿美元。

二是以融入国内国际双循环为落脚点，为跨国公司企业提供肥沃的土壤和养分。来自浙江省商务厅的2021年浙江本土民营跨国公司经营“50强”榜单显示，温州有4家企业上榜。这4家上榜温州企业的主营业务涉及不锈钢制造、新能源、智能电气、宠物制品、鞋类制造等行业，是温州市实力企业和优势产业的代表。来自市商务局的统计数据显示，4家企业境外资产总额达602.7亿元，境外利润总额达86亿元，拥有海外员工总数达5.83万人。以4家上榜企业之一的青山控股集团有限公司为例，其2021年跨国指数达53.99%，境外企业现有员工逾5万人，主要通过跨国并购、园区建设、绿地投资等形式进行境外投资。本土民营跨国公司已经成为引领温州高水平“走出去”的主力军，为打造“一带一路”浙江枢纽发挥了重要作用，做大总部经济的同时，也在拓展国际市场，在双循环新发展格局的背景下，这种双轮驱动发展战略更有利于推动本土企业在国际上的发展。

二　温州市外经贸发展存在的问题分析

2021年，在新冠肺炎疫情反复、国际物流供应短缺、部分欧美国家高筑商贸壁垒等复杂的国际贸易环境下，温州市在外经贸发展方面仍然面临严峻考验。鉴于当下艰难形势，温州市优化出台一系列政策举措，建立纾困解难应对机制、大力发展外贸新业态模式、千方百计助企业拓市场、加快进口平台建设等，推动温州市外贸稳定增长。吸引外资与境外投资情况较上年有明显提升，但仍未恢复到疫情前水平，说明全球疫情背景下温州境外投资整体“硬实力”有待进一步提高，产业国际竞争力与发达国家仍有一定差距，商贸投资等方面还存在许多问题与不足，其现存问题和影响因素分析如下。

（一）外贸企业经营效益有待提高

现在为阻断疫情进一步蔓延，实施“动态清零”，企业用工短缺，不能照常发货，物资流动困难，仓储成本、原材料成本、用工成本增加等困难让外贸企业面临前所未有的巨大挑战和压力，引起外贸企业的恐慌和消极情绪增加。另外，疫情也引起国外需求减少，国际运输费用成倍增加，海运“一箱难求”，空运、铁路舱位十分紧张等问题。这些不利好的因素极大挤压温州市鞋、服装、眼镜等重点轻工产业利润空间，导致众多企业生产形势持续向好，但企业效益不见增长，甚至有的企业陷入了生产越多效益越低的尴尬境况。以温州市眼镜制造业为例，按平均劳动力成本占产品售价35%计算，劳动力成本涨5%~10%，相当于挤压了1.75%~3.5%的产品利润。

（二）外贸新业态发展动力尚需强化

近年来，外贸行业企业不再寄希望于等疫情过去以后重启线下业务，相反外贸企业开始用大数据驱动海外销售，其中有不少企业已经敏锐地对其贸易方式实施数字化转型，同时也取得了较为良好的效果。新冠肺炎疫情的蔓延从某种程度上来说催化了贸易向数字化方向发展，广大国际贸易参与者看到了数字化贸易方式的抗风险实力和韧性，其中以跨境电商为样板，在此背景下，越来越多的城市和地区申请设立跨境电子商务综合试验区。浙江已设立12个跨境电子商务综合试验区，率先实现跨境电商综试区省域全覆盖。2021年中国（温州）跨境电子商务综合试验区项下出口额累计142.46亿元，指标完成率达356.15%；二线出区进口额累计24.93亿元，指标完成率达124.65%。但是温州市与抢占发展先机的广州、上海、深圳、成都等地相比还有较大差距，仍然有进一步开拓和提升的潜力。以成都为例，根据相关数据，中国（成都）跨境电子商务综合试验区2016年获批以来，跨境电商交易规模平均每年实现110.02%以上增长，2021年成都综试区交易总额就达到了685.3亿元。

（三）境外投资企业核心竞争力有待提升

温州民营企业由于受规模和资金的约束，主要从事技术含量不高、附加值低的劳动密集型行业。技术进步缓慢、缺少核心科技，企业品牌国际影响力有限，核心竞争力普遍不高，使民营企业在国际市场上无法与发达国家企业相抗衡（如康奈集团未上榜 2021 年浙江民营企业研发投入百强名单）。结合温州市本土民营跨国公司培育库，课题组分析发现以下几点。第一，跨国经营业务的企业数量偏少。2021 年新增境外投资项目的企业仅为 17 家，仅占 150 家（2020 年统计）入库企业的 11.3%。第二，已有境外投资项目相对规模较小，鲜有境外投资备案额达上亿美元企业。第三，企业境外涉及研发、品牌、技术等高质量项目不足，从行业分布来看仍以其他制造业为主。民营企业产品差异化较小且附加值不高，在生产过程中企业重数量而轻质量。民营企业品牌意识较为薄弱，不注重品牌效应的发挥。

三　2022年温州市外经贸发展态势预测与政策建议

当前，全球疫情形势依然严峻，病毒突变、传播更强，疫情反复无常，外部政治、军事、民生等环境更趋复杂和不确定，国际经济复苏势头放缓，温州外经贸发展面临新的机遇与挑战，全市外经贸工作要保持战略定力，准确把握外经贸形势，加大改革创新力度，确保外经贸平稳发展。

（一）以数字化为牵引，赋能外贸发展

首先是不断持续优化营商环境，通过推出数字外贸服务平台，帮助企业降低贸易成本。将以高质量发展为引领落到实处，依托数字经济的领先优势，拓展数字技术与贸易发展的深度，对外贸主体着重培育。其次是牢牢把握促进数字贸易高质量发展这个方向，以发展数字贸易为抓手，加快跨境电商、跨境服务贸易等发展。要扎实加快落实贸易链条数字化改造，跨越传统跨境电商平台贸易门槛，与时俱进，创新性探索数字贸易发展的新模式和数字平台。最后是以产业链部署创新链为立足点，持续不断地推进数字贸易链创新。当然也要着重于推进“新基建”建设；以工业物联网为突破点，带动各领域数字化转型；通过促进合作解决智能化发展趋势不平衡难题；积极主动落实数字贸易领域监管和治理体系建设。

（二）平稳增长，加大金融支持力度

首先是协调推动解决企业进出口和融资环节存在的困难和问题，进一步扩大开放，做好跨周期调节。其次是要把重点放在助企纾困，尤其是关注中小微企业，帮助它们减少沟通成本，争取助力保订单，稳预期，促进外贸平稳发展。最后是以对重点关注企业提供信贷支持为落脚点，鼓励引导银行机构着眼于企业需求创新融资产品。以市场化为原则，以依法合规、风险可控为前提，将各类金融机构的作用发挥到最大，尽可能帮助企业渡过难关。

（三）打造竞争优势，建设更高水平对外开放平台

首先是高标准建设对外开放高能级平台，拉动进出口的增长。重视对外开放窗口，义新欧班列是“一带一路”建设的重要内容，应将义新欧班列看作建设高水平对外开放平台的切入点。充分发挥企业运营优势，逐步助力义新欧班列温州号由单一的运输通道向贸易通道、开放通道、合作通道转变。其次是因地制宜结合当前温州市情况以及形势，以此为基础着力促进综合保税区开放高质量健康发展。支持综保区内融资租赁业务，对于部分涉及跨关区的大型设备，在保证有效监管和执行现行相关税收原则下，深入研究海关异地委托监管模式。最后是继续探索电商业务新模式和做强做大跨境电商业务。打造区内跨境新业态，保障跨境电商全链条服务，持续创新开拓区港联动和区区联动发展的路径。

（四）简政放权，便捷吸引外资落地

一是下放外资企业登记权限，降低外资市场准入门槛，减少行政审批成本，为外商投资企业落户提供就近、快速、便捷的市场准入服务，实现属地办理外商登记注册就近办、就地办、随时办。二是深化“易企办”改革，对于外商企业在国内开展业务与办理手续，提供咨询与代办服务，保证办事效率。积极推行外商投资企业商务备案与注册登记“多证合一”，放宽外方

股东主体资格证明，推进全链条、全流程网上办，打造快准入、宽准营、优服务的商事制度改革。三是明确外商投资底线，坚持底线之上均可为，坚定触碰红线依法办，完善市场法律法规，创造良好轻松、合法合理的营商环境。

（五）强化社会关系，稳步推进境外投资

一是构建并升级社会关系网络，在宗亲联系、文化相通等基础上，企业明确产业合作目标和计划，同时具备创新意识，以减少沟通成本为原则，探索更有效率的沟通模式和沟通平台。二是拓宽企业社会网络发展的系统空间，应用多种形式的政策性安排，搭建民间对外信息交流平台，加强中外经济特区的联合沟通，拓展企业和个人的国外社会关系网络资源，从而刺激对外投资。三是推动信用融资平台建设，合理利用社会关系网络和民间资本的力量，引入社会关系保障制度，建设阳光透明的民间信用体系以及合法合规的融资程序，形成个人信用衡量计算、维护保障和定期反馈的良性循环系统，从信用源头上规避和抑制信用链断裂的危机。

参考文献

田雯飒、俞晶：《前三季浙江进出口总值达 3 万亿元》，《浙江日报》2021 年 10 月 19 日。

潘彪、黄征学：《长三角地区制造业分工合作、产业结构优化升级与对外贸易竞争力提升》，《科学发展》2021 年第 8 期。

黄云碧：《“一带一路”倡议下温商境外经贸合作区的发展研究》，《中国商论》2019 年第 6 期。

杨柳树：《走出去 温州企业打造境外经贸合作区的先行之路》，《温州人》2018 年第 11 期。

肖海岳、王瑾、许苗苗：《“一带一路”背景下绍兴本土跨国公司的培育》，《绍兴文理学院学报》（人文社会科学版）2019 年第 1 期。

杨晓宴：《培育本土民营跨国公司 温州制订三年行动计划》，《中国外资》2019 年第

11 期。

钱翀、汪占熬：《海外华侨网络与温州对外直接投资的嵌入机制研究》，《华东经济管理》2017 年第 5 期。

余官胜：《民营企业是对外直接投资的风险规避者吗——基于温州民营企业数据的实证研究》，《国际经贸探索》2017 年第 1 期。

B.7

温州服务业发展形势分析与预测（2021～2022年）

郑黎明*

摘　要： 2021年，面对复杂严峻的国内外形势，温州持续统筹疫情防控和经济社会发展，经济运行总体平稳，服务业经济整体温和恢复。全市服务业增加值首次突破4000亿元，服务业增加值占GDP比重保持较高水平，对全市税收贡献较大，城市消费场景能级不断提升。分行业来看：消费品市场逐步回稳，交通运输业平稳恢复，信息传输软件业增长较快，金融业增长步伐放缓，房地产业运行相对滞后，数字经济核心服务业营收增长格外亮眼。同时，温州服务业存在发展速度趋缓、发展不平衡、服务业设施和要素支撑瓶颈亟待破解等问题。建议要进一步促进重点行业领域加速发展，延续优惠政策，激活商家经营内生动力，大力发展基于优势制造业的生产性服务业，突出“区域中心”提升辐射带动力，促进服务业企业做大做强，加快构建现代化产业体系，有效发挥服务业在全市经济高质量发展中的稳定器作用。

关键词： 服务业　消费市场　数字经济　温州

2021年，温州市统筹疫情防控和经济社会发展，服务业高质量发展再上

---

* 郑黎明，温州市统计局原党组副书记、副局长，中共温州市委党校（温州市行政学院）智库特聘专家，高级统计师，主要研究方向为经济统计与分析。

新台阶，全市服务业增加值突破 4000 亿元。服务业运行总体趋稳、向好的格局持续巩固，“十四五”开局良好，为 2022 年开门红、开门稳打下了坚实的基础。据浙江省地区生产总值统一核算，2021 年温州市实现服务业增加值 4229.4 亿元，按可比价计算（下同），比上年增长 6.8%，低于 GDP 增速 0.9 个百分点，对经济增长的贡献率为 49.8%；服务业增加值增速分别低于全国、全省增速 1.4 个和 0.8 个百分点；两年平均增长 5.2%，增速高于全国增速 0.2 个百分点，比全省增速低 0.6 个百分点。同时，服务业恢复速度相对较慢、县（市、区）服务业发展不平衡、部分行业恢复相对滞后等问题值得关注。

一　2021年温州服务业运行总体特征及主要行业发展状况

（一）服务业运行总体特征

1. 服务业增加值突破4000亿元

2021 年，温州市实现服务业增加值 4229 亿元，比上年增长 6.8%，规模总量首次突破 4000 亿元。从各季度增速看，呈现“前高后低”发展态势（见图 1）。

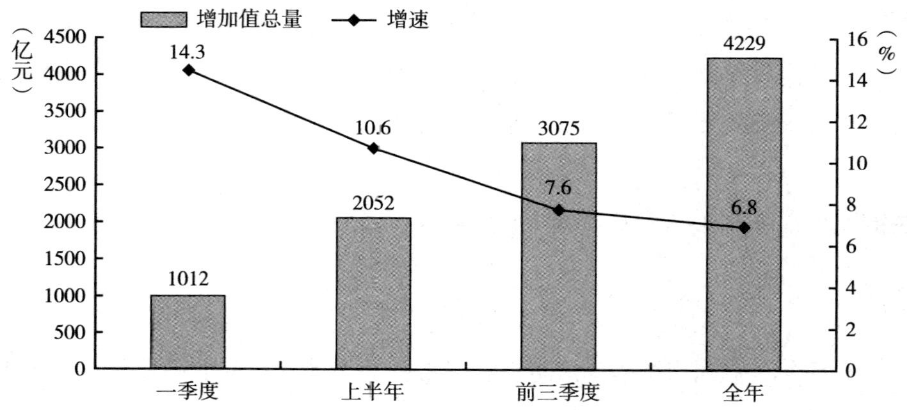

图 1　2021 年温州市服务业增加值各季度累计增长情况

资料来源：温州市统计局《温州经济概览（2021）》。

2. 服务业占 GDP 比重保持较高水平

2021 年，温州市服务业增加值占 GDP 比重达 55.8%，比重分别高于全国、全省平均水平 2.5 个、1.2 个百分点，居全省第四位。近 5 年来全市服务业增加值占 GDP 比重均保持在 55%以上，处于较高水平，进一步凸显了温州市服务业在经济发展中“稳定器”的重要地位。

3. 服务业对税收贡献较大

2021 年，温州市服务业实现税收收入（不含关税及海关代征税）558.8 亿元，同比增长 8.5%，占全部税收收入比重达 55.9%。其中房地产业、批发零售业、金融业实现税收收入分别为 228.0 亿元、123.9 亿元和 101.2 亿元，分别同比增长-2.2%、32.1%和 29.2%。

4. 城市消费场景能级不断提升

2021 年温州市深入推进数字生活新服务先行市创建，入选国家特色型信息消费示范城市；推动设立 1 亿元“温州新消费”专项资金，全面掀起发展首店首发经济新高潮。全年全市实现商贸业有效投资 102 亿元，完成 14 个重点街区、6 个专业街区和 6 个美食小吃街区改造提升，五马街（禅街）获省级“高品质步行街”称号。建成城市阳台、纱帽河、梧田老街等“大建大美”项目 414 个。乐清蝴蝶广场、瑞安新湖广场、永嘉大悦里购物中心、永嘉恒达广场等 6 个综合体建成投用，温州印象城成为温州市打造区域消费中心城市的新地标。

（二）服务业主要行业运行情况

1. 消费品市场逐步回稳

2021 年，全市实现社会消费品零售总额 3807.7 亿元，总量居全省第 3 位，比上年增长 8.9%，两年平均增长 2.9%。一是从限上单位消费类别看，饮料、服装鞋帽、烟酒等生活用品类消费分别增长 5.3%、6.8%、19.3%，照相器材、金银珠宝、通信器材等升级类消费分别增长 28.5%、38.6%、83.6%，五金电料、建筑及装潢材料、石油及其制品等生产资料类消费分别增长 10.5%、18.6%、33.1%（见表 1）。限上住宿业、餐饮业营业额分别增长

12.8%、27.4%，两年平均分别增长-4.1%、8.8%。二是新能源汽车销售十分亮眼。全市汽车类商品零售额占限额以上单位零售额的份额较大，占比高达45.0%。全市新能源汽车销售保持快速增长态势，1~12月，汽车类销售额同比增长7.3%，新能源汽车销售额同比增长140.1%，拉动全市限上商品销售额增长3.9个百分点。三是限上批发零售业单位通过网络实现的商品零售额比上年增长11.9%。另据浙江省商务厅统计，2021年温州市网络零售额达2199.8亿元，同比增长8.4%，总量继续居全省第四位，但增速居全省末尾，且各县（市、区）发展较不平衡（见图2）。

表1　2021年温州限额以上单位主要商品零售类值数据

单位：亿元，%

商品分类	绝对量	占限上比重	2021年累计增速	两年平均增速
汽车类	416.5	41.2	7.3	-1.7
石油及其制品类	171.0	16.9	33.1	4.1
服装、鞋帽、针纺织品类	71.7	7.1	6.8	-3.2
粮油、食品类	62.9	6.2	-18.5	2.3
中西药品类	37.2	3.7	7.7	7.1
通信器材类	33.9	3.4	83.6	28.9
家用电器和音像器材类	30.1	3.0	-3.5	-6.7
烟酒类	29.6	2.9	19.3	40.2
日用品类	18.4	1.8	-6.1	-10.3
化妆品类	11.1	1.1	3.2	12.4

资料来源：温州市统计局《温州统计月报（2021.12）》。

2. 交通运输业平稳恢复

2021年，温州市交通运输相关业务较上年同期基本恢复。交通运输、仓储和邮政业实现增加值191.6亿元，同比增长10.6%，两年平均增长5.0%。从企业经营情况看，温州市192家规上交通运输业企业实现营业收入231.9亿元，同比增长29.4%，两年平均增长8.3%。据交通、邮政等部门统计，全市实现货物周转量601.6亿吨公里，同比增长12.3%；快递业务总量16.8亿件，同比增长23.6%。

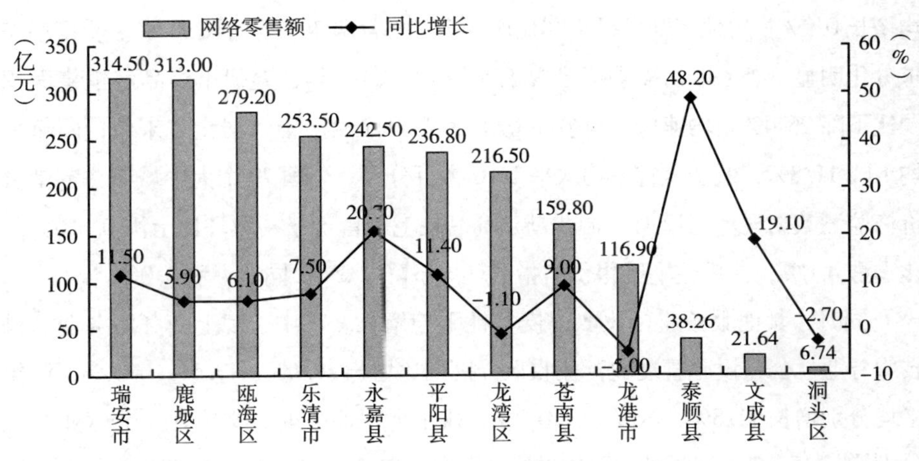

图2　2021年温州市各县（市、区）网络零售基本情况

资料来源：浙江省商务厅《浙江省2021年1~12月网络零售统计数据》。

3. 信息传输软件业增长较快

2021年，得益于通信运营商的稳定运行及互联网、软件信息服务业企业的高速增长，全市信息传输软件业增长较快。信息传输、软件和信息技术服务业实现增加值157.4亿元，同比增长14.4%，两年平均增长7.0%。73家规上信息传输软件业企业实现营业收入229.5亿元，同比增长19.8%，两年平均增长17.3%。其中移动、电信、联通三大运营商营业收入同比增长13.9%，互联网、软件信息服务业企业营业收入同比增长23.2%。

4. 金融业增长步伐放缓

2021年，温州市金融业运行相对滞后。金融业实现增加值544.1亿元，同比增长5.4%，两年平均增长7.3%。12月末，温州市金融机构人民币存款余额为16213.9亿元，同比增长7.9%，受企业存款增长放缓等影响，存款增速“高开低走”，增速居全省末位；人民币贷款余额为15755.4元，同比增长16.1%，居全省第七位。12月末，全市金融机构不良贷款余额为95.2亿元，不良贷款率为0.6%。

5. 房地产业运行相对滞后

2021年，温州市房地产业实现增加值573.0亿元，同比下降2.3%，两年平

均增长0.9%。房地产开发投资同比增长18.3%，两年平均增长9.7%。受市场需求分化明显、外来购房需求不足等因素影响，2021年，温州市商品房销售面积同比下降26.4%，增速低于全省平均水平23.9个百分点，居全省末位；两年平均下降11.8%，低于全省平均水平15.0个百分点。全国70个大中城市住宅销售价格监测数据显示，12月，温州新建商品住宅销售价格指数环比上涨0.3%，同比上涨4.0%；二手住宅销售价格指数环比下降0.3%，同比上涨3.0%。

同时，其他服务业行业取得恢复性平稳增长。其中，规上商务服务业、科技服务业、公共设施管理业营业收入分别同比增长19.6%、13.5%、4.6%，两年平均分别增长11.8%、21.7%、10.7%；规上居民服务业、文体娱乐业营业收入分别增长15.6%、-8.3%，两年平均分别增长21.2%、14.9%；民营教育行业、民营医院等卫生行业营业收入分别增长-0.03%、13.5%，两年平均分别增长0.5%、10.7%。数字经济核心服务业营业收入增长19.1%，两年平均增长16.7%。

二　2021年温州服务业发展值得关注的问题

2021年，温州市服务业温和恢复，但整体恢复速度慢于全国、全省平均水平。同时，县（市、区）服务业发展不平衡，部分行业恢复滞后等情况，值得关注。

（一）服务业恢复速度慢于全国、全省平均水平

2021年，温州市服务业增加值同比增长6.8%，增速分别低于全国、全省平均水平1.4个和0.8个百分点；两年平均增长5.2%，比全省平均水平低0.6个百分点。服务业增加值总量居全省第三位，增速居全省倒数第三位（见图3）。2021年全市970家规上服务业企业实现营业收入806.7亿元，同比增长22.8%，两年平均增长14.5%，分别低于全省平均水平0.06个、3.6个百分点。

（二）县（市、区）服务业发展不平衡

从服务业经济总量看，鹿城（占比22.5%）、乐清（17.5%）、瑞安

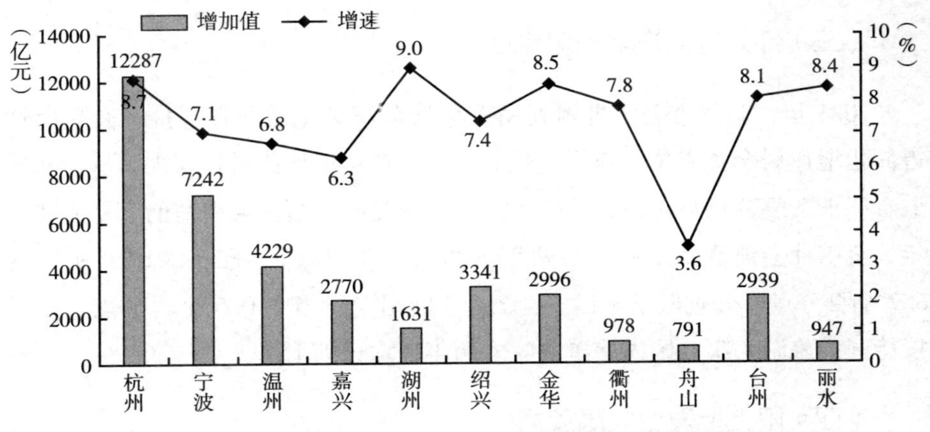

图3 2021年浙江省各设区市服务业增加值及其增速

资料来源：浙江省统计局《浙江经济数据要情（2021.12）》。

（13.9%）、瓯海（10.4%）服务业增加值占全市比重高于10%，排位靠前；洞头（1.3%）、经开区（1.7%）、泰顺（1.8%）、文成（1.8%）占比相对靠后。从服务业增加值增速看，乐清（11.9%）、平阳（11.8%）增速高于10%，排位靠前；永嘉（1.8%）、龙港（2.5%）增速低于3%，排位靠后（见表2）。

表2 2021年温州及各县（市、区）服务业增加值及增速

单位：亿元，%

地区	服务业增加值	增速	占GDP比重	地区	服务业增加值	增速	占GDP比重
温州市	4229.4	6.8	55.8	苍南县	219.5	7.2	54.9
鹿城区	950.6	5.8	75.3	文成县	76.1	5.8	65.3
龙湾区	274.4	6.1	52.9	泰顺县	75.6	8.9	57.1
瓯海区	439.3	7.5	57.0	瑞安市	588.4	6.1	51.2
洞头区	55.8	9.0	54.4	乐清市	739.1	11.9	51.6
永嘉县	250.4	1.8	51.5	龙港市	171.9	2.5	50.5
平阳县	288.2	11.8	48.0	经开区	70.8	5.2	25.7

注：洞头区为“小洞头”数据，不含瓯江口产业集聚区。

资料来源：温州市统计局《温州统计月报（2021.12）》。

（三）部分行业恢复相对滞后

2021 年，温州市金融机构人民币存款余额增速居全省末位，商品房销售面积增速居全省末位，拖累金融业、房地产业增加值增长表现。从消费领域看，消费复苏仍显乏力，整体消费尚未恢复到新冠肺炎疫情前水平。2021 年，全市社会消费品零售总额两年平均增长 2.9%，仍低于 2019 年水平的 6.7 个百分点，分别低于全国、全省平均水平 1.0 个、0.5 个百分点。全市接待国内旅游人次、国内旅游总收入两年平均分别下降 1.4%、0.9%。

（四）限上批发业收尾疲弱

2021 年下半年受“贸易回归”单位销售额减少影响，全年全市限上批发业实现销售额 8551.8 亿元，比上年增长 21.8%，居全省第 10 位，增速较前三季度和上半年分别回落 11.0 个、32.7 个百分点。12 月当月限上批发业销售额同比下降 12.2%，其中 238 家总部回归贸易企业 12 月当月销售额同比下降 39.6%，拉低限上批发业当月销售额增速 18 个百分点。从商品类别看，占全市限上商品销售额比重 56.7% 的金属材料类销售额同比增长 30.6%，增速较前三季度和上半年分别回落 17 个、47.7 个百分点。

（五）设施和要素支撑的瓶颈有待破解

与城市商圈发展相配套的物流仓储、停车场所、绿地广场等发展相对薄弱，是温州市服务业发展的短板弱项，直接影响消费集聚与创新。而与之密切相关的用地指标稀缺、专业人才紧缺、流动资金短缺，是商贸、旅游、文娱、科教、康养等项目开发建设的制约因素，破解难度较大。此外，城市名片宣传缺乏整体策划，商业街区改造升级相对滞后，一定程度上影响了温州市服务业投资吸引力和社会美誉度。

三　2022年温州服务业发展展望和建议

2022 年温州市将加快建设更具活力的“千年商港、幸福温州”，打造高质量发展建设共同富裕示范区市域样板。但新冠肺炎疫情仍将带来一定影响，温州市服务业发展进入“爬坡过坎”关键时期，预计全年服务业增加值增长7%左右。温州市要加快集聚高端消费资源，提升消费服务水平，打造优良消费环境，挖掘消费需求潜力，全力推动温州区域消费中心城市创建快出成效。

（一）促进重点行业领域的加速发展

一是针对2021年金融、房地产业增长相对滞后等情况，出台有效措施予以破解。建议中国人民银行温州中心支行、温州银保监分局、温州市金融办等部门针对金融机构人民币存款余额增速居全省后列情况，进一步促进存款回流，争取全年进等升位。温州市住建等部门针对商品房销售面积增速居全省后列情况，加快完善以促进住房消费为主的住房市场体系，推进房地产业持续健康发展。二是进一步扩大居民消费。致力于打造“新消费高地”，充分挖掘消费热点，鼓励新型消费，通过做大增量来破解传统消费增长困难的问题。同时，做大本地旅游市场，进一步提振旅游消费。

（二）延续优惠政策，激活商家经营内生动力

相关部门要着眼于温州市打造区域消费中心城市，进一步推动消费尤其是接触型消费持续恢复。涉及商贸单位的减税降费、纾困降本等政策措施要进一步延续并强化，使优惠政策更充分、更直接地惠及商贸市场主体，激活商家经营内生动力，多推促销推广活动，为消费持续复苏提供商家支撑。特别是住宿餐饮业单位，要从政策帮扶、外卖平台管理等方面实现精准帮扶，减轻住餐单位的经营成本负担。

（三）大力发展基于优势制造业的生产性服务业

为构建产业竞争新优势，围绕电气、鞋业、服装、汽摩配、泵阀等温州市优势制造业产业，促进生产性服务业与制造业数字化、融合化的深度协同发展，打造“生产+服务”融合生态圈。一是加快推进产业数字化转型升

级，扩展生产性服务业新需求。针对广大中小企业研发能力不足等情况，抓住全面推进数字化改革的新机遇，加快制造业数智赋能步伐，依托工业物联网、大数据、人工智能等新一代信息技术推动传统制造业转型升级、“服务型制造”发展壮大，带动与之配套的生产性服务业持续快速发展。二是支持服务型企业向制造环节延伸，培育生产性服务业新供给。畅通产业供需对接渠道，健全从原材料、制成品到市场营销和售后服务的全链条服务体系。顺应技术革命、产业变革、消费升级的趋势，推动研发设计、现代物流、电子商务、总集成总承包等企业发展制造服务业，联合制造业企业开展研发设计、加工制造、品牌授权等合作，打造一批“超级工厂”。三是打造“六个地”发展目标，构建现代服务业产业体系。加快推进“生产性服务业创新发展行动计划”，奋力打造研发设计策源地、软件信息融合地、商务会展集聚地、数字贸易创新地、现代金融试验地、现代物流示范地。

（四）突出“区域中心”提升辐射带动力

“区域中心”是关键定位，就是要强化区域联动发展，着力打造“世界超市”，使其成为内外贸融合发展示范地、文旅康养消费目的地，扩大“购在温州”品牌影响力。一是要构建浙南闽东北赣东进口商品集散中心核心区。以全球商品贸易港为核心平台，汇集进口商品采购力量，打通城市商超、社区门店货源渠道，形成“15 分钟购物圈”，同时加强在周边城市（地区）的市场布局，实现“买于全球、卖向全国”的愿想。二是要打造医疗康养城市。构筑绿色生态发展新格局，联动山区 5 县绿色低碳发展，走出乡村振兴和共同富裕新路子。以生命健康小镇和温州医科大学为平台支撑，着力构建集医疗护理、健康管理、康复保健、休闲养生、旅游度假等为一体的国际医疗康养胜地，精心打造“医养在温州”品牌。

（五）促进服务业企业做大做强

坚持培育、招引“两手抓”，全力做大做强服务业企业。依托数字经济“一号工程”、国家自主创新示范区建设等平台，开展服务业重点行业“亩产效益”综合评价和领跑者遴选、加强服务业重大项目谋划和储备，培育发展一批领军型、成长型、潜力型服务业企业。实施“温商总部回归”工程，充分利用在外温商优势，撬动最优政策杠杆，招引一批优质总部回归服务业企业。

参考文献

何春燕、江骏霞：《2021 年浙江经济高质量发展再上新台阶 共同富裕示范区建设扎实开局》，浙江省统计局官方网站，2022 年 1 月。

温州市人民政府：《温州市生产性服务业创新发展行动计划（2022—2024 年）》（温政办〔2022〕3 号），2022 年 1 月。

B.8
温州地方财政运行形势分析与预测（2021～2022年）

陈宣安*

摘　要： 2021年，温州市财政部门坚决贯彻市委、市政府决策部署，紧扣锚定“五大新坐标”、开创“十个新局面”，聚焦“打造高质量发展建设共同富裕示范区市域样板”，以赶考的心态、奔跑的状态、奋进的姿态，主动服务和融入发展大局，全力做好财政收入组织工作，经济运行回归平稳、收入质量稳步提升。本文结合2021年温州地方经济形势，从有利因素和不利因素两方面对2022年温州财政运行形势进行分析。结合温州实际，从继续推进“结构生财”制度改革做大地方财政收入“蛋糕”、坚持高质量运行确保财政收支平衡、坚持高水平防范筑牢风险防控底线等方面提出具体建议。

关键词： 财政运行　高质量　财政收入　温州

2021年，温州市财政部门围绕“十四五”千亿元级地方财政收入目标，积极研判经济形势，科学把握组织收入的节奏和力度，推动财政收入保持稳中有进、稳中加固、稳进提质的良好态势。

* 陈宣安，温州市财政局党组书记、局长，主要研究方向为财政学。

一 2021年温州财政运行情况

（一）一般公共预算执行情况

2021 年，温州市财政总收入 1081.5 亿元，同比增长 12.4%，其中，一般公共预算收入 657.6 亿元，同比增长 9.2%。一般公共预算收入中税收收入 549.5 亿元，同比增长 7.7%，税占比达 83.6%。全市一般公共预算支出 1066.8 亿元，同比增长 3.9%。

2021 年，市级财政总收入 236.0 亿元，同比增长 11.7%，其中，一般公共预算收入 139.7 亿元，同比增长 6.0%。一般公共预算收入中税收收入 120.9 亿元，同比下降 3.5%，税占比达 86.6%。市级一般公共预算支出 146.4 亿元，同比增长 7.3%。

（二）政府性基金预算执行情况

2021 年，温州市政府性基金收入 1493.0 亿元，同比增长 10.5%，其中，国有土地使用权出让收入 1198.2 亿元，同比增长 2.9%。全市政府性基金支出 1678.5 亿元，同比增长 11.3%，其中，国有土地使用权出让收入安排的支出为 1026.6 亿元，同比下降 0.6%。

2021 年，市区政府性基金收入 887.5 亿元，同比增长 6.3%，其中，国有土地使用权出让收入 674.4 亿元，同比下降 2.0%。市区政府性基金支出 961.8 亿元，同比增长 1.0%，其中，国有土地使用权出让收入安排的支出为 594.3 亿元，同比下降 11.7%。

（三）国有资本经营预算收支执行情况

2021 年，全市实现国有资本经营预算收入 3.4 亿元，同比增长 128.1%。全市实现国有资本经营预算支出 1.8 亿元，同比增长 228.6%。

二　2021年温州财政运行主要特点

（一）财政收入迈入新征程

2021 年，温州市财政收入工作聚焦两个“千亿元”。一是财政总收入首次突破千亿元大关，全年全市财政总收入 1081.5 亿元，同比增长 12.4%，增幅比上年同期高出 9.7 个百分点。完成“十四五”初财政总收入破千亿元目标。财政总收中地方收入占比达 60.8%，高于全省平均水平 3.9 个百分点，地方可用财力占比更高。二是政府性基金收入连续 3 年高于“千亿元”，全年全市政府性基金收入 1493.0 亿元，同比增长 10.5%，政府性基金收入平稳增长为温州市重大项目建设、重点民生实事、基础设施投资、地方风险化解筑牢资金基底。

（二）税收产业结构持续优化

2021 年，第二产业税收增速较为突出，是增收贡献的主要力量。具体来看，全市第二产业税收同比增长 13.1%，两年平均增长 6.2%，占税收比重为 41.9%，增收贡献占比达 77.9%；第三产业税收同比增长 2.5%，两年平均增长 7.1%，占税收比重达 58.0%，增收贡献占比为 22.6%。从细分行业来看，建筑业、制造业、批发零售业增收贡献突出，增收贡献分别为 47.9%、32.8%、30.7%，3 个行业增收贡献合计达到 111.4%。信息传输、软件和信息技术服务业增长最快，入库 4.6 亿元，增长 63.2%，两年平均增长 45.0%（见表 1）。

表 1　2021 年温州市分行业税收增长情况

单位：亿元，%

指标名称	总额	占比	增速	两年平均增速	当年增收贡献
地方税收	549.5	100.0	7.7	7.6	100.0
二产税收	230.2	41.9	13.1	6.2	77.9
制造业	163.8	29.8	7.4	1.0	32.8
建筑业	59.7	10.9	38.0	28.8	47.9

续表

指标名称	总额	占比	增速	两年平均增速	当年增收贡献
三产税收	318.7	58.0	2.5	7.1	22.6
房地产业	176.0	32.0	-3.6	10.5	-18.9
批发零售业	51.4	9.3	25.7	5.7	30.7
金融业	43.4	7.9	22.3	12.3	23.0
租赁和商务服务业	17.8	3.2	-3.0	-2.9	-1.6
住宿和餐饮业	0.9	0.2	6.1	-31.3	0.2
信息传输、软件和信息技术服务业	4.6	0.8	63.2	45.0	5.2

资料来源：温州市财政局统计数据。

（三）统筹财力，保障重点支出

2021 年以来，全市综合统筹财政承受能力，合理把握支出节奏和力度，重点保障人民群众所急、所需、所盼的事项。2021 年，全市一般公共预算支出 1066.8 亿元，同口径增长 6.4%，完成预算的 101.9%。一是持续加大民生投入，全年全市民生支出 799.4 亿元，占一般公共预算支出比重为 75%。二是不断加大财政支持科技创新力度，建立健全财政科技投入稳定增长机制，全年科学技术支出同比增长 17.5%。三是不断优化财政专项资金管理，重点保障“5+X”惠企政策所需资金，全市惠企政策兑现 52.52 亿元，惠及企业 5.22 万余户次。四是统筹城乡发展成效明显，进一步加强老旧小区改造、美丽城镇建设、生态环境保护、保障性安居工程等建设项目。

三　2022年温州财政运行展望

2021 年，温州市财政运行高开稳走，收入“质”“量”统筹提升。但从长期来看，经济下行压力逐渐加大，税收增速放缓，中小企业经营困难加大，组织财政收入的难度将进一步加大。结合“十四五”总体规划，预计2022年全市财政收入增长将与GDP增长保持基本同步。

（一）有利因素

1. 财政改革探路实现新突破

一是喜获“财政金改”三连冠。推动全市普惠型小微企业贷款规模扩大至4180.3亿元，贷款户数新增超22万户，贷款平均利率从试点之初的7.63%降至5.27%，有效破解温州民营和小微企业融资“难、贵、慢”瓶颈。二是开辟“民企融资”新渠道。成功发行全国首单银行间市场技术产权资产支持票据项目，帮助温州18家科技型中小企业凭借142项技术产权获得了2亿元融资。三是创新“结构生财”新制度。进一步巩固聚财基础、拓展引财渠道、激发生财动力，为温州“十四五”时期实现“两个千亿元”目标奠定了坚实基础。

2. 财政管理彰显新作为

一是督查激励在全省最多。获4项省政府督查激励（全省第一），获省政府资金奖励5000万元。二是绩效管理居全省前列。建立全方位全过程全覆盖的预算绩效管理体系，将绩效管理与预算安排相挂钩，核减预算资金超9亿元。三是监管体系为全省标杆。通过修订完善市本级单位公款竞争性存放制度，做好直达资金常态化管理，创新打造“3+1”财政监督体系，财政治理体系不断完善，治理能力显著提升。

3. 风险防控取得新成效

一是运行风险防控机制全省领先。建立县（市、区）“三保”监管服务机制，创新建立社保基金运行风险监测预警分析系统，确保财政运行平稳可持续防范基金支付风险。二是金融风险化解机制为全国样板。全力促成温州银行引入战略投资工作，温州银行金融风险化解取得重大阶段性成果。三是基层财政管理机制居全省前列。创新全市乡镇财政资金监管新机制，重塑迭代乡镇内部管理制度体系，以点带面提升全市基层财政内控管理水平。

（二）不利因素

1. 房地产业税收收入存在不确定性

2021年，温州市房地产业占税收收入比重达到32.0%，较上年下降3.4个百分点。2021年，受疫情、政策、经济三方面影响，房地产业作为温州市税收占比最大的行业（制造业占比为29.8%），对全市税收影响较大，特别是2021年下半年房地产调控政策出台之后，房地产市场进一步释放降温信号，全市房地产业税收全年同比下降3.6%，从增长主贡献转为负拉动。2022年房地产市场整体预期不确定因素较大，给全市特别是财政困难地区收入增长带来较大难度。

2. 疫情常态化背景下部分行业发展受限

比如交通运输及仓储和邮政业同比下降35.7%（较2019年同期下降44.0%），居民服务、修理和其他服务业同比下降25.3%（较2019年同期下降41.0%），住宿和餐饮业同比增长6.1%（较2019年同期下降47.3%）。2022年，在疫情总体缓解的情况下，这些行业总体仍将延续复苏节奏。但疫情的不确定性未来可能提高居民预防性储蓄，降低其消费倾向，并限制服务性消费和可选消费品市场的复苏。

3. 政策性减收影响大

按照2021年10月27日国务院常务会议部署要求，实施制造业中小微企业阶段性税收缓缴措施，进一步加大助企纾困力度。中小微企业是温州纳税主体的绝对多数，据统计，全市22万家纳税主体中纳税额在50万元以下的有近21万家，占比达95%。预计2022年减税降费力度将进一步加大、覆盖面进一步扩大，需要提前做好预测工作。

四　下一步建议

2022年是党的二十大召开之年。温州市财政部门将进一步加强财政资源统筹，奋力助推高质量发展、现代化先行与共同富裕相互促进、螺旋上升，以优异成绩迎接党的二十大召开。

（一）坚持高能级培育，拓展财源增收路径

1. 迭代惠企政策"工具箱"

强化财税政策的逆周期调节作用，继续落实好减税降费工作，注重财税政策与金融、投资、产业、区域发展等政策的协同，形成惠企政策强大合力。巩固拓展财政"金改"成果，精心谋划财政"金改"2.0版，持续释放改革效应、放大改革成果，全力争取中央财政支持普惠金融发展示范区资金支持，确保第三年改革试点绩效评价高分摘优。

2. 打好财源培育"组合拳"

持续深化"结构生财"制度改革，充分发挥财政政策、资金要素的杠杆效应和乘数效应，优化"腾笼换鸟、凤凰涅槃"财政支持路径，加快形成创新引领、链式集成的产业新格局。全力保障区域消费中心城市建设，进一步深化研究提振消费的财税政策，持续激发消费新活力。突出支持中小企业和个体工商户发展，全力保障传统制造业重塑和新兴主导产业培育，重点支持"链主"型、高税源企业招引，进一步优化传统财源、做强支柱财源、拓展新兴财源、吸引财源回归。

3. 激活科技创新"强引擎"

实施财政科技稳定投入机制，确保年均15%以上的增幅，全力保障国家自创区、环大罗山科创走廊、瓯江实验室等重大科创平台建设，加速推动青科会成果转化，支持绿色低碳技术和新能源行业发展，助力打造区域科创高地。持续完善政府性产业基金3.0版，分类清理整合现有政府产业基金，深化政府产业基金与社会资本联动，拓宽筹集渠道，强化市县联动，全力构建与"5+5"产业布局相匹配的基金投资体系，实现产业链、基金链、创新链多重融合。

（二）坚持高质量运行，确保财政收支平衡

1. 积极向上争取财力支撑

精准把握上级政策导向与资金投向，抢先获悉窗口期债券支持领域和申

报相关要点，重点围绕“两新一重”、碳达峰碳中和等领域，提前筛选储备管长远、利大局的项目清单，形成项目储备滚动机制，努力争取债券实现更大突破；做好直达资金常态化工作，提前谋划“两直”资金使用计划、制定资金分配方案，持之以恒“跑部进厅”向上争取，争取拿到资金最大额度。

2. 市县联动优化收入格局

坚持收入工作全市“一盘棋”，加大对政府性资源资产资金的统筹力度，增强财政调控能力；加强财税经济形势分析研判，动态掌握全国50强、长三角区域27城市和省内其他地市的收入情况，健全财税联席会议机制，有力、有序把握组织收入的节奏和力度；优化财政事权与支出责任相匹配的财政保障体制，加大财源建设和组织收入工作的考核力度，加强镇街财政管理监管，切实增加地方可用财力。

3. 压减支出提升资金效益

牢固树立政府过“紧日子”思想，建立健全厉行节约长效机制，继续压减一般性支出，严格控制非刚性、非重点支出，从严从紧安排“三公”经费预算，加强政府投资项目审批事前管理、适当压减办展办会经费支出，确保将有限的财力用在“刀刃”上。同时，全面压实各区财政收支平衡主体责任，坚持精算平衡、以收定支，做到“有多少钱办多少事”，从源头上杜绝收支失衡问题。

（三）坚持高水平防范，筑牢风险防控底线

1. 打好债务化解“攻坚战”

优化完善政府债券工作体系，构建政府债券资金“借、用、管、还”全生命周期闭环管理。严格执行政府投资项目立项前财政承受能力和债务风险情况评估机制，做到项目资金有保障、偿债资金有来源，坚决遏制隐性债务增量。加强县（市、区）债务管理交叉检查和市级复查，帮助做好债务化解自查、自纠、自改工作。

2. 打好金融管理“主动战”

做好政府性融资担保机构体系改革后半篇文章，逐步构建以股权为纽带的纵向管理格局。制定完善国有金融资本管理办法，集中统一履行出资人职责，加强对纳入国有金融资本管理机构的制度引导、考核激励、风险防范，持续做强做大温州国有金融资本。

3. 打好兜底保障“持久战”

建立常态化“三保”监管服务机制，探索建立市区财政收支运行监测评价体系，及时发现并解决苗头性、倾向性问题，全力兜牢“三保”底线。全面做实基本医疗保险市级统筹，核实检查原统筹区医保基金收支，明晰市级统筹前医保基金责任分担。

B.9

温州金融业运行分析与预测（2021～2022年）

周荣俊*

摘　要： 2021年，温州市金融机构立足新发展阶段，按照高质量发展要求，全面落实货币政策"灵活精准、合理适度"要求，全力做好"稳总量"和"优结构"的平衡，聚焦民营和小微企业金融服务，着力构建有效支持实体经济的体制机制，金融运行总体平稳、稳中有进，社会融资规模新增较多，贷款投放稳健有力，信贷结构持续优化，融资成本稳中有降，资产质量保持优良，为区域经济常态化发展提供适宜的金融环境。受疫情防控和国际环境复杂多变影响，金融运行中仍然存在一些不协调、不稳定因素，有待加以有效应对。下阶段，要以习近平新时代中国特色社会主义思想为指引，立足新发展阶段，贯彻新发展理念，落实好稳健货币政策，促进区域社会融资合理增长，提升金融服务实体经济质效，坚持守牢金融风险底线，积极发挥金融要素在支持高质量发展和建设共同富裕示范区中的重要保障作用。

关键词： 金融运行　信贷　货币政策　温州

2021年，温州市金融运行总体平稳、稳中有进，社会融资规模新增较多，信贷结构持续优化，融资成本稳中有降，资产质量保持优良，为区域经济恢

* 周荣俊，中国人民银行温州市中心支行调查统计科科长，高级经济师，主要研究方向为金融。

复常态化发展提供良好的金融环境。受疫情防控和国际环境复杂多变影响，经济发展面临需求收缩、供给冲击、预期转弱三重压力，区域金融运行中不确定、不稳定因素有所增强。下阶段，全市金融系统要以习近平新时代中国特色社会主义思想为指导，认真贯彻中央经济工作会议精神，落实好稳健货币政策，保持区域社会融资合理增长，提升金融服务质效，坚持守牢风险底线，积极发挥金融要素在高质量发展和建设共同富裕示范区中的重要支撑作用。

一　2021年温州金融运行主要情况

2021 年，温州市金融机构认真贯彻新发展理念，全面落实货币政策“灵活精准、合理适度”要求，着力构建金融有效支持实体经济的体制机制，全力做好“稳总量”和“优结构”的平衡，为经济常态化发展提供有力的金融支持。

（一）新增社会融资规模创历史新高

全市金融系统积极创造拓宽融资渠道，加大融资支持力度，促进社会融资规模保持较快增长，为区域经济发展提供充裕的资金保障。2021 年，全市社会融资规模增加 3430.9 亿元，比上年同期多 348.2 亿元，创历史最好水平。其中，人民币贷款增加 2191.1 亿元，同比多增 163.3 亿元，占比为 63.9%，仍是增量主体。未贴现银行承兑汇票新增 178.8 亿元，同比少增 37.5 亿元。直接融资表现不一，债务融资工具发行增量扩面，全市新增企业债券融资 513.3 亿元，同比多增 160.5 亿元，占社会融资规模总量的 15.0%；股票融资新增 33.5 亿元，同比少增 39.1 亿元，贡献总体偏小。政府专项债券发行有所加快，新增 425.4 亿元，同比多增 152.9 亿元，占到社会融资规模总量的 12.4%，有力支持全市社会融资规模稳定增长。

（二）信贷投放保持稳健有力

2021 年，全市金融系统认真贯彻落实稳健货币政策，立足新发展阶段，按照高质量发展要求，聚焦民营和小微企业金融服务，持续优化信贷结构，保持企业综合融资成本稳中有降，不断提升金融服务实体经济质效，为经济高质量发展创造提供有力的信贷支持。12月末，全市银行机构余额存贷比为95.7%，同比上升6.4个百分点，增量存贷比为172.8%，同比上升65.4个百分点，有力支持了区域经济进一步恢复发展。

1. 信贷总量适宜充足

12月末，全市本外币贷款余额15825.2亿元，比年初增加2186.1亿元，同比多增155.8亿元，增量创历史同期新高；增速为16.0%，增速超过全省平均水平0.6个百分点，增量从年初全省第5位回升至全省第3位，增速列全省第7位，比上年末上升1位。

2. 支持实体经济稳健有力

一是企业贷款投放力度持续加大。12月末，全市企业贷款余额为6991.6亿元，比年初增加1030.7亿元，增速为17.3%，高于全市贷款增速1.3个百分点。二是个人经营性贷款增长较快。12月末，全市住户经营性贷款余额为4414.7亿元，比年初增加749.6亿元，同比多增193.1亿元，增速为20.5%；增量占比为34.3%，比上年同期提升6.9个百分点，有力支持个体工商户创业发展。三是中长期贷款占比持续提升。12月末，全市中长期贷款比年初新增1723亿元，占全市各项贷款增量的78.8%；余额占比为61.1%，比上年同期提升2.9个百分点。其中，对公中长期贷款新增830.3亿元，同比增长21.8%，较好满足实体经济对中长期资金的需求。

3. 投向结构保持均衡合理

一是制造业贷款回升势头进一步巩固。12月末，全市制造业贷款余额为2136.4亿元，比年初新增301.6亿元，同比多增100.5亿元；同比增长16.4%，高出全市贷款平均增速0.4个百分点；余额占比为13.5%，同比略高0.05个百分点。二是重大项目及民生工程相关行业贷款保持较快增长。12月末，全市政府性投资平台较为集中的三大行业贷款余额为2910.3亿元，比年初增加518.6亿元，同比增长21.7%，高于全市贷款增速5.7个百分点。三是房地产业贷款总体平稳。坚持“房住不炒”定位，严格落实差别化住房信

贷政策和房地产贷款集中度管理，通过专题部署、重点约谈、专项排查、现场评估、督促整改等方式，引导金融机构保持房地产贷款合理适度增长。12月末，全市房地产业贷款余额为739.8亿元，比年初增加60.7亿元，同比增长9.0%。受金融政策变化影响，第四季度开始全市房地产业贷款出现明显的企稳回升，年末增速比第三季度末回升8.8个百分点。

4. 重点领域保障精准有力

全市金融机构积极助力温州"两个健康"先行区创建，切实加大对民营小微、绿色科创以及乡村振兴等重点领域的精准扶持。一是民营经济支持力度较大。12月末，全市民营经济贷款6666.7亿元，同比增长17.3%，高出全市贷款平均水平1.3个百分点，比年初新增985.9亿元，同比多增65亿元。二是小微贷款持续扩面增量。12月末，全市小微贷款7548.6亿元，同比增长21.1%，比年初增加1313.8亿元，同比多增472.7亿元。其中，普惠口径小微贷款4172.2亿元，同比增长23.6%，比年初新增797.9亿元，同比多增113.8亿元。三是绿色信贷发展加快。全市金融机构积极开展绿色金融体制机制和业务产品创新，切实加大对绿色低碳环保可持续发展行业的信贷投入，提升绿色金融服务质效，有效推动全市经济发展模式绿色化转型。12月末，全市绿色贷款余额为1133亿元，比年初增加456.1亿元，同比增长67.4%，高于各项贷款增速51.4个百分点；余额占比为7.2%，比年初提高2.2个百分点。四是突出对乡村振兴的信贷支持。12月末，全市涉农贷款余额为7316.1亿元，比年初增加1198亿元，同比增长19.6%；农户贷款4091.7亿元，比年初增加551.6亿元，同比增长15.7%。

5. 信贷服务覆盖面持续扩展

全市银行机构积极扩展信贷服务面，增强金融普惠性，企业信贷获得率进一步提升。12月末，全市银行机构企业贷款户数为58976户，比年初新增15008户，同比增长34.1%。全市企业首贷户累计增加11941户，占新增贷款户数的80.3%，同比增长41.3%；首贷金额为314.6亿元，占全市企业贷款增量的30.5%，持续实现企业首贷的扩面增量。据统计，2019~2021年，全市已累计新增企业首贷户2.57万户，首贷金额达928.6亿元，取得显著工作成效。

（三）存款增速明显回落

2021年以来，受疫情冲击、监管趋严、利率回落等因素影响，银行负债端运行变化明显，存款特别是企业存款增长乏力，带动全市存款增速出现较大回落。12月末，全市本外币存款余额为16535.5亿元，比年初增加1265.1亿元，同比少增625.6亿元；增速为8.3%，分别低于全省平均增速和上年同期3.9个、5.8个百分点。

从构成看，有以下几点。一是企业存款同比显著少增。12月末，全市非金融企业存款余额为4401.9亿元，比年初新增416亿元，同比少增460.5亿元，占到全市存款少增总量的73.6%；增速为10.4%，分别低于全省平均增速和上年同期2.2个、17.8个百分点。二是个人存款增长乏力。12月末，全市住户存款余额为9316.5元，比年初增加668.3亿元，同比少增267.7亿元；增速为7.7%，分别低于全省平均增速和上年同期1.9个、4.4个百分点，也低于全市存款平均增速0.6个百分点。三是政府存款增长相对平稳。12月末，全市广义政府存款余额为2055.1亿元，比年初新增136.5亿元，同比多增163.9亿元；增速为7.1%，较上年同期提高8.5个百分点，但低于全省平均增速2.4个百分点。四是非银存款增速回落。12月末，全市非银行业金融机构存款余额为686.4亿元，比年初增加40.2亿元，同比少增55.8亿元；增速为6.2%，较上年同期下降11.3个百分点，明显低于全省平均增速34.2个百分点，一定程度上拖累全市存款增长。

影响全市存款增长的主要因素有以下几点。一是反洗钱等监管政策趋严和疫情态势严峻促使域外资金流入明显减少。近年来，国家对跨境收汇款的反洗钱管控呈现严格化、常态化趋势。因监管趋严，地下钱庄、汇款公司等黑灰色产业部分直接关闭，部分主要欧洲国家因经济恶化等限制华侨向国内汇款，加上国际疫情反复，华侨产业受影响情况较为突出。如侨乡文成，11月末外币存款2.9亿美元，比历史高点下降70.3%，占目前全县本外币存款余额的4.6%，比历史高点时下降16.6个百分点，外汇存款的“蓄水池”功能明显弱化。二是降本减负和合规要求促使银行控制高成本负债。2021年以来，在国家降本减负的政策要求下，银行效益指标增长有所放缓，经营压力增大。大部分银行机构尽可能压缩高成本负债。同时，银行理财市场产品的合规性要求趋严，也使银行部分高息产品下架，迫使部分追求高收益的存款转移。三是经济常态化发展促使企业存款增速明显减缓。2021 年以来，区域经济实现平稳较快发展，全市规模以上工业增加值比上年增长 10.1%，两年平均增长 6.6%，1~11 月规上服务业营业收入增长 23.5%，两年平均增长 13.5%，生产经营恢复加快，资金需求明显增加。四是上市企业偏少和劳动人口净下降影响存款持续增长。从企业结构看，温州规上工业企业以内资、民营为主，2020 年末占 98.3%（明显高于嘉兴 84.4%和绍兴 91.5%），外资企业、港澳台企业占比过低，同时上市企业偏少，企业总体资金实力不占优势。2021 年第七次全国人口普查数据显示，温州 15~64 岁人口从 2010 年的 78.07 万人下降到 2020 年的 68.22 万人，10 年净减少了近 10 万名适龄的劳动力人口。据调研，这些外迁人员主要到经济发达城市创业办厂、就学安家或投资房产等，导致本地资金呈现持续外流态势。

（四）银行经营总体保持平稳

1. 不良率保持低位运行

12 月末，全市金融机构不良贷款余额为 95.2 亿元，比年初下降 12.1 亿元，不良贷款率为 0.60%，比年初下降 0.19 个百分点。关注类贷款余额为 167.9 亿元，比年初下降 0.9 亿元，关注类贷款比例为 1.06%，比年初下降 0.18 个百分点。全市不良率、关注类贷款率继续保持稳中有降，并创出近年低位。全市累计处置不良资产 122.1 亿元，同比下降 35.4 亿元。其中，贷款核销 40.8 亿元，现金清收 48.4 亿元，两项合计占比为 73.0%，比上年同期提高 13 个百分点，处置效果进一步趋好。

2. 经营效益明显回落

2021 年，全市银行机构营业收入 518.3 亿元，同比增长 10%，增速比上年同期回落 23 个百分点。其中，利息净收入增长 15.8%，增速比上年同期回落 39.8 个百分点；手续费及佣金净收入、投资收益继续萎缩，同比分别下降 43%和 7.7%。营业支出明显攀升，全年支出 157.3 亿元，同比上升 23.8%；主要是资产减值损失增长较快，全年资产减值损失 85.2 亿元，同比增长 62.2%。实现净利润 227.1 亿元，同比下降 1.2%，增速较上年同期下滑 10.7 个百分点。

（五）金融市场运行符合预期

1. 证券市场交易总体平稳

2021 年，全市证券市场累计交易额为 43827.9 亿元，同比增长 11%，增速比上年同期回落 42.2 个百分点。资金开户数有所增加，12 月末，全市资金开户数为 227.6 万户，同比增长 8.4%；托管市值为 3043.4 亿元，同比增长 10%。全年资金净流入 165.5 亿元，同比下降 25.5%。全市期货交易额累计 31646.7 亿元，同比增长 0.9%，增速比上年回落 25.4 个百分点。

2. 保险市场业务有所回升

2021 年，全市保险业务稳健发展，累计保费收入 308.7 亿元，同比增长 5.0%，增速较上年上升 2.6 个百分点。其中，财产险收入 99.5 亿元，同比增长 1.7%；人身险收入 209.2 亿元，同比增长 6.7%。保险赔付有所增加，累计保险赔付 96.9 亿元，同比增长 11.2%，增速较上年上升 4.7 个百分点。其中，财产险公司赔付 64.4 亿元，同比增长 11.4%；人身险公司赔付 32.5 亿元，同比增长 10.9%。

3. 跨境收支规模显著扩张

2021 年，全市跨境收支总体规模达 375 亿美元，较 2020 年同期和 2019 年同期分别增长 27.9%和 40.2%，增幅显著。收支顺差为 218.8 美元，同比扩大 25.7%。结售汇规模增长较快。2021 年，温州结售汇总额为 291.9 亿美元，同比增长 19.9%。其中，结汇 237.9 亿美元，同比增长 18%；售汇 54 亿美元，同比增长 28.9%。结售汇顺差为 183.9 美元，同比增长 15.2%。

二　2021年温州货币政策执行效果及需要关注的问题

（一）政策举措及主要效果

2021 年，中国人民银行温州市中心支行认真贯彻落实稳健货币政策，按照高质量发展要求，立足新发展阶段，围绕金融支持共同富裕示范区建设主线，有效落实双支柱调控框架，做好金融支持稳企业保就业工作，强化民营和小微企业金融服务，持续优化信贷结构，不断提升金融服务实体经济质效，为区域经济高质量发展积极营造良好金融环境。

1. 着力强化逆周期调节和金融总量保障，有效支持“六稳”“六保”

一是推动法人金融机构贷款合理增长。围绕“三个必须”工作要求，按照“稳字当头”货币政策导向，全面落实好双支柱调控工作。加强摸排监测，提升信贷指导精准性和有效性。12 月末，全市法人金融机构人民币贷款比年初新增 953.1 亿元，同比多增 221.1 亿元。辖内法人机构实际投放与预期增量的偏离度控制在 1%以内。落实宏观审慎评估指标调整要求，并通过预评估、面谈指导等方式，推动金融机构调整经营行为，改善评估结果。前三季度 MPA 结果 A 档 8 家次，比上年同期多 6 家次。二是稳妥做好阶段性政策有序接续。开展金融机构 3000 亿元、5000 亿元再贷款再贴现以及扶贫再贷款到期节点的资金需求摸排，督促落实名单制管理，确保企业后续资金得到接续。落实好普惠小微企业贷款延期支持工具和信用贷款支持计划的延续工作，保持对小微企业的金融支持力度不减。1～12 月，全市累计发放再贷款再贴现 383.3 亿元，加权平均利率为 4.8%；累计为普惠小微企业贷款实施阶段性延期本金 238.9 亿元，发放符合条件的信用贷款 140 亿元；共为 13 万户市场主体减负让利 8.8 亿元。三是推动债务融资工具突破创新。开展债务融资工具创新产品发行需求排摸，会同市国资委、财政局召开债务融资工具宣传培训会，进一步推进债务融资工具发行增量扩面。1～12 月，全市累计发行债务融资工具 175.7 亿元，同比增加 72.9 亿元，创历史新高。全国首单技术产权定向资产支持票据（技术产权 ABN），全省首单高成长债，全市首单乡村振兴债、碳中和债落地。四是维护房地产信贷平稳合理增长。通过专题部署、重点约谈、专项排查、现场评估、督促整改等方式，引导全市房地产信贷增速、增量、占比均保持在平稳运行合理区间。针对辖内金融机构风险偏好下降、开发贷款明显回落的情况，及时落实好上级决策部署，主动开展需求摸排、银企对接、按日监测通报，充分支持符合信贷条件的房地产项目融资。继续实施好差别化房地产信贷政策，1~12 月个人住房贷款新增 337.8 亿元，同比多增 65.8 亿元，重点加大对居民家庭首套刚需购房支持，占比达 90%。积极配合地方政府做好“一楼一策”风险化解，切实维护房地产市场健康发展。

2. 持续推动信贷结构优化，提升金融服务质效

一是优化民营和小微企业金融服务。深化“首贷户拓展三年行动”，在全省率先建立小微企业和个体工商户无贷户“两张清单”，并分领域建立科技企业、数字经济、入园企业无贷户清单，推动小微企业贷款“量增、面扩”。2021 年 1~12 月，全市新增企业首贷户 11941 户，同比多增 3489 户。加快贷款码推广和应用，建立人民银行和金融机构“专班推进+专人落实”的融资对接“双专”机制，落地全省首笔贷款码融资业务。截至 12 月末，已有 43364 家市场主体通过贷款码发布融资需求，获得融资 440.10 亿元。在全辖组织开展“百地千名行长进民企送服务”“贷动小生意，服务大民生”金融支持个体工商户发展等专项活动，目前已累计走访企业 29635 家，解决融资金额达 667.4 亿元。二是大力发展绿色金融，加大绿色发展领域金融倾斜。因地制宜出台绿色金融发展意见，落实差异化绿色信贷政策，引导金融机构加快绿色金融产品和服务创新。三是深化科技金融服务。持续落实金融支持科技创新和人才创业的意见，建立并推送全市重点科技企业清单和科技型企业无贷户名单，将金融支持科技企业发展纳入财政支持深化民营和小微企业金融服务综合改革的重要内容，有效满足科技型企业的合理资金需求。四是助力数字经济高质量发展。联合市经信局出台金融支持温州数字经济高质量发展的指导意见，建立数字经济领域重点企业培育库和专项统计监测机制，引导金融机构开发“数字经济贷”“云量贷”等适应数字经济新业态的产品和服务。12 月末，全市数字经济贷款余额为 2610.2 亿元，较年初新增 250.2 亿元。

3. 深化金融供给侧结构性改革，积极改善营商环境

一是全方位构建共同富裕金融服务体系。在全省率先出台《关于金融支持共同富裕的指导意见》，从融资总量、支持领域、服务体系、缩小地区

和收入差距等方面提出20条举措。联合温州市委组织部、浙江省农信联社温州办事处建立“共同富裕金融专员”派驻制度，制定《共同富裕金融专员管理办法》，明确共同富裕金融专员六大类工作任务19项可量化的考核评价指标，对帮扶任务实行清单式管理，促进帮扶质效提升。联合市农业农村局出台《关于金融支持我市山区5县跨越式高质量发展的指导意见》，提出15条举措，推动温州山区5县赶超跨越发展。二是深化“首贷户拓展三年行动”。在全省率先建立小微企业和个体工商户无贷户“两张清单”，并分领域建立科技企业、数字经济、入园企业无贷户清单，推动小微企业贷款“量增、面扩”。1～12月，全市新增企业首贷户11941户，同比增长42%，其中小微企业首贷户11832户，占比为99.1%。温州市首贷户工作被全国工商联评为支持“两个健康”发展典型案例和浙江省区域金融改革典型经验。三是持续深化利率市场化改革。严格落实LPR定价机制，全面推进LPR在贷款定价中的应用，截至12月末，辖内20家法人金融机构已将LPR纳入FTP体系。督促指导辖内法人金融机构做好新一代利率报备监测分析系统上线报数工作，有序停办不规范存款“创新”产品，落实优化存款利率自律上限确定方式要求，保持辖内金融机构负债成本基本稳定，贷款利率稳中有降。1～12月，全市一般贷款利率为5.48%，其中企业和普惠小微企业贷款利率分别为4.79%和5.28%，同比分别下降0.08个和0.11个百分点。

（二）需要关注的问题

2021年，全市金融系统积极贯彻国家各项金融政策要求，切实加大民营、小微企业信贷投入，增强信贷服务能力，金融运行质效明显提升。但是，对照高质量发展要求，在区域金融发展均衡性协调性、部分金融指标、房地产信贷以及局部金融风险等方面存在一定的短板，有待进一步重视并加以有效解决。

1. 金融发展均衡性协调性有待提升

主要表现在存贷款增长不够协调一致。一方面，信贷支持实体经济逐步加强，贷款增速高出全省平均水平。2021年，全市贷款增速高出全省平均增速0.6个百分点，其中个人、企业贷款增速分别高出全省平均增速0.8个和0.7个百分点。另一方面，存款增长显著放缓，形成鲜明反差。全市存款增速低于全省平均增速3.9个百分点，其中住户存款增速低于全省平均增速1.9个百分点，企业存款增速低于全省平均增速2.2个百分点，显示出温州市银行资产负债两端的不协调性，导致部分银行机构特别是法人机构的资本实力面临考验。12月末，全市法人银行机构存贷比为77.0%，同比显著上升4.8个百分点。

2. 部分企业指标相对落后

一是民营企业贷款增速相对缓慢，明显落后于国有企业。12月末，全市民营企业贷款增速为14.2%，低于全市国有企业贷款增速5.2个百分点，较上年同期下降2.0个百分点。民营企业贷款增量占比为19.7%，较上年下降1.38个百分点。二是企业信用贷款增速回落，贷款担保结构优化不够。12月末，全市信用贷款增速为13.5%，低于全市贷款平均增速2.5个百分点，较上年同期下降11.6个百分点。企业信用贷款占比为17.0%，低于上年同期0.6个百分点；企业保证贷款占比为31.0%，反而比上年同期增加1.8个百分点。三是制造业企业贷款占比变化不明显，结构不够合理。12月末，全市制造业贷款占全部贷款之比为13.5%，比上年同期上升0.1个百分点；占企业贷款之比为30.5%，比上年同期下降0.2个百分点。从企业规模看，大中型制造业企业贷款余额同比增长8.2%，大幅低于制造业小微企业22.2%的增速。

3. 房地产信贷变化应予重点关注

一是房地产开发贷款明显少增。2021年以来，部分银行对房地产开发贷款项目准入条件新增“三道红线”、房企综合效益等要求，审批周期加长，放贷速度有所放慢。12月末，全市房地产开发贷款增长13.2%，较上年同期下降3.4个百分点。主要是住房开放贷款有所收缩，增速为11%，较上年同期下降5.5个百分点。其中，保障性住房开发贷款回升较快，比年初新增67.3亿元，同比增长21.1%，起到了主要的带动作用。二是个人住房贷款由紧趋稳。前三季度，受额度限制，部分银行的住房贷款业务存在新增业务减少、存量业务推迟、利率上涨等现象，全市个人住房贷款有所回落并趋向收紧。9月末，全市个人住房贷款增速比上年同期回落2.9个百分点。

受房地产市场“两个维护”政策影响，第四季度开始全市个人住房贷款有所回稳，贷款投放明显回升，12 月末，全市个人住房贷款余额比年初增加 337.8 亿元，同比多增 65.8 亿元，增速为 14.2%，高于上年同期 1.3 个百分点。三是房地产调控政策对实体经济产生关联影响。2021 年以来，房地产行业调控趋严叠加房地产金融管理强化，从微观角度看，影响企业与房企或承包商的结算周期，使结算周期延长，增加企业资金压力，促使企业提前调整客户结构应对房地产资金传导影响；从中观、宏观角度看，房地产行业收缩会对上下游关联行业产生明显不利影响，进而拖累区域经济稳定增长。

4. 不良贷款上升苗头不容忽视

一是地方法人银行机构不良贷款明显上升。12 月末，全市地方性法人银行不良贷款余额为 37.0 亿元，比年初增加 3.43 亿元。关注类贷款余额为 39.1 亿元，比年初增加 13.0 亿元，而同期全市不良贷款、关注类贷款均为净下降，形成较大反差。二是大型企业不良贷款有所上升。12 月末，全市新增大型企业不良贷款 1.1 亿元，同比增长 24.1%。三是个人经营性贷款风险有所暴露。12 月末，全市小微企业主经营性贷款同比增长 29.7%，但不良贷款同步显著增加，比年初新增 2.77 亿元，同比增长 50.9%，值得关注。

三　预测及建议

（一）形势预测

1. 宏观经济环境仍不明朗

从外部环境看，在政策刺激和新冠疫苗接种的推动下，全球经济总体实现了较快复苏，但同时需求持续回暖导致通胀压力持续走高，发达经济体货币政策面临转向抉择，全球流动性环境逐步从“超宽松”向“常态化”转变，市场预期焦点将从新冠肺炎疫情转移至经济增长、通胀情况及央行的应对措施。2021 年 12 月 15 日美联储政策落地，明确 QE 缩减路径，未来进入加息周期，全球流动性逐步从“超宽松”向“常态化”转变，市场预期可能通过汇率、资本流动、金融市场等渠道对我国金融市场形成明显冲击。

2. 货币政策有望靠前发力

2021 年，稳健货币政策统筹疫情防控和国内经济发展，有效实施跨周期调节，灵活精准、合理适度，调控的前瞻性和有效性进一步增强，银行体系流动性保持平稳，金融服务实体经济能力不断提高。2022 年，针对国际国内经济形势变化，稳健货币政策坚持稳字当头，稳中求进，保持灵活适度，加大跨周期调节力度，发挥货币政策工具的总量和结构双重功能，注重靠前发力，稳定市场预期。引导金融机构优化信贷投放结构，把服务实体经济摆在更加突出的位置，重点支持小微企业、科技创新、绿色发展的支持力度，稳定宏观经济大盘，增强经济发展韧性，为推动经济高质量发展营造适宜的金融环境。

3. 区域经济持续恢复面临较多困难

2022 年，温州市经济发展面临的形势严峻复杂，下行压力和风险较大，预计经济增速将从恢复性较快增长逐步回归常态化水平。主要是受大宗商品价格上涨冲击、芯片短缺和节能降耗影响，市场主体预期转弱、投资更加谨慎，加上房地产政策趋紧，对投资和房地产关联行业将产生较大影响；受原材料价格上涨、供应链受阻等影响，外贸形势较为严峻。同时，受疫情零星散发影响，服务业未恢复至疫情前水平，区域经济发展后劲明显承压。因此，完整、准确、全面贯彻新发展理念，坚持系统思维、科学谋划，全力保障金融有效供给、支持区域经济“稳增长”显得尤为重要。同时，经济下行反过来对区域金融平稳运行产生不利影响，也需要守牢底线，前瞻性主动做好区域金融风险的防范化解工作。

（二）相关建议

1. 保障区域融资规模合理增长

一是落实好稳健货币政策要求。坚持稳字当头，保持区域融资规模特别是信贷合理增长并与经济增长相匹配，支持企业通过跨境融资扩大资金供应总量，努力实现直接融资和间接融资、表内融资和表外融资、境内融资和境外融资同向发力。同时，按照实体经济需求特点，保持信贷投放节奏，做好衔接安排，为区域经济高质量发展和供给侧结构性改革创造更加适宜的金融环境。二是用好用足货币政策工具。持续发挥支农支小再贷款精准扶持作用，积极推动普惠小微贷款支持工具落地见效，引导金融机构特别是地方法人机构加大对实体经济的支持力度。三是保障金融业务可持续发展。积极组织扩大银行负债端的资金来源稳定增长，推进债务融资工具发行增量扩面，加快政府性融资担保体系建设，保障金融业务稳健经营。

2. 优化信贷投向结构，推动高质量发展

把支持经济高质量发展建设共同富裕示范区作为金融工作的出发点和着力点，重点围绕制造业、乡村振兴、重大民生工程等重点领域和薄弱环节，持续优化信贷结构，提升金融服务质效。一是持续推进金融支持乡村振兴。引导金融机构做好“山区 5 县”脱贫攻坚与乡村振兴金融服务有效衔接，继续推动海域使用权、林权、土地承包经营权、民宿经营权等抵质押贷款增量扩面，加大对特色种养业、特色民宿、村级集体经济组织等产业发展的支持力度。二是加快推动绿色金融发展。创新绿色金融产品和服务，及时调整信贷资源配置，引导金融资源向碳减排发展领域的倾斜支持。三是聚焦科创和数字领域金融创新。加强深度融合，落实金融支持科技创新和人才创业、数字经济高质量发展相关要求，推动专利权、商标权等知识产权质押融资业务增量扩面。

3. 保持稳企业金融政策连续稳定

一是优化民营小微企业金融服务。深化实施小微企业金融服务能力提升工程，积极发挥温州金融综合服务平台作用，助力银行机构提升服务能力。持续深化小微企业首贷拓展行动，积极向上争取资源倾斜，向下释放审批权限，简化业务流程，构建小微金融服务长效机制，增强信贷可持续投放能力和融资便利度。二是加大消费、能源等重点领域金融支持。积极融入“双循环”新发展格局构建，支持推动线上线下消费的双向驱动，在利率优惠、减费让利等方面给予更大的扶持力度，推动消费市场的稳定持续发展。坚持民生优先，分类施策，切实加大对可再生能源、清洁能源、传统制造业转型升级等领域的金融支持，统筹做好能耗双控和电力保供金融保障工作。三是做好外贸企业的重点帮扶。对有市场、有前景但暂时遇到资金困难的外贸企业，切实加大信贷支持力度。汇率波动常态化背景下，强化企业汇率避险服务，加快产品优化升级，提升企业汇率避险参与度。

4. 有效防范应对金融风险隐患

一是落实房地产市场“两个维护”要求。坚持“房住不炒”总基调，准确把握和执行好房地产金融审慎管理制度，持续关注房地产市场和房地产企业资金链风险，加快落实“两个维护”要求，合理控制房地产贷款增速、增量、占比，促进房价稳定和房贷供需关系保持正常，强化市场预期管理，避免出现大起大落。二是维护账户体系安全稳健运转。加强银行账户安全性、合规性建设，健全完善各项管理制度，狠抓风险防控落实，切实保障消费者信息安全和资金安全。三是积极防范信贷资产质量风险。结合经济运行新情况、新问题，做好对中小企业和困难行业的风险研判，分析其对信贷资产质量的影响，及时采取有效措施加以应对和化解，保持银行体系稳健经营和可持续发展，维护好区域金融稳定。

B.10
2021年温州数字经济发展报告

夏择民　鲍金斌　徐丽芳*

摘　要：　“十四五”开局之年，温州在数字经济各项工作上再接再厉，取得了良好成效，维持了浙江省内数字经济“第三极”的地位。但与此同时，“第三极”地位不稳的迹象也逐渐显露，暴露了发展合力尚未有效形成、发展基础薄弱、发展主线不够清晰、要素保障捉襟见肘等问题。温州要推动数字经济高质量发展，首先要明确发展主线，其次应完善数字经济推进机制，夯实数字经济发展基础，强化数字经济要素保障。

关键词：　数字经济　数字产业化　产业数字化　温州

纵观2021年，数字经济依然是全球新概念、新思想、新技术、新产业涌现最为活跃的领域之一。区块链技术的持续蓬勃发展，为虚拟世界的信息可信传输和价值安全流通夯实了基础，“元宇宙”旧话一重提便迎来热切关注，数字经济的外延急剧扩张，数字经济的想象力不再局限于对物理世界的数字化改造，而是发散至包括物理世界和多元虚拟世界在内的跨“宇宙”交互，这一转变对于技术变革继而现实世界的影响目前仍不明朗。另外，疫情的持续发展进一步呼唤数字技术的高效应用，尤其在中国，维持疫情稳定可控的局面离不开对数字技术的挖掘和对数字化治理的深刻理解，经济、社

* 夏择民，中共温州市委党校（温州市行政学院）经济学教研部讲师，主要研究方向为数字经济；鲍金斌，温州市经济和信息化局数字经济处副处长；徐丽芳，温州市经济和信息化局云计算与大数据产业处处长。

会的整体运转不断被数字化重构，数字经济“正推动生产方式、生活方式和治理方式深刻变革，成为重组全球要素资源、重塑全球经济结构、改变全球竞争格局的关键力量”。

数字经济发展对温州来说同样至关重要。数字经济是浙江省的“一号工程”，温州“全力打造综合实力和竞争力显著增强的全省第三极”，发展数字经济是应有之义。更为切近的是，温州“奋力续写好新时代温州创新史”，必须打好传统产业转型升级这一仗，而这有望被数字经济发展所撬动。智能制造、未来工厂、工业互联网等新兴概念产生于制造业与数字经济的碰撞，温州若能找准切入点，可以取得事半功倍的效果，同时实现两者的高质量发展。

一　数字经济的界定与评价

数字经济发展日新月异，因此对其准确界定并不容易。浙江省在“十三五”时期将数字经济理解为数字产业化、产业数字化和数字化治理的统一。2021 年 2 月 18 日，浙江省委召开全省数字化改革大会，全面部署数字化改革工作，治理数字化在数字经济中的引领作用得到凸显。2021 年 6 月 16 日印发的《浙江省数字经济发展“十四五”规划》，则将数字经济扩展为“四化”，提出“加快推进数字产业化、产业数字化、治理数字化、数据价值化协同发展”。2021 年 5 月 27 日国家统计局印发的《数字经济及其核心产业统计分类（2021）》将数字经济划分为 01 数字产品制造业、02 数字产品服务业、03 数字技术应用业、04 数字要素驱动业、05 数字化效率提升业这 5 个大类，其中 01~04 大类属于数字产业化，05 大类属于产业数字化，但仔细观察可以发现，数据价值化隐藏在 04 大类中，治理数字化（数字社会、数字政府）隐藏在 05 大类中。如果将第三方评价指标也纳入讨论范围，对数字经济的解读将更为多元和繁杂。

实践中，浙江省针对数字经济“一号工程”形成了一套综合评价指标体系，并从 2018 年起每年发布《数字经济发展综合评价报告》，从基础设施、数字产业化、产业数字化、新业态新模式、政府与社会数字化 5 个维度，考核与引导各地区数字经济发展。由于数字经济仍处于快速演进期，每年的评价指标体系都会对指标进行微调。而落实到地级市层面，由于上述指标分散在各个部门，数字经济的推进需要建立有统有分的工作机制。以温州为例，2019 年 3 月温州率全省之先成立数字经济发展领导小组（以下简称“领导小组”），由市长担任组长，49 个市直部门、各县（市、区）政府为成员单位，统筹推进温州数字经济工作。在领导小组统筹下，市经信局牵头推进制造业数字化，市发改委牵头推进服务业数字化，市商务局牵头推进贸易数字化，市金融办牵头推进金融数字化，市农业农村局牵头推进农业数字化，市大数据管理局牵头推进政府数字化。考虑到数字经济界定、评价和推进机制的复杂性，本文以下将按照浙江省数字经济综合评价指标体系的 5 个维度依次展开分析，同时也对各部门的工作进展进行一定梳理。

二　2021年温州数字经济发展情况

2021 年，温州市数字经济核心产业增加值达 560.1 亿元，居全省第 4 位。其中规上数字经济核心制造业增加值为 213.3 亿元，居全省第 5 位，同比增长 10.4%，增速居全省第 11 位。根据《2021 浙江省数字经济发展综合评价报告》（以下简称“2021 综合评价”），温州市得 87.7 分，较上一年下降 1 位，居全省第 3 位，次于杭州（137.2 分）、嘉兴（88.7 分）；根据 2021 年 9 月工信部赛迪顾问发布的《2021 中国数字经济城市发展白皮书》，温州在全国数字经济百强城市中居第 27 位，较上一年上升 5 位，在省内次于杭州（第 5 位）和宁波（第 15 位）。2021 年 11 月 18 日，《温州市数字经济发展“十四五”规划》发布，提出以“培育千亿级数字经济产业集群，打造数字经济领跑区”为目标，全力做大做强全省数字经济“第三极”。

（一）数字产业化

2021 综合评价显示，温州数字产业化得分 82.2 分，次于杭州（164.5

分）和嘉兴（88.0 分），数字经济核心产业增加值占 GDP 比重为7.0%，较上一年的6.8%略有上升，次于杭州（26.6%）和嘉兴（9.2%），总体水平位列全省第 3，与上一年持平。创新投入居全省前列，但创新产出不强，创新发展水平在省内相对滞后，数字经济核心产业 R&D 经费相当于营业收入的2.66%，较上一年的2.69%略有下降，但 3 年来基本保持稳定，同时绍兴和嘉兴上升较快，超过温州位列全省前 2；人均拥有数字经济核心产业有效发明专利数每万人 4.6 件，较上一年增加 0.8 件，位列全省第 6，与杭州（28.7 件）、宁波（9.5 件）、湖州（9.0 件）和嘉兴（8.7 件）存在较大差距，且与杭州、湖州、嘉兴的差距存在扩大趋势，与排名第 7、第 8 的绍兴、台州差距则在缩小；数字经济核心产业制造业新产品产值率从 2018 年的39.7%逐年上升至50.0%，但在全省排名靠后，仅高于丽水和台州。产业发展质量提升略显疲软，数字经济核心产业亩均税收 26.3 万元，较上一年的31.24 万元明显下降，但省内排名不变，仅次于杭州（53.7 万元）；数字经济核心产业劳动生产率降至人均18.0 万元，排名下降 2 位居全省末席。

2021 年，温州数字产业化强化外引内培，规上数字经济核心产业主营业务收入突破千亿元大关，达到1100 亿元。外引方面，招引落地38 个超亿元数字经济项目，累计金额达 455 亿元，其中超百亿元项目 1 个，50 亿~100 亿元项目 1 个，20 亿~50 亿元项目 3 个，10 亿~20 亿元项目 3 个。其中，世界500 强 DXC Technology 国际云软件生态平台总部落户龙湾，实现数字经济百亿元级项目突破；正威（平阳）长三角电子信息产业中心投产，填补国家高端半导体材料空白；信唐智芯项目顺利推进，成功破解高端射频芯片领域“卡脖子”问题。内培方面，定重点、育主体、补短板、强动能多措并举。首先是确定重点产业方向，明确提出发展数字安防、网络通信、智能计算等三大标志性产业链，完善具有区域特色的数字产业多点布局，加快物联网产业发展。其次是强化企业梯队培育，新增上市（报会）数字经济企业 6 家，新建投产规上数字经济企业 6 家；新认定数字经济高新技术企业 37 家，新认定数字经济制造业领军型企业 25 家、高成长型企业 34 家，新增省级电子信息百强成长型企业 1 家。再次是补齐基础短板。印发《温州市软件和信息服务业创新发展行动计划（2021—2023年）》，起草《温州市推动软件和信息服务业创新发展的十条政策》，全方位推进软件和信息服务业发展，全年实现规上软件和信息服务业营业收入55.7亿元，同比增长23.2%，新增省首版次软件产品2个，数量居全省第3位；针对产业设计短板，出台工业设计诊断服务工作方案，借助工业设计比赛促进设计落地，2021年新增省级工业设计中心12家，新增数居全省第1位，“市长杯”工业设计大赛征集作品7077件，再创历史新高。最后是增强发展动能，通过完善高能级创新平台建设、开展“卡脖子”技术攻关、激发企业研发能力，为数字产业进一步发展积蓄力量，2021年新增数字经济领域省级以上企业研发机构15家，省级企业技术中心10个；数字经济领域立项制造业领域“卡脖子”科技攻关项目8项，占全市总数的10.4%。

（二）产业数字化

2021综合评价显示，温州产业数字化得分为85.7分，排名下降1位至全省第7，产业数字化进展还不够快。企业购销存管理、生产制造管理和物流配送管理信息化普及率均有所下降，但信息化投入占营业收入比例却从上一年的0.191%上升近一半至0.284%，排名上升1位至第3，原因可能和企业更关注已有信息化系统的优化与集成有关。产业数字化要素保障不足，人才储备落后于头部城市，固定资产投资滞后，企业每百人中拥有信息技术人员1.6人，排名稳定在第7位，虽较上一年增长0.3人，不过这一增长在各地普遍重视信息技术人员招引与培养的趋势下并不突出，例如杭州由3.5人增长至5.6人，衢州由1.4人增长至2.0人；数字经济投资占全部固定资产投资比重为2.8%，远落后于嘉兴（8.5%）和金华（7.4%），位列全省第8。

2021年温州持续推进“上云用数赋智”行动，加快制造业数字化的步伐。一是强化制造业企业智能化改造。继续推进“千企智能化技改”和企业深度上云用云，2021年新增省级上云标杆企业6家，新增机器人应用2671台，实施智能化技改项目1380个，完成工业技改投资364.89亿元，新增上云企业5716家。二是打造工业互联网体系。围绕“5+5+N”产业集群体系，推进“一集群一平台”建设，2021 年新增 9 个省级创建平台、3 个省级建成平台，数量均居全省第 3，累计培育省级工业互联网平台 31 家，并率全省之先出台市级平台认定办法和配套政策。三是探索未来工厂新智造模式，制鞋、智能电气、汽车及其零部件、泵阀、印刷包装装备等 5 个产业集群入选省级新智造试点，瑞立、瑞浦入围省级“未来工厂”试点，累计入库省级智能工厂（数字化车间）53 家、省级“两化”融合试点示范项目 185 个。

服务业数字化名义上由市发改委统筹推进，但其中的金融数字化、贸易数字化①、文旅数字化等又各自由市金融办、市商贸局、市文化广电旅游局分别推进。金融数字化方面，温州金融综合服务平台自 2020 年底运行以来，汇集包括电力、市监、海关在内的 28 个部门超过 6000 万条企业信用数据，实现“1 日接单、3 日审批、5 日授信”目标，入驻金融机构 52 家，发布金融产品超 500 个，上线以来累计为 37000 余家企业提供授信，授信超 1000 亿元，成功放贷近 900 亿元，累计实现融资对接 1700 亿元左右，并在全省率先实现金融综合服务平台县域全覆盖。智慧物流方面，加快推进国家绿色货运配送示范城市创建、国家城乡高效配送试点城市建设和商贸服务型国家物流枢纽建设，重点推进京东瑞安智能供应链产业建设项目、韵达浙南（温州）快递电商总部基地项目、乐清博科创新物流仓储项目等 15 项现代物流重大项目，总投资 141.1 亿元；积极发挥温州国家综合物流信息平台作用，加快建设物流综合数据信息港，推进空港、海港、陆港、信息港“四港联动”。文旅数字化方面，“易游温州”一键通智慧服务案例成功入选“全国智慧旅游公共服务平台建设运行典型案例”；“温州城市名片”在百度发布，为全国的游客打开一面展示温州的重要窗口；入选省数字社会第二批揭榜挂帅项目 1 项，省文化和旅游厅数字化改革试点项目 3 项，省文物局第一批“文物安全”应用场景建设试点“揭榜挂帅”名单 4 项，省“旅游大脑+智慧旅游”应用场景落地未来社区试点 1 项。

① 贸易数字化包含在新业态新模式中。

农业数字化稳步推进。实施数字乡村建设工程，温州市数字赋能乡村建设列入全国农村改革试验区拓展试验任务，15 个数字化项目列入浙江省农业农村厅“先行先试”名单，“渔智安”列为浙江省农业农村厅数字化改革第一批优秀应用。2021 年完成种养基地数字化改造 45 个，新建通过浙江省农业农村厅认定的数字农场 4 个、数字渔场 4 个、数字牧场 9 个，浙农码赋码量超 62 万次，居全省第一。龙湾区、苍南县获评“2021 全国县域农业农村信息化发展先进县”，苍南县、文成县获“省级数字乡村建设示范县”称号。推进农村电商发展，淘宝村数量达 427 个，总量居全省第 2（全国第 3），淘宝镇数量 44 个，总量居全省第 3（全国第 6），建成电子商务专业村 427 个。苍南、瑞安获评 2021 年国家电子商务进农村综合示范县，瑞安获评国家发展农村电子商务拓宽农产品销售渠道工作督查激励县，永嘉和文成被列为“互联网+农产品出村进城工程”省级试点。

（三）新业态新模式

2021 综合评价显示，温州市新业态新模式[①]得分为 89.9 分，低于杭州（159.6 分）和丽水（95.9 分），位列省内第 3，较上一年下降 1 位，省内竞争力略有下降。电商发展受疫情影响势头放缓，人均电商销售额为 10056 元，比上一年小幅增长，位列全省第 5，与上一年电商销售呈现向杭州、宁波两大头部城市集中的趋势不同，上一年排名前四的城市均出现了增长乏力甚至负增长的情况，而湖州则异军突起，人均电商销售额猛增 56%至 12032 元，将温州排名挤下 1 位；网络零售额占社会消费品零售总额的 58%，略低于上一年，位列全省第 5，较上一年下降 1 位。工业企业电商覆盖率维持在较高水平，工业企业电商销售额占营收比重为 5.3%，排名保持在全省第 2，仅次于丽水（6.2%）。移动支付普及率显著增长但支付频率不足，移动支付活跃用户占比由上一年的 51.5%增长至 69.6%，排名由省内第 5 跃居第 2，仅次于杭州（92.4%）；人均移动支付仅 85 笔，排名靠后，与杭州

① 指电子商务和数字金融。

（534.6笔）存在巨大差距。

2021年温州电商销售依然活跃，实现网络零售额2199.8亿元，同比上升8.4%，居民网络消费额达1546.1亿元，同比上升8.2%，网络零售和居民网络消费顺差达653.6亿元；各类国内活跃网店达8.0万家，直接解决就业岗位22.2万个，间接带动就业岗位58.4万个；10家电商交易平台列入省级平台培育名录。直播电商等新业态不断推进，新增鹿城坚士·流媒体直播基地等10家市级电商产业（直播电商）基地和温州质子文化传媒公共直播间等9家市级产业公共直播间，鹿城直播产业园（基地）获评省级直播电商基地。跨境电子商务综合试验区建设加快，2021年综合试验区项下进出口额达116.6亿元，同比增长891%，综合试验区交易额达359亿元，助力全市外贸出口破2000亿元创历史新高；持续推动海外仓建设，公共海外仓面积和数量分别位居全省第三、第四。

（四）政府和社会数字化

2021综合评价显示，温州市政府和社会数字化得分为99.2分，位列全省第4，较上一年上升1位，治理数字化取得明显成效。教育信息化和医疗智慧化进步显著，生均教育信息化经费投入1057.1元，较上一年增长15.6%，排名上升2位至省内第5；区域医院门诊智慧结算率达84.1%，较上一年提高8.0个百分点，排名进步1位至省内第3。社会数字化程度稳步增长，人均移动互联网接入流量160.2GB，较上一年增长29.5%，连续三年位列省内第5；高速公路入口ETC使用率达75.6%，较上一年增长28.6%，连续位列全省第3。政府数字化总体位于省内前列，人均数据共享接口调用量33.2次，较上一年大幅增长751.3%，排名由省内倒数第3跃升至省内第4；浙政钉应用水平取得满分10分。

2021年温州数字化改革取得了一系列成果，获4个全省“最佳应用”，数量居全省第2；“1+5”系统年度考评居全省前列。一体化智能化公共数据平台持续迭代，归集共享140亿条数据，汇聚270万路视频，综合考评居全省第2位；党政机关核心业务数字化率超40%，党政机关整体智治综合考评居全省第2位；数字政府系统建设综合考评进入全省领跑榜，全面网上办件量达1241.64万件，一网通办率达96.41%；数字经济系统建设提速，率先完成市级门户政府侧迭代升级，门户综合评价结果列全省第2，上线78个应用场景，市科技局的“科企通”、市金融办的“温州金融服务”等应用获评全省优秀地方特色应用，加快建设智能电气、皮革制鞋、泵阀（工业阀）等省级产业大脑，其中智能电气产业大脑列细分行业产业大脑考评优秀档次；数字社会显著提升群众获得感、满意率，20个省级重大应用实现全贯通，44个服务应用上线浙里办；数字法治门户综合评价居全省第1位，鹿城区、乐清市、瑞安市、文成县居全省县（市、区）前四。

（五）数字基础设施

2021综合评价显示，温州市数字基础设施得分为89.3分，位列省内第5，较上年下降1位。数字基础设施建设稳步推进，固定互联网普及率为43.4%，与上一年基本持平，不过由于部分地区固网普及率倒退，排名上升1位至全省第7；固网用户中光纤宽带接入率为93.5%，较上年略有上升，但排名从省内第1跌至第4。两项数值综合来看，温州光纤宽带用户占常住人口比例小幅上升为40.6%，排名上升2位，居全省第6位；每平方公里拥有移动电话基站6.2个，较上一年增加0.7个，连续3年排名全省第5；5G套餐用户数普及率达到每百人24.8户，位列全省第3；付费数字电视普及率由每百户141.1户上升至每百户175.3户，连续4年位居全省第6。网络总带宽虽然下降，但用户体验取得长足进步，城域网出口带宽9199Gbps，比上年下降4.8%，将省内第1交还给带宽持续增长的杭州（10447Gbps）；固定宽带端口平均速率翻一番至205.1Mbps，一举从全省最末跃升至第3，直逼杭州（214.9Mbps）和嘉兴（209.9Mbps）。

2021年温州新型基础设施建设有序开展。推进千兆城市创建，印发《温州市千兆城市创建方案》，系统布局新型基础设施建设。协调解决5G基站施工进场问题，推进59处公共资源向5G通信基础设施免费开放，降低12处5G基站用电成本，加快5G基站建设，新增开通5G基站5379个（累计 14451 个），累计数量居全省第 3 位。推进 5G 场景应用，全市应用 5G 技术工业企业 41 家，重点工业企业 5G 技术应用率达 11%。新建数据中心 3 个（累计 15 个），新增机架 1093 个（累计 9718 个）。

三　2021年温州数字经济发展存在的问题

温州数字经济各项工作在有序推进，但省内数字经济“第三极”地位不稳的迹象也逐渐显露，其背后隐藏的是诸多固有问题。

（一）发展合力尚未有效形成

温州数字经济发展领导小组成立在省内最早，但其配套建设和人员配置与浙江省“一号工程”的要求还存在差距，作为一个紧密整体推进数字经济发展还不够有力。一是配套的统计监测制度缺位。综合评价指标分散在各条线，往往是有工作需要时临时汇总，效率不高，无法达到《关于建立温州市数字经济发展工作推进机制的通知》中“做好指标分析、研判、预测”“指导各地、各部门做好进等升位”的要求。二是协调力量不大。领导小组各成员之间的合作比较松散，需要数字经济发展领导小组办公室（设在市经信局，以下简称“数组办”）进行统筹协调，这一职能连同制造业数字化发展推进专项小组职能主要由市经信局数字经济处和云计算与大数据产业处两个处室承担，在编在岗工作人员 8~9 人，占全局人员 10%左右，远低于杭州、嘉兴两市经信局数字经济配套人员比例。

（二）发展基础薄弱

虽然根据数字经济发展综合评价温州连续 3 年位列全省前三，但是温州数字经济发展基础薄弱的事实尚未得到扭转。一是数字产业规模偏小，2021 年温州数字经济核心产业增加值仅为全省的 6.7%、杭州的 11.4%，其中规上核心制造业被金华超越，排名下降 1 位至第 5。二是数字经济基础产业短板明显。软件与信息服务业的规模与质量远远落后于杭州、宁波等地，难以

支持数字经济高质量发展。2021 年软件业营收仅占全省的 4.9%，是杭州的 5.9%；全市规上软件和信息服务业企业仅 58 家，其中亿元以上仅 12 家。企业自主创新能力弱、软件产品水平较低、专业技术人才缺乏，软件和信息服务业发展后劲不足，且专注为温州本土优势制造业服务的软件和信息服务企业不多。此外，数字经济还被芯片“卡脖子”。温州集成电路上游企业寥寥无几，产品较为低端且规模不大；芯片设计企业仅有 1 家，产品暂未正式投产；尚无有实力的制造企业，未形成集成电路产业规模。这意味着数字经济核心制造业和制造业数字化转型的利润大头可能流向非本地的芯片产业，不利于温州数字经济做大做强。

（三）发展主线不够清晰

城市竞争背景下，资源在无形之手驱动下向头部城市集中，长期来看温州将处于竞争劣势。如果与头部城市全面竞争，差距只会越拉越大。因此温州应专注于具有比较优势的特色产业领域，以特色产业领域发展作为工作主线，围绕工作主线合理分配有限资源，逐步积累核心竞争优势，在特色产业领域做排头兵。目前，温州虽然愈加重视特色产业集群发展，但数字经济工作主线尚未完全形成。一是数字经济工作推进面面俱到，专项领域各自为政，有限资源分散分配，难以形成单点突破之势。《温州市数字经济发展“十四五”规划》虽然已经将发展目标确定为“培育千亿级数字经济产业集群”，但“十四五”期间的各项发展任务仍缺乏明显的优先排序，三次产业数字化等量观之、分头发展，各类新兴产业都有所涉及，无法完全摆脱全面铺开的倾向。二是数字经济大项目招引如果与本地原有特色产业关联性不强，可能冲淡发展主线。引进一个非关联性大项目就要发展一类本地无基础的新产业，处处是重点则处处无重点，还可能挤出本地原有特色产业发展所需要的土地、能耗等支撑要素。

（四）要素保障捉襟见肘

资源向头部城市集中和倾斜，使温州数字经济发展的要素保障处境堪忧。一是人才吸引力不足。头部城市除了能为人才提供更高的薪资待遇、更好的生活环境、更优厚的政策福利外，针对技术日新月异的数字经济领域人才，还能营造更浓厚的“干中学”氛围，因而对数字经济人才的虹吸效应较强，温州招引国内外优质数字经济人才比较困难，不少本地企业和高校毕业生也外流至杭州、宁波等地。二是用地紧张。用地空间、建设用地指标、占补平衡指标紧张，较难兼顾本地产业发展和招引数字经济项目落地。三是能耗指标。引进的重大数字经济项目不少具有较高能耗，挤压本地传统产业能耗指标。例如龙湾、苍南等地都因能耗高企而放弃引进数据中心项目，正威（平阳）长三角电子信息产业项目若开足马力，将占用平阳近半能耗指标。

四　温州数字经济高质量发展建议

“十四五”时期，温州要实现数字经济高质量发展，巩固数字经济省内“第三极”地位，应着重考虑以下方面。

（一）明确发展主线

当前，温州省内数字经济“第三极”的地位不稳，首先要做的可能并不是优化当前的数字经济工作体系，而是确定数字经济发展主线。对温州来说，一方面传统制造业数字化大有可为，另一方面部分特色数字经济核心制造业（如智能电气）产业集群具有深厚的发展基础，做大做强有温州特色的数字经济可能代表了一条长期来看可行的发展路径。与其贪大求全，不如“攻其一点”，久久为功，坚持走一条以制造业数字化为中心、数字产业化为辅助的数字经济发展路径：制造业数字化是主心骨，要优先发展、重点发展；能为制造业数字化服务的数字产业化[①]要多发展、要大发展，其他数字

① 如软件应用与二次开发、信息系统集成与维护、工业大数据分析、工业互联网服务、工业机器人与自动化设备制造、芯片设计、工业设计等。

产业化可以少发展、不发展。其目标是营造良性的、可持续的制造业数字化产业生态，吸引全国的制造业数字化专业人才、项目、投资机构到温州来，把温州打造成为有全国影响力的制造业数字化标杆城市。数字经济项目招引同样围绕这一主线，起到为本地制造业数字化补链、强链、延链的作用。在此过程中，借助制造业数字化中积累的人力资源与金融资本，稳步提升数字经济核心服务业、治理数字化和数据价值化。

（二）完善工作机制

在明确发展主线的前提下，按照“一号工程”的标准，不断完善工作推进机制。一是充实队伍力量。对标兄弟城市，增加人员编制，强化数字经济相关处室力量，增强数组办协调能力，优化领导小组例会机制。二是完善统计制度。市级统计部门应组织力量，依据国家统计局《数字经济及其核心产业统计分类（2021）》和《浙江省数字经济核心产业统计分类目录》，每月做好核心产业数据提取、汇总，形成月度报告向数组办提交。按照《浙江省数字经济发展综合评价办法（试行）》，由市统计局牵头，大数据发展管理局、商务局、科技局、公安局、交通运输局、农业农村局、卫健委、教育局、通信办等部门配合，建立温州市数字经济发展综合评价指标跟踪体系，定期上报数组办，并完善分析、研判、预测制度。三是形成联动推进合力。面对快速迭代的数字技术演进和模式创新，加快跨部门、跨层级、跨领域的数据资源共享，优化多部门联办事项认定、分解、推进、督导机制。

（三）夯实发展基础

一是厚实本地产业发展基础。优化产业创新服务综合体建设，将智能诊断服务推广到小微制造业企业，系统性降低数字化转型成本。鼓励行业龙头企业向数字技术服务商转型，赋能产业集群数字化转型。大力培育、优先扶持本地软件与信息技术服务业，按需加强芯片设计产业，支撑数字经济健康发展。二是弥补本地产业创新短板。一方面，严格对照本地优势传统产业需求引进创新平台，引导高能级创新平台支持温州特色数字经济创新发展，提升高校基础研究能力，加快科技金融发展，加强知识产权保护，打造全国领先的科技服务业，促进数字经济新技术与本地传统优势产业结合；另一方面，加强政府在产业创新上的主动作为，加强政府引导基金作用，设计合理的容错机制和利益让渡机制，大力扶持传统制造业向新兴制造业转型的前期项目，构建一流的风险投资环境，撬动全国资本汇聚温州，加快温州制造向温州智造演进。

（四）加强要素保障

一是完善空间布局。在新一轮国土空间规划总体框架下，优先保障数字经济发展用地。尽快形成一批功能多元、配套完善的数字经济产业园区。二是重视人才招引培养与智力支持。持续完善人才政策，提升数字经济领域引才精准度和产业适配度。重视产教融合，鼓励龙头企业组建职业教育集团或产教融合联盟，直接培养数字经济人才。持续提升在温高校办学质量，依托高校、科研院所、创新平台构建产学研联盟，加强技术人员培养，深入推进校企合作培养模式。积极对接国内外数字经济领域一流智库机构，构建完善兼顾专业性、多样性、独立性、前瞻性、可操作性的数字经济专家智力支持体系。鼓励专家学者参与温州数字经济重大项目的第三方评估，为重大政策、重大规划等提供技术支持和智力保障。三是做好能效优化统筹工作。在新一轮制造业“腾笼换鸟、凤凰涅槃”攻坚行动背景下，鼓励以数字技术带动制造业低耗高效发展，实现产业链良性健康运行。做好数字经济项目发展所需的能耗指标统筹工作。

社会篇

Social Reports

B.11
2021年温州就业形势分析与2022年展望

杨美凤*

摘　要： 在疫情防控常态化背景下，2021年温州市总体就业形势稳定，各项就业工作指标表现稳中趋好。其中既有经济基本面保持稳定、结构不断优化、新动能不断加强的因素在起作用，也有就业优先政策全面发力的助力推动。同时也面临一些新的挑战和问题需要予以关注：就业结构性过剩和短缺现象并存，失业从冲击性失业变成结构性失业，企业生产经营持续承压、就业基本盘压力加大，新就业形态发展的制约性因素突出。对此，需要全面拓宽人才引进和培育通道，对重点行业、中小微企业加大政策扶持力度，防范市场新风险，加强就业监测和重点群体帮扶，加大新就业形态的培育与支持。

* 杨美凤，中共温州市委党校（温州市行政学院）文化与社会学教研部讲师，主要研究方向为社会学。

关键词： 就业形势　就业形态　结构性失业　温州

2021 年，温州就业面临严峻挑战，政策性、摩擦性、结构性因素和疫情防控冲击等多种压力叠加。温州市政府坚持经济发展就业导向，持续深入实施积极就业政策和就业优先战略，充分发挥制度优势，扎实推进助力援企、减负、稳增长、扩就业各项工作，实现了疫情防控常态化下就业形势稳中趋好，为实现高质量发展和共同富裕提供了重要保障。

一　2021年温州就业形势及特征

在当前疫情防控常态化情况下，温州市持续深入实施积极就业政策和就业优先战略，2021 年温州市总体就业形势稳定，各项就业工作指标表现稳中趋好。

（一）就业增长好于预期

2021 年，温州市新增城镇就业 17.3 万人（见图 1）（提前半年完成任务、完成目标的 192%），就业困难人员实现就业 5830 人（完成目标的 132.5%）。其中温州市发放创业担保贷款 3 亿元，贴息 653 万元，扶持创业 3600 余人，带动就业 12000 多人。为更有效地推动创业带动就业，温州市对创业担保贷款实施办法进行了迭代升级后，重点群体创办个体工商户，由原来的贷款 30 万元上升到 50 万元。

（二）失业率远低于预期

城镇失业人员再就业 3 万人，零就业家庭动态清零，城镇登记失业率控制在 1.8%（见图 2），严格控制在 3.0%以内。温州市城镇登记失业人员再就业 2.77 万人，实现了零就业家庭动态清零。温州市城镇登记失业率控制在 1.92%，远低于目标的 3.5%。持续落实对市场主体特别是中小微企业稳

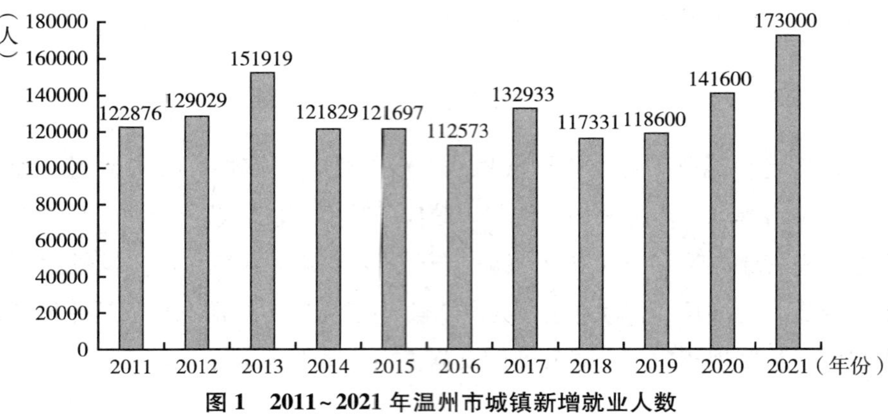

图 1　2011～2021 年温州市城镇新增就业人数

岗政策支持，根据《关于 2021 年社会保险费有关问题的通知》等文件精神，继续执行阶段性降低失业保险费率政策、失业保险保障扩围政策，延续实施部分减负稳岗扩就业政策，发放稳岗补贴、技能提升补贴、用人单位吸纳就业社保补贴等各类惠企补贴。对符合条件的大型企业、中小微企业，按其上一年度实际缴纳失业保险费的 30%和 60%予以返还。温州市累计为 14 万家企业减负 8 亿元，发放失业保险金 4. 26 亿元，惠及 27 万人次，发放技能提升补贴 7192 万元，惠及 3. 13 万人次。①

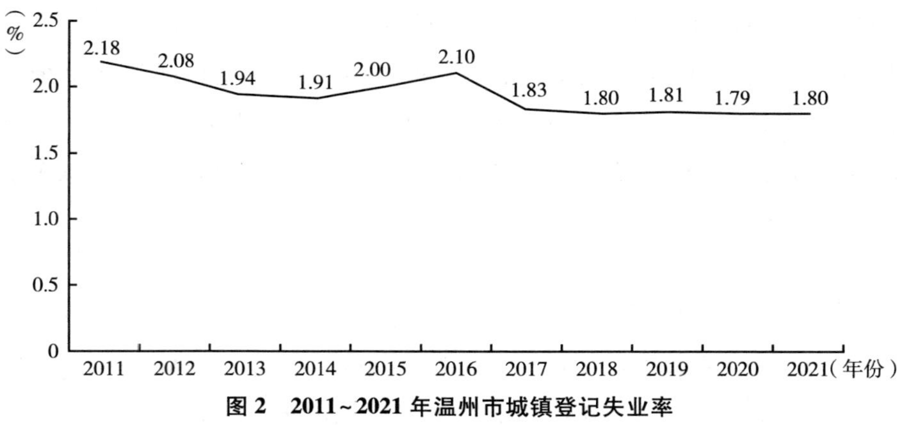

图 2　2011～2021 年温州市城镇登记失业率

① 数据来自温州市人力资源和社会保障局。

（三）突出“重点群体”，全面发挥帮扶托底作用

温州市部署“百万人才聚温州”战略部署，深入落实高校毕业生招引“510 计划”[①] 攻坚行动，持续做好高校毕业生就业补贴兑现，开展离校未就业高校毕业生就业服务，累计发放高校毕业生第 3、4 类就业补贴 5658 万元，惠及 1.55 万人次，帮扶离校未就业高校毕业生就业 10872 人，发放求职创业补贴 689 万元，惠及 2274 人。2021 年，温州新引育各类人才 22.8 万人，首次进入中国最具人才吸引力城市百强榜单前 30，列第 27 位。新增在温就业大学生 12.67 万人，完成率达目标任务的 106%；全市新增在温就业博士 452 人，完成率达 151%；新增硕士 3620 人，完成率达 121%。温州新建博士后工作站 26 家，完成率达 104%；新引进博士后 110 名，完成率达 148%。[②] 引进“鲲鹏人才”5 人，国家、省“引才计划”实现“翻两番”赶超目标；在 2018~2021 年市本级和省属事业单位及领军企业共发布人才需求数 4143 人，最终共招录博士、硕士 729 人，硕士和博士招录人数从 2018 年的 71 人跃增至 2021 年的 289 人，翻了两番。报名通过资格审核人数与实际录用人数的比例，4 年平均达到 8.9∶1，远远超出招考公告要求的 3∶1 比例。打造“重点群体快速就业援助”新机制，率全省之先推出高校毕业生、失业人员、困难人员、残疾人、退役军人等重点群体就业快速援助服务，攻坚灵活就业、重点群体就业双难题，通过就业精准帮扶，积极推进就业优先政策实施。为 3000 多名对象提供岗位推荐等就业指导服务，帮助 393 人实现就业。开展专项帮扶援助，温州市入户家访 447 户，帮助服务对象实现就业人数达 185 人。温州市发放困难人员公益性岗位补贴 1869 万元，惠及 2034 人，发放两困人员灵活就业社保补贴 839 万元，惠及 1776 人。[③]

---

① “510 计划”在 2020 年 9 月到 2021 年 9 月期间实施。全市计划开拓 10 万个岗位、推出 10 项政策、安排 10 亿元奖补资金、开展 10 项人才活动，力争用 1 年左右时间新招引 12 万名以上高校毕业生。

② 《“510 计划”加速实现百万人才聚温州》，温州市人民政府网站，http：//www.wenzhou.gov.cn/art/2022/1/24/art_ 1217828_ 59151568.html。

③ 数据来自温州市人力资源和社会保障局。

（四）数字赋能就业发展

温州市推进打造公共就业大数据分析监测平台，高效采集、有效整合，实施数据监测。通过数字赋能，推进“数字就业”治理能力提升，出台《关于加强重点群体公共就业服务的通知》，推进“平台应用+社区全覆盖”帮扶场景应用，督促各县市区做好“浙政钉”平台“数字就业重点群体帮扶”应用相关权限设置、人员培训、数据梳理工作，推动基层就业帮扶反复帮扶全贯通。温州市推动失业保险快办行动优化服务，以数字化改革为契机，精细打造失业保险金、稳岗补贴“无感智办”服务，推出失业保险快办服务，实现经办业务提速即办、待遇发放压缩时限、服务事项无感智办、“失业一件事”打包快办、证明材料应减尽减。

（五）新就业形态发挥“就业蓄水池”的作用

党的十八届五中全会公报和2016年政府工作报告中都提到“加强对灵活就业、新就业形态的支持”，首次提出“新就业形态”的概念，党的十九届五中全会又进一步提出“支持和规范发展新就业形态”。这一政策性概念反映了新一轮技术革命所导致的就业模式、工作模式的巨大变化，也反映了中国劳动力市场以及世界其他先进国家劳动力市场中出现的新趋势，引起了社会各界的广泛关注。在抗击新冠肺炎疫情期间，新就业形态产业展现巨大的发展活力和经济韧性，吸纳很多兼职人员和城市就业困难人员，发挥了重要的“就业蓄水池”的作用。新个体经济、共享经济、产业数字化转型、线上服务等新业态新模式，以及外卖骑手、快递小哥、专职司机等大量涌现，电商直播是增长最快的个人互联网应用，成为应对新挑战、发展新就业模式的重要力量，实现劳动力、企业和本地生活服务平台在特殊时期的多赢局面。

二　2021年温州就业面临的问题和挑战

在国内外形势更加复杂、不确定性加大，世界经济增长趋缓，国内经济增速继续下行的情况下，2021 年温州市的就业局势仍能趋稳向好，既有经济基本面保持稳定、结构不断优化、新动能不断加强的因素在起作用，也有就业优先政策全面发力的助力推动，同时也面临一些新的问题和挑战需要予以关注。

（一）就业结构性过剩和短缺现象并存

随着制造业持续快速发展，高质量劳动者、技术性人才数量不足以及人才结构不合理等问题越发明显，“有人无岗”和“有岗无人”的技能错配现象依然存在。从当前人才结构情况来看，一是新增就业主要集中在外来人员的特征基本没变，学历不高，以务工为主。温州市对外来人员就业的依赖度非常高，截至 2021 年 6 月 30 日，温州市登记在册流动人口总人数为 363.7 万人。其中省外流入流动人口共计 320.5 万人，占流动人口总数的 88.1%，来源地以贵州、江西、安徽、湖北、河南等省份为主。流动人口学历以初中及以下学历为主，占 70%以上。温州市流动人口文化程度（不含儿童），初中及以下学历达 266.5 万人，占登记在册流动人口总数的 79.3%，高中学历 44.6 万人，占 13.3%，大专及以上学历 15.6 万，占 4.6%。温州市登记在册流动人口从业结构，从事务工的 319.5 万人，占 87.9%，经商的 2.2 万人，占 0.6%，服务业的 1.8 万人，占 0.5%。二是对高素质、高技能人才吸引力偏弱。第七次全国人口普查结果显示，杭州市常住人口总数为 1193.60 万人，比 2010 年第六次全国人口普查结果增加 323.56 万人。相比之下，作为曾经的浙江省人口“老大”，温州的人口增长情况则不容乐观。此次人口普查结果显示，温州的常住人口总量为 957.29 万人，被杭州反超，10 年间只增加 45.08 万人（见表 1），温州对人口的吸引力大不如前。同时当前高端人才和一线技能人才极度缺乏，如温州泵阀行业原来依靠引进国有企业的一批高级工程师而发展兴盛起来，目前留在温州的高工和教授级高工屈指可数，而新一代技术研发人才由于大学里没有泵阀专业和完善的社会培育体系，全行业面临着高端研发人才“青黄不接”困境，直接威胁整个行业向前进一步发展和提升；而且由于文化和环境因素，温州地区很难引进高端管理人才和职业经理人，在企业管理方面制约很大。

表 1　2010 年、2020 年浙江省各地常住人口变化

单位：万人，%

地区	十年人口变化				
	2010 年		2020 年		十年人口增量
	常住人口	占全省的比重	常住人口	占全省的比重	
浙江省	5442.69	100	6456.76	100	1014.07
杭州市	870.04	15.99	1193.60	18.49	323.56
温州市	912.21	16.76	957.29	14.83	45.08
宁波市	760.57	13.97	940.43	14.57	179.86
金华市	536.16	9.85	705.07	10.92	168.91
台州市	596.88	10.97	622.29	10.26	65.41
嘉兴市	450.17	8.27	540.09	8.36	89.92
绍兴市	491.22	9.03	527.10	8.16	35.88
湖州市	289.35	5.32	336.76	5.22	47.41
丽水市	211.70	3.89	250.74	3.88	39.04
衢州市	212.27	3.9	227.62	3.53	15.35
舟山市	112.13	2.06	115.78	1.79	3.65

资料来源：第六次全国人口普查和第七次全国人口普查。

（二）失业从冲击性失业变成结构性失业

在构建新发展格局中，制造业和服务业加速向智能化、网络化、数字化方向发展，新冠肺炎疫情更是加速产业结构转型，结构性失业风险上升。疫情出现初期对就业的短期影响表现为就业数量和质量的冲击性下降，不同职业和行业的就业形势分化严重，呈现生活性服务业面临的冲击远大于生产性服务业、传统服务业面临的冲击远大于新兴服务业的特点。随着疫情防控、疫苗普及以及复工复产有序推进，虽然就业形势持续恢复，失业从冲击性失业变成结构性失业。疫情下，居民生活方式和消费模式发生重大改变，网络、直播等消费模式逐渐崭露头角，原本线下流量全部转移线上。旅游、餐饮、影视等一些即期消费行业受到的影响最为直接。同时，线下零售实体企业未合理协调发展线上业务，在商品售价方面均不具备竞争优势，逐渐失去原有市场份额，导致销量下降明显，甚至最终倒闭。如对可以在商场和超市买到的面膜、洗发水、服装、家具、家电等日常消费品，大部分消费者都会选择在网上购买，进一步压缩传统商场和超市的生存空间。温州大型超市陆续出现关停分店现象，值得警惕。文旅产业企业营收、订单下滑，利润遭大幅挤压，行业悲观情绪弥漫。

（三）企业生产经营持续承压，就业基本盘压力加大

疫情反复背景下，受综合成本攀升、市场需求不足等多因素影响，企业生产经营持续承压，“增产不增效”现象凸显。就业总量压力仍存，企业用工更趋谨慎。一是原材料价格抬升一再挤压企业盈利空间。“成本上升过快”已取代“订单不足”成为制约企业发展的主要问题。2021 年以来，原材料价格涨幅较大且不稳定，对于企业采购以及接订单影响较大。同时，当前国际国内市场竞争压力加大的情况下，多数企业表示由于议价能力不足，难以向下游客户转嫁成本压力，利润空间受到挤压甚至无利可图。二是汇率风险叠加物流成本高企缩减外贸企业利润。中小型外贸企业缺乏财力和专业技能来应对汇率频繁波动，造成外贸企业不敢轻易接长单、大单，这对下年一季度扩大出口将产生不利影响。三是外来务工人员返乡意愿加剧致企业稳岗稳员成本增大。自疫情发生以来，部分人员已连续两年未回家，返乡意愿持续加强。企业为稳定生产加大稳岗稳员支出，进一步推高其用工成本。

（四）新就业形态发展的制约性因素突出

当前新就业形态对就业形势提供机遇的同时，其发展也存在明显的制约性因素。一是从业者劳动保障面临诸多困扰。现行劳动保障法律的适用是以存在典型劳动关系为前提，劳动权益保障与劳动关系认定密切相关。由于新业态从业人员处于传统劳动关系与典型自雇人员的中间地带，从业人员和新业态企业是否存在劳动关系、新业态就业是否应被纳入现行劳动法律体系，当前司法实践尚未达成共识，导致他们不能享受基本的劳动权益保障。二是人员职业发展不稳定性突出。从业人员收入和就业岗位的稳定性差，易受平

台交易规则调整等冲击和影响，如外卖平台一般将外卖员注册年龄要求 45 岁以下，这些从业人员未来重新就业会面临较大问题。三是技能结构矛盾日益突出。其中平台用工是以劳动密集型为主。平台企业提供的工作岗位主要是劳动密集型的工作，从业人员学历偏低、所需技能单一，高中及以下学历群体偏多。四是税收管理不规范。对于义务主体、劳动关系、税费缴纳和抵扣等方面，还没有比较清晰的认定。如知名视频带货达人雪梨、薇娅因偷税漏税被处罚事件，造成电商平台经营者人心惶惶，因为电商销售如何纳税，大部分电商经营者其实并不了解，也不知晓通过什么渠道去纳税。

三　发展趋势和政策建议

当前国内疫情防控取得重大战略成果，国际疫情持续，部分国家和地区生产秩序难以较快恢复，我国外贸出口逆势发展，持续改善，宏观形势持续向好，就业需求回升。新技术、新业态加速发展，提供新的增长空间和增强抗压韧性。疫情催化了经济结构调整乃至冲突，对部分行业、企业生产经营和就业产生了持续影响。不过更深层次的疫情引起或催生的技术变革、社会文化心理层面因素对就业的影响也逐步显现。当前政策性、摩擦性、结构性和周期性问题仍将相互交织，总体来看，当前影响就业的因素从疫情单一因素向多重因素叠加转变，影响效应从短期性向长期性转变，稳定和改善就业形势仍面临很大困难。针对当前阶段就业领域的突出问题和疫情防控常态化时期可能出现的问题和挑战，在已有政策的基础上，争取化危为机，拓宽新形势下的就业新局面。

（一）全面拓宽人才引进和培育通道

一是强化区域合作。以温州接轨大上海、融入长三角为契机，持续深化与上海嘉定等区域的战略合作，拓宽共建科创“飞地”、人才“联盟”等途径，建设高校毕业生人才区域合作联盟。二是拓展人才智力流通渠道，优化人才落地保障。培养员工职业化，提升劳动附加值，采取多种措施帮扶企业缓解“招工难”“用工难”。实施更加积极、开放、有效的人才政策，加大对“高精尖缺”人才和团队的培育和引进力度，大力发展与产业体系相适应的人力资源。如进一步加大对入职小微企业的应届毕业生的补贴力度，如在其与企业签订正式劳动合同并工作满6个月后，提供住房、租房补贴，并在工资奖补、职业技能培训奖补等方面提供优惠政策。三是从环境入手，打造育才引才“强磁场”。在人才竞争异常激烈的今天，“城市非物质吸引力”已成为人才选择就业城市的主要指标，特别是高校毕业生群体，在择业时越来越重视城市发展环境，但无论是生活成本还是经济待遇等，温州要在人才“抢夺”战中脱颖而出，必须深入审视自身特色和人才需求，不断创新工作载体，优化人才服务，营造城市惜才爱才氛围，打造拴心留人环境。

（二）对重点行业、中小微企业加大政策扶持力度

坚持经济发展就业导向，根据当前疫情发展和经济社会阶段性特征，抓住政策窗口，出台有利于稳定和扩大就业的政策措施。继续根据疫情分级分区推动各类行业企业持续复工复产，加大针对重点行业、中小微企业政策扶持力度。一是采取必要的市场稳定措施，对原材料市场的不合理涨价行为实施政策干预。建议政府构建稳定的初级产品供应市场，严厉打击哄抬物价、囤积居奇等行为，建立并出台大宗原材料价格监管和价格平衡机制与政策，对价格上涨过多的原材料出台适时、适度的企业价格奖补政策。二是保障电力供应。针对2021年下半年受电力资源紧张影响，一些企业停电期间由于生产设备耗电量大，无法自行发电生产，部分订单延期，有些订单由于延期而违约，损失惨重。通过进一步做好规划和预期，保障生产用电的有序供应，确保企业生产能够正常开展。三是降低小微企业综合融资成本。部分企业因新冠肺炎疫情影响，销售额下降、利润不足，银行根据其经营状况和风险程度，不再追加贷款，或者压缩贷款额度。进一步扩大普惠性贷款规模，扩大普惠金融覆盖面，尤其是对生产经营遇到困难的小微企业，提供差异化优惠的金融服务和信贷支持；针对中小微企业期盼获得金融支持，开发符合小微企业“短、小、频、急”融资需求的金融产品。

（三）防范市场新风险，加强就业监测和重点人群帮扶

一是跟踪地区就业形势，切实完善就业失业调查监测体系，开展就业岗位需求调查。持续开展重点企业、重点行业、重点群体就业动态监测，着力防范规模性失业风险。加快建立健全预测预警、上下联动的失业风险防控和应急处置机制。二是加强对重点人群就业帮扶。对于本地高校应届毕业生、就业困难等人群，制定和实施专门的支持措施。加大鼓励毕业生基层就业创业政策力度，拓宽基层就业空间，加强高效毕业生就业创业服务，提高市场培训效率。支持农村劳动力就地就近就业，完善劳动力市场，推动公共服务均等化。加大兜底保障力度，通过开展“岗位挖掘”行动，加大岗位供给。如退役军人、大龄失业人员等群体就业稳定性和意愿低，部分就业困难人员由于其自身年龄大、技能低、学历低，岗位适应性不足，存在畏难情绪。加强对困难群体的社会保护和职业技能培训，提高就业能力和适配性。

（四）加大新就业形态的培育与支持

一是加快培育壮大疫情期间发展起来的线上经济、数字经济等新业态转型发展。出台相关扶持政策，提供必要的安全保障，促进企业信息化、数字化、智能化，加快推进企业数字化转型进程。二是建立与新就业形态相适应的劳动报酬、劳动工时、安全保障、最低工资等多样化标准规范体系。健全共享用工制度，扩大各类社会保险、就业补贴、技能提升培训对灵活就业人员的覆盖面。三是平台实现税收规范管理。通过税务部门直接接入平台管理，或者让平台代收，按照不同品种商品的经营额进行科学纳税，最好是自动扣税，同时有抵扣渠道用于抵扣部分合法税额，这样电商平台的经营业主就不用担心自己因偷税漏税而被处罚，同时也能让税收更加规范。

B.12

2021年温州社会治安形势分析

黄建春*

摘　要： 2021年温州社会治安继续保持稳定，围绕打造一流营商环境的扫黑除恶工作取得成效，而网络诈骗案件高发给社会稳定安全带来一定威胁。近年来，温州社会治安在基层特色创新、数字赋能以及网络诈骗防范打击等方面呈现亮点。今后一段时间需要加强研判和应对疫情常态化下社会治安新风险，运用好社会治安领域累积的数据，在做好治安数据共享的同时，通过加载算法赋能社会治安源头治理。

关键词： 社会治安　网络诈骗　数据共享　温州

一　2021年温州社会治安形势特色分析

近年来，温州社会治安形势持续稳定。刑事治安案件逐年下降，2021年刑事立案数、“刑事+治安”警情数较2019年分别下降15.22%、9.3%，侵财案件下降12.5%，抢劫、抢夺警情同比下降54.9%。[①] 2021年12月，在平安中国建设表彰大会上，温州市被授牌命名为平安中国建设示范市。在传统接触式治安案件持续下降的同时，温州社会治安主要特色有以下几方面。

（一）网络诈骗高发态势仍在延续

当前网络诈骗案件在社会治安案件中占比不断提升，已成为上升最快、

---

* 黄建春，温州市委党校（温州市行政学院）政法与统战理论教研部副教授，主要研究方向为法学理论、行政法。

① 本文相关数据来自温州市政法委、温州市公安局、“温州防诈骗”公众号等公布的数据统计。

群众反映最为强烈的社会治安问题。而且此类案件发案率高、破案率相对低，给社会稳定安全带来巨大威胁，2021 年温州网络诈骗案件呈现以下特点。

1. 案件类型

近几年网络诈骗案件类型总体变化不大，集中在兼职刷单、网络贷款、投资理财、购物退款、购买游戏币类，上述五大类案件占到案发量 50% 以上。目前微信、QQ 等主流社交软件是诈骗实施者与受害人建立联系的最主要通联渠道，诈骗实施者通过陌陌、soul 交友软件及世纪佳缘、珍爱网等婚恋平台引流后与受害人建立联系的比例在增加，即先以情感交流作为基础，在取得信任后实施诈骗。

2. 受骗群体

根据温州反诈中心统计，2021 年上半年，女性群体受骗人数高于男性群体受骗人数，且不同性别群体受骗案件类型差异明显。除了常态网络刷单、投资理财类案件外，由于女性遇事相对感性、心理防线较为脆弱、容易紧张害怕等特点，其往往容易被骗子利用。特别是“杀猪盘”类案件，女性一直是骗子的目标，从 20 岁左右到五六十岁各年龄段都有。“杀猪盘”诈骗与其他类型网络诈骗相比，过程长，更难识别。骗子以情感人，披着爱情外衣，编造故事、虚构现实，使受害人慢慢步入骗局。而男性群体除了游戏、贷款类诈骗案件外，集中在网络招嫖、裸聊诈骗等案件。另外，统计显示，受骗人群中，企事业单位人员成为最易受骗主体，此类群体被骗案件多为投资理财诈骗类型。再则，被骗群体偏向年轻化，受害群体主要集中在“90 后”和“80 后”，年轻人更易成为诈骗实施者下手目标。

3. 诈骗主体

网络诈骗团伙作案特征明显，组织内部有严密的分工，不同案件类型，组织分工呈现不同形态。如投资诈骗，除了研发专门用于诈骗的 App 外，诈骗分子往往通过理财群添加群成员为好友，并在自己微信朋友圈里发布各种投资、游玩、高消费等炫富内容，并且配上图片来诱惑微信好友入局，一旦有受害者主动问询时，诈骗分子即提供二维码让其安装 App，此后平台客服、诈骗分子推荐的投资高手等角色相继出场。目前网络诈骗大多呈现产业化和结构化，诈骗组织内部分工细致，不同的角色负责不同的业务模块，每位成员在“入职”前需进行岗前专业培训，熟知诈骗剧本，精心布局，环环相套，使被害人在层层转接和连环诈骗下不知不觉地陷入骗局，最终骗取巨额财产。并且，由于网络可以突破时空的限制实施无接触式的诈骗行为，因此诈骗主体跨区域性表现突出，目前生活成本低、入境容易、转移方便的东南亚国家成为网络诈骗主体的聚集地，这也给打击抓捕带来难度。

4. 诈骗手段

网络诈骗惯常手段一般是以群发带链接的虚假广告短信的方式，制造不实的利益陷阱，进而展开具体诈骗行为。近年来，公民个人信息的非法泄露给诈骗分子“精准”施诈带来机会，即诈骗分子根据个人信息呈现的内容设计骗局，使受害者防不胜防。如个人卖房信息、学生助学贷款信息等被诈骗分子获取后，其就会围绕售房或还款等内容进行针对性诈骗设计。

（二）扫黑除恶长效常治

2021 年扫黑除恶作为专项行动进入收官之年，温州围绕“一年打击遏制、两年深挖根治、三年长效常治”目标，一方面继续聚焦群众、企业关切的金融放贷、交通运输、物业管理等行业乱象开展整治，根治工程建设串通招投标、物流托运垄断、新建成小区霸王搬运等突出问题。另一方面加强基层组织建设，以村社党组织整顿转化、农村“三资”管理方式转变等机制创新铲除黑恶势力滋生土壤。如在温州永嘉县，为破解财务管理混乱、资产管理失序、资源处置不当等农村“三资”监管难题，实行了覆盖全县 541 个村社的“三资”智慧化监管系统，通过线上审批、风险预警、流转公开等功能实现了对农村“小微权力”的智慧监督。此外，温州还围绕打造一流营商环境、建设全国民营经济示范城市，布局打击侵害企业利益经济犯罪专项治理行动、知识产权保护联合执法中心建设、深化涉企“挂案”大清理大化解等扫黑除恶的重点工作。截至 2021 年 10 月，温州破获各类侵害企业权益的地霸、行霸、市霸恶势力团伙 14 个，采取刑事强制措施 214 人。

扎实开展侵害企业合法权益专项行动，侦破侵犯知识产权犯罪案件189起、采取刑事强制措施549人，涉案金额4700余万元，查处涉企合同诈骗、职务侵占、挪用资金等5类重点涉企案件158起，打击处理197人，挽回经济损失7107万元。

二　2021年温州社会治安工作亮点

2021年温州社会治安领域的改革创新也为社会稳定提供了保障。

（一）基层治安特色亮点频现

温州在基层治安复杂区域改革创新，以基层群众自治和职能部门联动整合打造平安共同体。

1. 拓展多元共治空间

针对各类矛盾纠纷警情占总警情比重较高的街道，通过创新推行“三级联动、六员融合、多元化解”机制，纾解了治安管控压力。如浙南闽北最大交易量的温州“菜篮子”市场座落地的娄桥街道位于温州瓯海区的中心区域，辖区内既有数百家劳动密集型企业，又是温州亚运龙舟基地、中国眼镜小镇等重点基地，年均接警量高达万余起，社会治安管控压力大。为此，街道以调解机制构建作为破解治安压力抓手，发动村居、乡贤、社区、公安分局内外省籍民警等调解资源，设置了区矛调中心、街道综合治理、派出所调解室三级联动调解，设有“专职、特邀、村社、乡贤、蜂巢、外警”等六类调解员92人，在开展调解工作的同时，附随提供免费预约专业律师、心理咨询师等服务，助力提升调解成功率。2021年全年成功化解各类社会矛盾纠纷千余件。

2. 党建引领平安建设

基层派出所将红色基因融入治安中，开创群防群治新局面。如温州龙湾区工业企业聚集地的蒲州街道，辖区内流动人口数将近户籍人口数的两倍，存在一定的社会管控治安压力。为此，基层派出所以党建品牌打造为载体，构建起以派出所党支部为中枢，延伸出“雁湖乡情警务室”“天鹅湖榕树警苑”“创客智慧警务室”“广纳市场联盟警务室”四个品牌的红色阵地，打造了“红色警苑·智安蒲州”。此外，由社区民警担任社区党委副书记，力推警力与“网格”的融合，创建“书记和事佬”“乡情调解联盟”“专家品鉴团队”“王连长调解工作室”等组织来化解社会治安矛盾纠纷。截至2021年8月，基层派出所共发展80余家党建联盟合作单位，为辖区社会治安安稳有序奠定基础。

（二）数字化改革助推社会治安“智治”

2021年初浙江省委部署全面推进数字化改革工作之后，数字化改革助力温州社会平安建设更上新台阶。

1. 智能防控设备升级

有着客流密集的温州动车南站和辐射浙南闽北最大的公路物流园的瓯海区潘桥街道，产业集中，人员流动频繁，近三年来潘桥辖区登记在册流动人口数以每年23.3%的速度增加，给辖区治安秩序带来一定挑战。辖区基层派出所围绕高效处警目标创新综合指挥系统，在畅通与分局指挥指令的同时重组指挥架构，即在综合指挥室新建“数字化沙盘”、数字对讲机、4G单兵执法记录仪等一系列智能化设备，让指挥系统反应更加灵敏，全面实现“一分钟接警、三分钟回访、五分钟推图和八分钟到达”的快速反应要求。综合指挥室不仅清楚呈现警情现场实时状况，而且能及时做出预判指令和综合评价，既实现执法全程监督，也倒逼推动执法质量提升。改革后，处警时间缩短30%，纠纷警情现场处结率提升至86%。此外，在温州动车南站周边核心地段建设的全市首家数字化联勤警务站，不仅发挥快速反应、联勤联动的功能，还通过搭载的数字化感知终端如同一个超级警察对周边环境24小时不间断开展精准防控。2021年该区域共查获盗窃、殴打、黄赌等各类违法犯罪案件数同比提升47.54%，有效净化辖区治安环境。

2. 警务数字化平台构建

2021年，温州治安领域数字化改革积极推进，成果不断显现。如温州鹿城区，围绕解决民警“干什么、如何干、如何干好”问题，打造了“社区基础数字仪表盘”，将基层治安工作以派单形式运作。在数字平台的应用场景中设有“综合指挥区”、“分析研判区”和“派单督导区”，有“受理协调岗”、“信息管理岗”、“业务分析岗”、“合成研判岗”、“综合派单岗”和“综合督导岗”等内容，从而实现社会治安面可视管理、工作任务派单运作，并在实践中取得成效。如该区鞋都所在的稽师社区、仰义沿江社区，由制鞋业务订单下降导致闲散流动人员增加，治安案件数量有所增加，平台就向社区责任民警派发任务，强化管理。另如温州瓯海区，将辖区的 14 个派出所及其辐射的管辖村居以数字化沙盘形式显现于警务数字化平台上，且该平台能根据辖区警情状况实时呈现整体治安态势，从而为警力布局、治安防控、巡逻处置智能推进提供可能。该警务数字化平台上线运行后，全区治安警情下降明显，接处警效能得到大幅提升，处警时间平均缩短约 4 分钟、出警准点率达到 90%以上。

3. 治安共治载体创新

2018 年温州鹿城区打造了“平安乐巡”App，主要是以职能部门提供“下单”信息、社会群众“抢单”巡逻方式构建共治联盟，有效解决了政府职能部门巡防力量有限问题，通过社会群众参与“乐巡”，实现平安社会共建共治。目前“平安乐巡”App 注册人数已破 20 万人，容纳了 12 个功能模块，“平安乐巡”智治平台根据实践发展不断调整，已升级为 3.0 版本，其经验做法已在温州全市推广，并成功获评 2021 年全国政法智能化建设智慧治理创新案例。

（三）网络诈骗防范打击继续强化

温州反网络诈骗防控布局较早，2015 年就开始筹建反诈中心，中心实行由 5 家银行和 3 家电信运营商专人入驻，与公安部门联席的实体化运行模式，并被授予“公安部打击治理电信网络新型违法犯罪研判中心”。通过反诈中心专职实施防范打击网络诈骗，温州累积不少反诈防范打击方法经验，也取得明显效果，打击网络诈骗数连续数年居全省第一，特别是 2021 年案件数量下降明显，同比下降20.84%。成效数字的背后也折射出此领域案件多发高发态势仍未得到根本性遏制，网络诈骗案件的发案拐点尚未真正出现。

1. 继续强化专业反诈与全民反诈

专业反诈，以温州市反诈中心为依托，即中心集接警处置、技术反制、研判打击于一体，依托温州市公安局在线警务体系，根据“事前预警、事中阻断、事后打击”原则，以专业技能打击职业犯罪。全民反诈，主要是提升全民反诈意识，提升联动处置能力，源头遏制诈骗，具体有效举措体现为以下几方面。一是多方主体联动。针对网络诈骗作案往往需要通过银行与通信运营系统媒介实际，由温州各大银行和电信通信运营商派专人入驻反诈中心，案发时，先由银行快速冻结作案银行账号，再通过电信运营商对作案的电话（手机）号予以封堵，防止再次诈骗，同时辅之手机卡、银行卡源头打击，切断诈骗链条。二是营造全民反诈氛围。当前温州反诈骗宣传已从“大水漫灌”发展为“精准滴灌”，即针对不同主体、不同时期的网络诈骗类型形态，开展有针对性、个性化的反诈宣传。如温州龙湾区创客小镇社区里集合着一定数量的小企业，辖区民警以入企开展小课堂方式进行宣传；温州乐清市乐成派出所利用“双十一”网购数量猛增契机，通过辖区快递企业在快递上粘贴反诈贴纸，将反诈宣传随包裹传至客户；温州瑞安市，教育、公安部门联动，携手银行组成宣讲团，开展反诈宣传进校园活动；温州鹿城区首创区域百米以内必能看到反诈宣传的百米生活式宣传辐射网；等等。除了线下面对面宣传外，线上宣传也是网络诈骗防控重要阵地，目前温州已研发以“温州反诈中心”抖音号和“温州防诈骗”微信公众号等关注量达百万人以上为代表的七大反诈线上平台。

2. 创新打击防范网络诈骗方法

针对跨境诈骗案件，2018年温州在全国首创了“由人到案”的人员流打击电信诈骗新战法，先由大数据团队基于全国的数据计算筛选出境内人员曾经或者正在境外诈骗窝点实施网络诈骗犯罪的人员信息，再利用他们签证到期回国时进行打击，一般一个窝点3个月为一个周期，境内人员在境外待两三个月就会回国一趟，等待其回国时予以打击处理，从而解决境外打击时国际司法协作难、语言沟通难、经费支出大、办案周期长等困难。“人员流”是温州在打击网络诈骗实践中总结并创新的方法战术，目前该战术已升级运用到各类型网络诈骗，包括境外冒充“公检法”和“杀猪盘”诈骗案件，上述案件均在成功锁定犯罪嫌疑人基础上，对回流犯罪嫌疑人开展集群打击。2021 年 11 月，温州对 144 名涉嫌非法滞留缅北的温籍人员采取公开警示，采取冻结户口、护照、边境通行证，暂停银行非柜台业务等惩戒措施，督促被警示人员及时回国①。此外，在防范网络诈骗案件发生上，温州运用“线上+线下”“科技+人工”反制手段实现“以打促防，防范为先”，特别是借助全省数字化改革推进契机，迭代建设“温州反诈大脑”，构建起打击、预警、劝阻、管控、治理、宣防全闭环的反诈工作体系，提升反诈的主动性、精准性、智能性。如可在线计算正在“咬钩上当”群众的反诈大脑“风阻”平台，与诈骗分子“抢时间、抢人、抢钱”，实现了对正在被骗的群众在线拦截和劝阻功能。只要有群众接到可疑电话或是登录可疑 App、网站，立即有专人进行电话劝阻，当劝阻无效还会上门查访，阻断诈骗的发生；如果当事人接到 96110 预警回访电话，就意味着可能正在被骗。反诈大脑运行以来，通过电话劝阻、见面回访和紧急处置，将日均万人次以上的预警信息切切实实落地转化为战果，网络诈骗发案升幅也呈现逐月收窄态势。2021 年温州共打击涉及网络诈骗对象 4979 人，同比上升 86.74%；预警回访 363.35 万人次，成功劝阻网络诈骗案件 7645 起，劝阻金额高达 2.2 亿元，打击成效位居全省首位。

三　对策建议

疫情常态化和数字智能化给社会治安带来新挑战，在相关举措上应给予有效回应。

① 由于新冠肺炎疫情发展的不确定性，督促回国的公开警示效果显现一定的滞后性。

（一）提早研判疫情社会治安新风险

新冠肺炎疫情发生给社会生活带来不利影响，虽然疫情在我国总体已得到有效控制，政府的相关抗疫防疫决策也得到群众的高度认同，但与疫情持续共存的客观现实可能会给社会治安带来新的风险隐患。一是疫情对经济的影响，特别对交通、旅游、餐饮等行业的影响较为明显，导致部分行业从业者失去工作或对就业生存心存担忧；二是人与人之间面对面接触机会的减少导致社会交往空间不断压缩，而非接触社交形态使人的压力排减释放渠道减少；三是旅游、看展、观影等文化消遣类活动的减少也让人在精神层面不能适时获得舒缓、放松。以上种种均导致人的情绪压力加大，当基层在个别环节防疫措施层层加码或是以简单粗暴方式落实防疫措施时，产生言语、身体摩擦或是情绪失控的概率也相应增大。面对新型、复杂的疫情社会治安形势，治安防控应拓宽常态思维模式，认真研判、科学分析风险点，提前谋划布局治安防控，实现以防保稳、以防促稳。

（二）深挖数据潜力，构建整体治安“智治”

当前温州的社会治安防控体系的立体化与信息化已基本建成，浙江省正在推进的数字化改革为数字赋能治安提出更高要求，即从制度框架搭建向运行整体性与协同性迈进，从厘清业务流、管理流、数据流入手，辅以技术支撑，探索现代数字治安防控体系新路径。一是承担主体责任的公安部门继续推进“情指勤舆”一体化实战化运行机制改革，完善提升风险预判力、基层创新力、算法合成力、科技支撑力，着力打造“风险防控全面精准、决策指挥高效顺畅、警务数据融合共享、警种优势合成作战、网上网下同步应对”的新型警务运行模式。二是提升部门协同治安能力。从整体政府角度，对于公安部门采集和获取的巨量警务数据，如果将数据仅用于警务领域，不利于构建社会治安整体“智治”。因此，下一步依据 2022 年 3 月 1 日实施的《浙江省公共数据条例》确立的“公共数据应当以共享为原则，不共享为例外”，依托统一公共数据平台，将数据共享给有需要的政府部门，发挥警务数据溢出效益，助力社会治安平稳有序。

B.13

2021年温州城乡居民收入与消费状况分析报告

徐俊　王梵　傅一特*

摘　要： 2021年温州市经济社会发展成果不断巩固，经济运行稳中有进、质量效益稳步提高，民生福祉持续增进，消费需求不断激发，有效带动城乡居民收入和消费增速稳步提升，全年实现全体居民人均可支配收入同比增长10.3%，消费同比增长16.4%。其中，农村居民收支增度均快于城镇居民，城乡居民收支相对差距进一步缩小。但是温州城乡居民收入可持续增收压力较大、收入来源结构相对偏弱、区域收入差距短期内缩小难度较大、消费恢复动能不足以及城乡消费差距明显等问题仍然存在。要实现更高质效的收支增长，让共同富裕的成效切实转换为居民的获得感和幸福感，建议强协同促合作，不断优化环境激发动能；强培育促就业，不断加大帮扶保障需求；强带动促共富，不断挖掘潜力缩小差距；优政策强推动，不断激活动力提升意愿；优体系拓空间，不断释放潜力融合发展；优结构提质量，不断加速变革优化供给。

关键词： 居民收入　消费　共同富裕　温州

2021年，温州全市上下忠实践行“八八战略”、奋力打造“重要窗

* 徐俊，国家统计局温州调查队党组成员、副队长；王梵，国家统计局温州调查队住户调查处处长；傅一特，国家统计局温州调查队住户调查处副处长。

口”，紧扣锚定“五大新坐标”、开创“十个新局面”的战略部署，找准共同富裕“十共路径”，奋力续写创新史，争创高质量发展建设共同富裕示范区市域样板，经济社会发展成果不断巩固，经济运行稳中有进、质量效益稳步提高，民生福祉持续增进，消费需求不断激发，有效带动城乡居民收入和消费支出增速稳步提升，县域增收各具亮点，城乡相对差距进一步缩小；但可持续性增收压力制约收入增长空间、收入来源结构偏弱制约收入增长动能、区域收入差距偏大制约共同富裕进程、恢复动力相对偏弱制约消费增长势头、城乡消费差距明显制约统筹均衡发展，以及平台培育力度不足制约优质消费供给等问题，需要引起关注。

一　居民收入稳步增长，共富基础有效夯实

（一）收入增速稳步提升，农村增长快于城镇

2021 年全年，温州市全体居民人均可支配收入同比增长 10.3%，增速列全省第 6 位，位次较上年同期前移 3 位，两年平均增长 7.6%。按常住地分，城镇居民人均可支配收入同比增长 9.8%，增速较上年同期提高 5.7 个百分点，列全省第 3 位，位次较上年同期前移 3 位，两年平均增长 6.9%；农村居民人均可支配收入同比增长 10.5%，增速较上年同期提高 3.2 个百分点，列全省第 5 位，位次较上年同期后移 2 位，两年平均增长 8.9%。农村居民人均可支配收入增速快于城镇居民人均可支配收入增速 0.7 个百分点（见表 1），城乡收入比从 2020 年的 1.96 缩小到 1.94，收窄了 0.02 个点。

表 1　2021 年浙江省及各设区市居民人均可支配收入增速

单位：%

区域	全体居民	城镇	农村
全省	9.8	9.2	10.4
杭州	9.4	8.8	10.3

续表

区域	全体居民	城镇	农村
宁波	9.1	8.6	9.7
温州	10.3	9.8	10.5
嘉兴	9.8	8.9	9.5
湖州	11.0	10.1	10.9
绍兴	10.4	9.6	10.2
金华	10.5	9.5	11.0
衢州	12.5	10.7	11.3
舟山	9.0	8.5	9.8
台州	9.6	8.7	10.0
丽水	11.4	9.7	11.6

（二）收入水平稳居全省第6位，总体高于全省平均水平

2021 年全年，全市全体居民人均可支配收入 59588 元，居全省第 6 位，位次与上年同期持平，比全省平均水平高 2047 元。按常住地分，城镇居民人均可支配收入 69678 元，高出全省平均水平 1191 元，居全省第 5 位，位次较上年同期前移 1 位，自 2013 年城乡一体化改革以来首次超越舟山（69103 元）；农村居民人均可支配收入 35844 元，高出全省平均水平 597 元（见表 2），居全省第 7 位，位次与上年同期持平。

表 2　2021 年浙江省及各设区市居民人均可支配收入

单位：元

区域	全体居民	城镇	农村
全省	57541	68487	35247
杭州	67709	74700	42692
宁波	65436	73869	42946
温州	59588	69678	35844
嘉兴	60048	69839	43598
湖州	57497	67983	41303

续表

区域	全体居民	城镇	农村
绍兴	62509	73101	42636
金华	55880	67374	33709
衢州	42658	54577	29266
舟山	60848	69103	42945
台州	55499	68053	35419
丽水	42042	53259	26386

（三）县域增收各具亮点，山区五县发展提速

从县域全体居民人均可支配收入情况来看，各县（市、区）均保持稳步增长，地区人均可支配收入最高最低收入倍差由 2020 年的 2.28 缩小至 2.26。分城乡看，城镇居民人均可支配收入最高的是鹿城区，达到 78048 元，高出最低的泰顺县（46769 元）31279 元，增速最快的为平阳县，达到 10.4%，高出增速最慢的洞头区（8.6%）1.8 个百分点；农村居民人均可支配收入最高的是龙湾区，达到 44430 元，高出最低的文成县（22580 元）21850 元，增速最快的为泰顺县，达到 12.0%，高出增速最慢的瑞安市（9.9%）2.1 个百分点。从山区五县平均收入来看，全体、城镇、农村居民人均可支配收入分别为 43529 元、54906 元和 27952 元，分别同比增长 10.5%、9.9%和 10.8%，分别高于全市平均水平 0.2 个、0.1 个和 0.3 个百分点，高于全省平均水平 0.7 个、0.7 个和 0.4 个百分点。

二　居民收入的结构特点

（一）工资性收入快速增长，成为收入增长的“压舱石”

2021 年全年，温州市居民人均工资性收入为 31604 元，同比增长

11.2%，占人均可支配收入的53%，为居民增收的主要动力，其中城镇居民和农村居民分别为36114元和20990元，同比分别增长10.8%和11.2%，对收入增长的贡献率分别为56.8%和62.1%。城乡居民工资性收入增长主要得益于：受全市经济快速恢复和需求拉动等因素共同影响，全年整体就业形势持续向好，加上温州立足本地实际，积极推进以国内循环为主的国际国内双循环发展模式，市场主体活力有效激发，企业质量效益持续提升，带来用工需求和劳动薪酬的同步有效增长。此外，8月全市调整最低工资标准，调整后的最低月工资标准三档平均增长13.1%，进一步夯实居民工资性收入增长基础。

（二）经营净收入明显增长，成为收入增长的“加速器”

2021年，温州市居民人均经营净收入为10902元，占人均可支配收入的18.3%，是收入结构中的第二大组成部分，同比增长10.6%，增幅比上年同期提升8.4个百分点，提升幅度领先其他收入来源。其中城镇居民和农村居民分别为11872元和8617元，同比分别增长10.4%和10.5%，经营净收入的加快增长巩固了收入增幅回升态势。城乡居民经营净收入增长主要得益于：温州进一步优化惠企政策，有效减轻企业负担、降低企业成本，持续优化营商环境，切实帮扶企业解决发展难题，企业经营效益稳步提升。此外，近年来温州深耕以西部生态休闲产业带、乡村振兴示范带和美丽田园建设为内涵的“两带一园”建设，效益逐步显现。乡村经济发展呈现多种业态互促共进、多元主体竞相发展的新态势，涌现大批新产业新业态，带动本地乡村旅游热潮，经营净收入的活力不断迸发。

（三）财产净收入较快增长，成为收入增长的“助推器”

2021年，全市居民人均财产净收入为9179元，同比增长9.1%，占人均可支配收入的15.4%，为城乡居民收入的增长注入活力。其中城镇居民和农村居民分别为12295元和1844元，分别增长8.3%和8.8%。城乡居民财产净收入增长主要得益于：全市经济稳步恢复以及金融市场的发展和创新给城乡居民提供更多的投资机会。温州浓厚的投资氛围和财富积累习惯使居民倾向于将个人积蓄进行各种投资理财获得长期可靠的回报。同时，温州作为农村改革的先发地，改革红利持续释放，农村产权、土地等领域的综合改革持续深化，有效激活了蛰伏的农村农民资产，农村集体的造血功能不断增强，集体经济不断壮大，农民财产权益得到有效保障。

（四）转移净收入持续增长，成为收入增长的“稳定器”

2021 年，全市居民人均转移净收入为 7904 元，同比增长 7.7%，占人均可支配收入的 13.3%，其中城镇居民和农村居民分别为 9396 元和 4392 元，分别增长 7.1%和 8.1%（见表 3）。城乡居民转移净收入增长主要得益于：温州高度重视民生保障工作，城乡社会保障提标扩面，养老金和低保标准持续提升，为转移净收入的稳定提升提供有效托底。此外，240 万名在外温州人带来的具有“温州特色”的寄带回收入和赡养收入为转移净收入增长提供了有力支撑。但根据疫情防控需要，在外温商尤其是华侨返温情况较往年有所减少，寄带回收入和赡养收入也随之减少，导致一直作为四大项收入中增速领跑者的转移净收入增长有所放缓，随着疫情得到有效控制，后期转移净收入仍会继续成为居民收入的有力补充。

表 3　2021 年温州市居民收入结构情况

单位：元，%

指标	全体		城镇		农村	
	绝对值	增幅	绝对值	增幅	绝对值	增幅
可支配收入	59588	10.3	69678	9.8	35844	10.5
工资性收入	31604	11.2	36114	10.8	20990	11.2
经营净收入	10902	10.6	11872	10.4	8617	10.5
财产净收入	9179	9.1	12295	8.3	1844	8.8
转移净收入	7904	7.7	9396	7.1	4392	8.1

三　居民消费恢复增长，水平保持全省前列

（一）居民消费增速快于收入增速，总体呈现稳中向好态势

2021 年，随着新冠肺炎疫情得到有效控制，消费在居民收入增加、消费环境改善、政策效应释放等因素合力推动下稳步回暖，全年全市居民人均消费支出为 39900 元，同比增长 16.4%，两年平均增幅为 8.2%。全年居民人均消费支出增速高于居民人均收入增速（10.3%）6.1 个百分点，受上年同期基数影响，分季度增速呈现前高后低走势。

（二）农村消费增速快于城镇消费增速，城乡消费支出比收窄

按常住地分，2021 年全年全市城镇居民人均生活消费支出为 46147 元，同比增长 15.8%，增速较上年提升 15.7 个百分点；农村居民人均生活消费支出为 25198 元，同比增长 17.0%，增速较上年提升 15.9 个百分点。农村居民人均消费支出增速比城镇居民人均消费支出增速高 1.2 个百分点，城乡居民消费支出比为 1.83∶1，较上年收窄 0.02。

（三）消费水平保持全省前列，增速排名有所后移

从消费水平看，2021 年全年全市居民人均消费支出居全省 11 个设区市第 3 位，与第一位的杭州市（44609 元）相差 4709 元，差距比上年扩大 757 元；从消费增速看，温州居民人均消费支出同比增长 16.4%，居 11 个设区市第 10 位（见图 1），位次较上年后退 3 位。

四　居民消费的结构特点

从八大类生活消费支出来看，居民消费呈现全面恢复性上涨态势，其中其他用品和服务、生活用品及服务、医疗保健增幅居前（见表 4）。

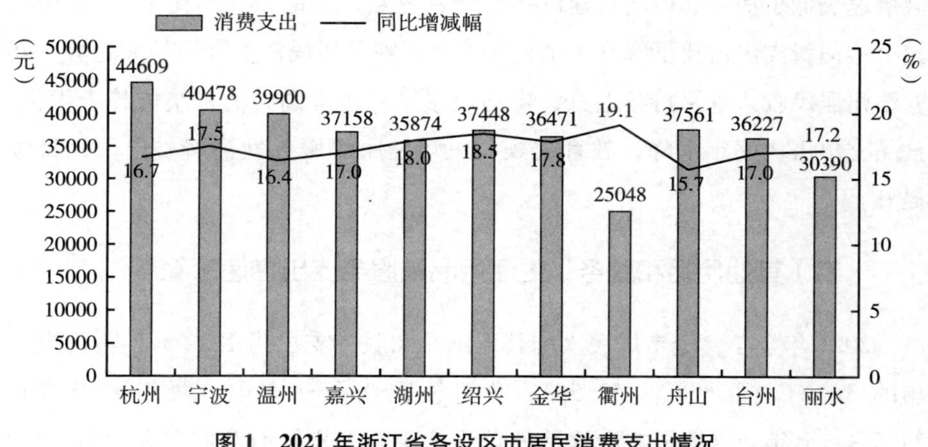

图1　2021年浙江省各设区市居民消费支出情况

表4　2020~2021年温州居民人均生活消费支出情况

单位：元，%

指标名称	2021年	2020年	增幅	占比
人均生活消费支出	39900	34283	16.4	100
食品烟酒	11556	10073	14.7	29.0
衣着	2504	2046	22.4	6.3
居住	10207	9522	7.2	25.6
生活用品及服务	2979	2151	38.5	7.5
交通通信	3972	3873	2.6	10.0
教育文化娱乐	5286	4173	26.7	13.2
医疗保健	2174	1668	30.3	5.4
其他用品和服务	1222	776	57.5	3.1

（一）食品烟酒支出占比进一步降低

2021年全年，全市居民人均食品烟酒支出为11556元，同比增长14.7%，两年平均增长5.9%。其中，城镇居民人均食品烟酒支出为12734元，同比增长14.3%，两年平均增长5.1%；农村居民人均食品烟酒支出为8784元，同比增长15.1%，两年平均增长8.0%。食品烟酒支出较快增长，但增速仍低于消费总体增长速度 1.7 个百分点，占消费支出比重为 29.0%，较上年消费支出占比下降 0.4 个百分点，反映了居民消费升级的大趋势。随着温州居民收入水平持续上升，生活质量进一步提高，消费结构趋于优化，食品支出占比逐年下降，教育文娱、医疗健康等服务性消费支出占比持续提升。

（二）其他用品和服务、生活用品及服务支出增速领涨

2021 年全年，全市居民人均其他用品和服务支出为 1222 元，占消费支出的 3.1%，同比增长 57.5%，增速领跑八大项支出，两年平均增长 24.5%。上年受疫情影响被抑制的首饰珠宝、手表等消费需求在 2021 年集中释放，带动其他用品消费支出同比增长 95.6%；“颜时代”的到来也带动美容美发等其他服务支出同比增长 12.4%。全年全市居民人均生活用品及服务支出为 2979 元，占消费支出的 7.5%，同比增长 38.5%，增幅居八大项支出第 2 位，两年平均增长 27.8%。随着数字技术应用加快，淘宝、拼多多等平台网络购物以及直播电商、社区电商等线上消费新业态、新模式成为促进消费复苏的主战场。消费渠道的多样化、便捷化进一步激发居民消费热情，带动生活用品为主的消费支出明显增多。

（三）教育消费热度不减，文娱消费有待恢复

2021 年全年，全市居民人均教育文化娱乐支出 5286 元，占消费支出的 13.2%，同比增长 26.7%，两年平均增长 9.8%。知识经济时代背景下，居民更加注重自身知识更新和对子女教育的投入，教育消费已经成为长期消费热点，尤其 2021 年“双减”政策落地后，家长们更加关注孩子的全面发展，非学科类培训带动教育消费强力反弹。居民人均教育类支出 3872 元，同比增长 45.3%，两年平均增长 21.3%。此外，2021 年以来疫情防控形势总体好转，但是仍有零星散发情况，“非必要不出省、不离市”等阶段性要求以及密闭文体场所、旅游景点等仍作为重点防控场所未能全面开放对居民文化娱乐消费造成一定影响，居民人均文娱类消费同比下降 6.2%。

（四）医疗保健和衣着消费回暖趋势明显

2021年全年，全市居民人均医疗保健支出2174元，占消费支出的5.4%，同比增长30.3%，增幅居八大项支出第3位，两年平均增长14.0%。其中，门诊就医等人均医疗服务消费1430元，同比增长46.3%。当前，温州正打造区域医疗康养中心城市，就医环境明显提升，智慧医疗全面覆盖，居民能享受到更加高效、更加便捷的优质医疗服务，使医疗保健支出快速增长。此外，得益于线上线下融合、个性化定制消费升级趋势，居民时尚消费需求不断得到满足，走在时尚前沿的温州居民人均衣着消费支出为2504元，占消费支出的6.3%，同比增长22.4%，两年平均增长7.4%。

（五）交通通信和居住支出保持小幅增长

2021年全年，全市居民人均交通通信支出为3972元，占消费支出的10.0%，同比增长2.6%，两年平均增长3.6%。其中，人均交通类支出为2690元，同比增长3.1%；人均通信类支出为1282元，同比增长1.4%。当前，新能源、人工智能等多种变革性技术的快速发展使居民交通通信方式都发生了深刻变化，新能源汽车发展态势良好，5G手机产品加速渗透，推动交通通信消费增长。此外，随着居民收入水平稳步提升，消费者向往更优质的居住环境，愿意为更高品质的生活买单，家具以及全屋定制、设计服务等房屋维修消费支出大幅增长，居民人均居住类消费支出为10207元，同比增长7.2%。

五　需关注的问题

（一）可持续性增收压力制约收入增长空间

全市全体居民人均收入总量自2013年城乡一体化以来一直居浙江省11个设区市第6位，与总量居第1位的杭州差距由2013年的5161元扩大至

2021 年的 8121 元，并呈逐年扩大趋势。按常住地分，城镇居民收入总量居全省第 5 位；农村居民收入总量“短板”相对明显，居全省第 7 位，处于中等偏后位置。总量相对落后以及与靠前设区市差距的扩大，一定程度反映出温州居民收入增长不够充分的问题。而随着居民收入基数逐年扩大，全年全体常住居民人均可支配收入已达 59588 元，每增长 1 个百分点需人均收入增加约 600 元，居民收入可持续性增长压力不断加大。

（二）收入来源结构不佳，制约增收动能

从工资性收入水平看，2021 年全市城乡居民人均工资性收入分别为 36114 元和 20990 元，分别低于全省平均水平 2298 元和 444 元，受限于温州产业层次整体偏低，高新技术产业尚未形成规模集聚效应影响，当前吸纳就业的主体为处于产业链、价值链中低端环节的劳动密集型产业，劳动技能提升受限，就业层次和薪酬水平相对偏低，成为制约工资性收入增长的明显短板。从经营净收入动能看，全年城乡居民经营净收入增幅分别为 10.4% 和 10.5%，分别低于全省平均水平（11.5%、12.2%）1.1 个和 1.7 个百分点，经营净收入增速偏慢，增长动力仍然有限。从结构占比看，作为收入重要来源的转移净收入和财产净收入在温州居民收入结构中占比一直偏低，全年转移净收入（13.3%）和财产净收入（15.4%）占可支配收入的比重合计不足三成，难以对收入增长形成强有力支撑。

（三）区域收入差距偏大制约共同富裕进程

从全省各设区市比较看，虽然 2021 年温州城乡收入比为 1.94，是近年来城乡的最小差距，但仍居全省 11 个设区市第 9 位，与省内其他城乡收入较为均衡的设区市如杭州（1.75）、宁波（1.72）、绍兴（1.71）、嘉兴（1.6）等地比较，差距明显，赶超难度较大。从温州自身比较看，温州城乡收入绝对差距从 2020 年的 31503 元扩大至 2021 年的 33834 元，差距进一步拉大。从温州市各县（市、区）比较看，城乡收入比最小的龙湾区（1.58）和洞头区（1.58）比最大的文成县（2.1）低 0.52 个点，城乡绝对

差距最大的鹿城区（35188元）比最小的洞头区（20766元）高出14422元。区域城乡收入差距偏大，将在一定程度上制约城乡统筹发展和共同富裕的进程，发展协调性仍有待进一步加强。

（四）恢复动力相对偏弱制约消费增长势头

全年全市居民人均消费支出同比名义和实际分别增长16.4%和14.8%，比上年同期分别提升15.9个和16.3个百分点，但比前三季度平均增速下降0.4个百分点。从全省各设区市比较情况看，全年温州居民人均消费支出增速居全省第10位，增幅低于全省平均水平0.8个百分点，比居全省前三位的衢州市（19.1%）、绍兴市（18.5%）和湖州市（18.0%）分别低2.7个、2.1个和1.6个百分点。温州居民人均消费总量居全省前列，但2019年以来受疫情冲击，经济下行压力加大，消费恢复增长动能相对偏弱，增长速度相对偏低，增速在全省排位从2019年第5位、2020年第7位，持续下滑至第10位。

（五）城乡消费差距明显制约统筹均衡发展

从城乡居民消费对比情况看，全年全市城乡居民消费水平相对差异为1.83∶1，虽比上年有所收窄，且为近几年来的最小差距，但城乡差异仍然大大超出全省平均水平（1.66∶1），为全省11个设区市最大。由于城乡发展不均衡，温州城乡消费市场规模和水平差距难以在短时间内明显缩小，农村地区现代商业服务、流通设施不完善以及市场有效供给不足等消费基础短板，抑制了农村消费潜力的释放以及农村居民消费水平的提升。温州农村居民消费总体水平仍然偏低，农村居民人均消费支出为25198元，居全省11个设区市第8位。从消费支出构成看，温州农村居民人均消费支出的34.9%用于食品烟酒，而教育文娱、医疗保健等消费仅占到17.6%。近两年来，虽然全市农村消费恢复速度快于城镇，但主要集中于较低水平的刚性需求拉动，而囿于农村内部的消费增长缺乏向城市流通推动，城乡融合消费潜力尚待挖掘。

（六）平台培育力度不足，制约优质消费供给

当前，温州大力培育发展新消费，加快打造区域消费中心城市，并以此为契机带动本土消费产业转型升级和促进居民消费。但是从优质消费产品供给情况看，目前温州本地居民对本土品牌认同度有限或仍保留本土产品缺乏创新的固化印象，企业在开发和挖掘特色优质商品上仍有局限，本土适应消费升级需求的新兴服务和中高端产品供给不足，品牌的培育和营销能力需进一步加强。此外，温州有丰富的山水文化资源，但是从目前文旅融合消费产品供给看，多数产品缺乏特色和辨识度，跟风雷同，追求短期“流量”难以形成长期稳定的产业效益。从消费平台培育情况看，温州尚缺乏有全国影响力的标志性核心商圈平台，就以温州最知名的五马商圈为例，总体消费层次偏低，业态趋于老化，尚不足以辐射周边成为培育新型消费发展的主要平台。

六　对策建议

（一）聚力优环境，不断激发增收动能

加强与长三角地区城市间一体化合作，实现质量、标准、技术方面人才的共享合作，形成有效的区域技术、专利、标准协同机制，加快推进现代化产业培育，夯实更稳固的发展基础。持续深化新时代“两个健康”先行区创建，不断优化营商环境，全力保障要素供给，依托民营经济学院进一步完善企业家教育培训体系，促进各类市场主体平等参与市场竞争，有效激活和培育各类市场主体。此外，纵深推进公共服务中心去中心化改革，持续落实涉企降本减负政策，建立健全惠企政策直通企业制度，助力企业“卸下包袱”，为居民收入提质增量提供有力的内生动能。

（二）赋能扩渠道，持续优化收入结构

加快建立健全就业援助和创业帮扶体系，支持和规范发展新就业形

态，通过分类施策激发七大类重点群体活力，聚焦中低收入群体，充分保障就业机会，同时抢抓转型升级和产业布局契机，推动传统劳动密集型产业向高新技术产业转变，创造新的就业机会，以优工优价提高员工薪金报酬。持续保障民生领域支出，建立多层次的帮扶机制实现分类管理，不断提高养老金、低保以及困难人群救助标准，加大对重病、重残群众的救助力度。规范资本市场，加强金融产品、金融工具、金融服务创新，向居民提供多元化的理财产品，更好满足居民日益增长的财富管理需求，有效增加居民财产净收入。

（三）深化大协作，加快缩小收入差距

进一步优化发展定位、空间布局、产业结构，推动区域经济协调发展，深入落实“两进两回”行动，以城带乡，加快引导城市现代要素向农业农村流动，挖掘农村山水资源价值，不断提升“两带一园”的虹吸效应和强农富农功能。巩固深化“三权分置”改革试点成果，加快释放土地资源改革红利，助力农民创业增收，加快缩小城乡差距。深化山海协同联动，加大市域内市县协同招商和资源统筹力度，充分发挥特色产业平台、山海协作产业园、特色小镇等平台功能，加快推动绿色低碳转型，拓展生态产品价值转换途径，做强特色旅游品牌，做优特色精品农业，带动区域差距缩小，同步走向共同富裕。

（四）紧扣增能力，全面提升消费意愿

一是不断完善促进共同富裕的制度政策体系，以鼓励增加新型业态、创新劳动就业模式等方式进一步拓宽居民增收渠道，多措并举保障和提高居民收入，启动实施“扩中”“提低”行动，持续推进中等收入群体规模扩大，创新就业、收入分配和消费全链条良性循环互促共进机制，以城乡居民收入普遍增长切实增强消费能力支撑消费持续扩大。二是升级加码促消费的有效政策，巩固消费恢复增长态势，部署更多支持举措，发展“首店经济”“月光经济”“小店经济”等多元化商服形态，缓解社会就业压力，提升消费承

载空间。三是通过数字化集成改革实施智慧化市场监管，强化消费者权益保护，筑牢消费市场健康发展基础，营造良好消费氛围和消费环境，让消费者放心消费。

（五）强化拓空间，充分释放消费潜力

一是将农村消费作为挖掘消费潜力的重要着力点，以扩大县域乡镇消费为抓手带动农村消费，全面激活农村消费大市场，畅通城乡双向流通渠道，形成贯通城乡的消费体系，以农村消费升级促进城乡消费联动增长，促进城市和农村消费扩容提质。二是加强县域乡镇商贸设施和到村物流站点以及生活消费服务综合体建设，引导现代服务向农村延伸拓展，提升农产品流通现代化水平，为农村消费升级夯实“硬条件”。加速电子商务向农村覆盖，重塑农村社会的消费模式，通过数字消费联通城乡消费大市场，加速城乡消费互动融合，推动城乡生产与消费的有效衔接。三是完善农村金融信贷政策，适度发展农村信贷消费，为农民提供小额信贷，鼓励他们当期消费，全面激发农村居民消费潜力。

（六）立足提品质，着力升级消费供给

一是优化供给结构，提高供给质量，把扩大消费同提高人民生活品质结合起来，打造内容丰富、品质精良、结构合理的高质量消费供给体系。引导企业通过云计算、大数据等技术实现精准研发、精益生产和精准营销来满足消费者个性化、多元化的细分需求。二是利用温州打造区域消费中心城市契机，对标国际消费中心城市建设，精心培育文旅消费新场景，深入实施“五大工程”，培育新型消费发展载体，提升消费场景能级。三是加快消费方式变革，发展共享消费、定制消费、体验消费等新模式和线上线下协同的新零售形式，加快体验式、云服务等消费新场景的培育，拓展无接触交易服务，例如开设仓储会员商店，开展“门店到家”服务，加快布局智慧商超、智慧药房及智慧书店等配套，激发智慧零售活力。

参考文献

《国家发展改革委举行 1 月份新闻发布会 介绍宏观经济运行情况并回应热点问题》，http：//www. scio. gov. cn/xwfbh/gbwxwfbh/xwfbh/fzggw/Document/1719138/1719138. htm，2022 年 1 月 18 日。

王健、王春光、金浩主编《2021 年温州经济社会形势分析与预测》，社会科学文献出版社，2021。

文化篇

Cultural Reports

B.14
2021年温州文化发展报告

陈中权 *

摘　要： 2021年，温州市委、市政府高度重视文化建设，提出打造“文化高地”，在公共文化创新、地域文化研究、文旅消费、文艺精品创作、对外文化交流等方面取得了良好成效，提升了城市文化软实力。但存在城市文化品牌识别度不够高、文化产业缺乏龙头项目、文艺精品创作有高原缺高峰、对外文化交流渠道不多等问题。2022年，温州应在提升公共文化供给能力和水平、加大文化遗产传承工作力度、培育文化产业龙头企业、加大文艺人才队伍建设力度、拓展对外文化合作交流渠道等方面取得突破性进展。

关键词： 公共文化　文化遗产　文旅融合　温州学　东亚文化之都

* 陈中权，中共温州市委党校（温州市行政学院）副教授，主要研究方向为文化学。

2021 年是中国共产党成立 100 周年，也是实施第十四个五年规划和二〇三五年远景目标的开局之年，党庄严宣告向着全面建成社会主义现代化强国的第二个百年奋斗目标迈进。共同富裕成为时代的主旋律，中央支持浙江省率先建设共同富裕示范区，《中共中央　国务院关于支持浙江高质量发展建设共同富裕示范区的意见》提出“打造新时代文化高地，丰富人民精神文化生活”。时代既对文化建设提出了很高的要求，也为文化建设提供了宽阔的发展空间。

一　2021年温州文化发展基本情况

2021 年，温州市委、市政府高度重视文化建设和文化发展，提出构筑“文化高地”，“文化高地”“文化温州”成了高频词。7 月，市委十二届十二次全会通过《中共温州市委关于激扬新时代温州人精神—高水平推进文化温州建设的决定》，提出了增强温州文化软实力、竞争力和影响力的十个方面主要任务。全会通过的《温州打造高质量发展建设共同富裕示范区市域样板行动方案（2021—2025 年）》中提出“加快打造与社会主义现代化先行市、高质量发展建设共同富裕示范区市域样板相适应的新时代文化高地”。11 月，市委文化工作会议提出“以‘五城五高地’建设为战略牵引，以‘文化+’行动为突破口，以‘百项文化工程’为主抓手，把温州打造成为创业文化典范标杆、瓯越文化展示窗口、时尚文化先锋城市，成为世界温州人的精神家园、全国具有重大影响力的文化高地、中华优秀文化的重要板块，为续写创新史、走好共富路提供强有力的文化支撑”。会议印发的《新时代文化温州建设百大项目“八重清单”》包括重大人文社科理论研究、重大文化建设项目、重大文化工作抓手、重大文化平台、重大文化试点、重大文化主题活动、重大文化体制机制改革、重大文化政策等文化建设领域 116 个项目。这些都表明市委、市政府对于文化建设和发展的目标越来越清晰，工作越来越细化。

（一）公共文化服务稳步推进

2020 年下半年，温州获得第四批国家公共文化服务体系示范区称号。2021 年，温州公共文化服务总体上处于稳步推进阶段，一些创新项目成为全国示范。

城市书房成为行业标准。3 月，由温州首创的“城市书房”“文化驿站”等公共文化新空间，被文化和旅游部等三部委联合发文的《关于推动公共文化服务高质量发展的意见》所采纳，并被编入国家文化发展“十四五”规划，作为典型向全国推广。9 月，文化和旅游部公布《关于批准 2021 年第一批文化和旅游行业标准计划项目立项的通知》，其中由温州市图书馆牵头起草的行业标准《公共图书馆馆外服务场所服务规范》获批立项，标志着温州城市书房建设标准走向全国。据不完全统计，全国已有 29 个省、市的 193 座城市共建成 3300 余家“城市书房”。

全民阅读成为全国示范。4 月，中国作协授予温州市全国首个“全民阅读示范城”称号。10 月，温州市人大通过《温州市全民阅读促进条例》，并将每年 4 月确定为“籀园读书月”。温州人均纸质图书阅读量为 6.76 本，位居全国领先水平。建成一批公共文化设施。中国寓言文学馆、永嘉学派馆、龙溪美术馆等一批公共文化设施建成并开放。2021 年，乐清市在公共阅读服务上积极打造“1+30+N”新型公共“乐读”新空间，形成了清和书苑等一批高品质的公共阅读空间。

社会力量积极参与公共文化服务。以衎园美术馆为例，在做好疫情防控工作的前提下，该馆一年内举办了“碧天芳草——李叔同师友翰墨展”“玉篆春风——纪念方介堪先生诞辰 120 周年特展”等 5 场高质量的书画展。

（二）地域文化研究和保护成果显著

按照市委提出的“努力打造成为源远流长瓯越文明与新时代温州人精神交相辉映的文化温州”的要求，温州地域文化挖掘、传承工作取得重大成果。

编纂出版首部官修通史。《温州通史》包括6卷断代史和16种专题史，共计735万字，全面反映了温州建置沿革、社会变迁、经济发展、文化教育、风土人情等方面的历史演变，为“温州模式”的形成、发展提供了历史和文化根源方面的重要理论依据。编纂工作自2011年启动，历时10年，60多位国内外高校和科研机构专家学者参与。

启动《温州大典》研究编纂工程。市委提出拟以10年左右时间，通过整理与研究并举的形式，全面整合温州文脉资源，梳理温州历史典籍，深化“温州学”研究，使之成为新时代文化温州建设的“标志性成果”，实现“一部典籍介绍一座城”。

历史街区改造取得新进展。鹿城区五马-墨池历史街区是温州传统的教育文化传播中心，通过财政投入2.3亿元，启动九大工程项目，对解放街、纱帽河、登选坊、柴桥巷等街巷进行改造提升，完成1.8万平方米的后巷业态空间打造，主街的消费业态逐步向后巷延伸，区域消费体量进一步扩大。目前五马—墨池历史街区商业面积达20万平方米，其中文化体验业态近8500平方米，获“首批国家级旅游休闲街区”荣誉。平阳县投入近亿元，对拥有1700多年历史的省级历史文化街区——坡南街进行改造，既保留核心历史建筑，又融入民国风格近代基调，使老街焕发出全新活力。

“永嘉学派”研究、展示受到重视。“永嘉学派研究大系”“永嘉学派丛书整理与研究”列入浙江文化研究工程重点项目，永嘉学派馆开馆。

“文化基因解码工程”顺利实施。全年普查登记文化元素3443条，遴选提炼重点文化元素260项，完成解码报告250篇，后续将跟进培育一批转化利用示范项目。

此外，“泰顺廊桥灾后修复工程”作为唯一的中国案例入选由ICOMOS（国际古迹遗址理事会）和ICCROM（国际文物保护与修复研究中心）联合组织的《全球文化遗产恢复和重建案例研究》；永嘉县枫林镇入选全省第一批千年古城复兴试点建设名单；全国首部地方方言辞典——《温州话辞典》（包括文字版和有声版）出版；温州发绣入选第五批国家非物质文化遗产；鹿城区获“中国刺绣艺术之乡”称号。

（三）文旅融合发展呈现新气象

新冠肺炎疫情给文旅产业发展带来严重影响。为推动文旅产业实现健康、快速发展，2021 年，温州出台《温州瓯江山水诗路建设三年行动计划（2021—2023）》《温州市推进国家文化和旅游消费试点城市建设工作方案》《大力培育发展“温州新消费”加快打造区域消费中心城市实施方案》《温州市旅游业“微改造、精提升”五年行动方案（2021—2025 年）》等文件，文旅产业逐渐复苏，文旅消费渐趋活跃，文旅投资热情高涨，新型文化业态加快发展。

深化重大文旅项目挂钩服务机制，推进重大文旅项目建设。积极推动中青旅、华侨城等头部企业项目落地温州，全市文旅建设项目共有 330 个（进入全国文旅项目库项目），总投资 2164.38 亿元，年度计划投资 309.97 亿元。1~11 月已完成投资 347.32 亿元。虽然受 6 月、9 月疫情影响较大，但在“政策、营销、消费”的作用下，文旅消费市场总体上比较繁荣。全市累计接待海内外游客 4957.8 万人次，实现旅游总收入 657.1 亿元，分别比上年增长 11.4%和 16%。

文旅产业出现“现象级”新业态。4 月 21~25 日，温州文旅消费季暨 2021 塘河青灯市集全国美学大会在青灯石刻艺术博物馆启幕，近 400 家优质文化生活美学品牌、10 万余件文化生活美学作品、1500 多名手艺人、20 余场次精彩活动，带来了来自全国各地的 37.9 万人次流量和 8300 万元交易额。青灯市集倡导“生活美学”的消费新理念，打造“博物馆淘宝”的消费新空间，成为全国性美学生活市集，成为年度温州文旅消费盛会。

乡村旅游呈回暖态势。高规格召开全市“侨家乐”品牌民宿发展现场推进会，建成 30 家首批“侨家乐”品牌民宿，并通过举办推介活动、发布品牌民宿标准和 LOGO、成立联盟，打响“侨家乐”民宿品牌，该品牌被列为三大浙江民宿区域品牌之一。永嘉县岩头镇入选第一批全国乡村旅游重点镇，文成县武阳村、永嘉县苍坡村被评为 2021 年全国乡村旅游重点村，永嘉县云岭山地温泉旅游度假区列入全省山地休闲旅游发展试点。

实施旅游业“微改造、精提升”工程有成效。2021 年，浙江省实施旅游业“微改造、精提升”工程，温州入选省级试点县（区）6 个、试点单位 13 个，制定《温州市旅游业“微改造、精提升”五年行动计划（2021—2025 年）》。鹿城区小坝坊·慢生活音乐文创街区将临塘河的一片属于“城市暗角”的近 8000 平方米老旧民居，通过注入音乐艺术、文化创意等产业元素，塑造成集文化、餐饮、娱乐休闲等业态于一体的城市时尚慢生活地标。瓯海区“山根音乐艺术小村”项目通过对村内保留下来的 131 幢不同年代建筑的精心修缮，既最大限度地保留了江南水乡原有的建筑样貌和村落肌理，又融入了年轻群体青睐的时尚元素和消费场景，成为引人瞩目的未来乡村示范点。

（四）文艺创作呈现繁荣景象

2021 年，以庆祝中国共产党成立 100 周年为主题，温州举办文学艺术“五个一百”系列主题创作活动：百名作家写温州、百件作品展辉煌、百名文艺家走基层、百场视觉展览推精品、百场惠民活动送艺术。在文学、戏剧、音乐、舞蹈、曲艺、美术、书法、摄影、影视、民间文艺等领域出现了一批具有较高文艺水准、彰显社会价值的精品力作，文艺创作呈现繁荣景象。

“温州家人”系列电视剧收官。5 月，《温州三家人》在央视一套热播。10 年来，“温州家人”系列剧《温州一家人》《温州两家人》《温州三家人》先后在央视一套黄金时段播出，讲述了改革开放以来不同历史阶段温州人民的创业奋斗史，对敢为人先的“温州人精神”进行精彩阐释，折射出当代中国改革开放的壮阔历史进程。以地名贯于剧名并在央视一套黄金时段播出，“温州家人”系列电视剧的这种独特现象在中国电视剧史上颇为罕见。6 月，“温州家人”系列电视剧现象全国研讨会在温州举行。

网络文学声名鹊起。2021 年，温州网络文学作家创作出内容丰富、题材广泛、风格新颖的作品，据不完全统计，温州市网络作家协会会员年更新文字数量在 500 万字以上，会员的作品及改编漫画在各网站的总点击量突破

10 亿人次，5 部作品被搬上银幕和荧屏，4 部作品改编成动漫、游戏，在国内外有一定影响。《文艺报》刊发温州网络作家协会五年工作成果；《文学报》整版推文《在守正创新中构筑文学高地》，提出“网络文学的温州现象”；蒋胜男原著及编剧的《燕云台》入选中国网络文学影响力榜 IP 改编榜；陈酿的《传国功匠》获“第五届中国出版政府奖提名奖”；网络作家善水出席中国文联十一大、中国作协十大会议。9 月，由中国作家协会、浙江省人民政府主办的“2021 国际网络文学周”于嘉兴乌镇开幕后移会温州，在温州举办网络文学 IP 发展大会等系列活动，该活动为 2021 年世界互联网大会的重要组成部分。温籍著名舞蹈家山翀、黄豆豆当选新一届中国舞蹈家协会副主席；温州陶瓷美术家杨学棒作品展在浙江美术馆举行；苍南县举办首届“中国童谣文化之乡”活动；温州市文联召开第九次代表大会。

（五）对外文化交流稳步开展

近年来，温州市以文旅营销“一盘棋”的姿态，重视开展对外文化交流，主动对接大上海、融入长三角、拓展港澳台，成为亚太城市旅游振兴机构（TPO）会员城市，加入长三角红色文化旅游区域联盟，荣膺“国际山水诗自驾地”“中国文旅融合高质量发展示范城市”“中国最美旅游城市”“长三角最佳文旅融合城市”等称号。2021 年文化交流方面最大的利好消息是，8 月 30 日，第十二次中日韩文化部长会议宣布，温州市与山东省济南市、日本大分县、韩国庆州市四座城市共同当选 2022 年“东亚文化之都”。当选城市可参与国家级对外文旅交流、国家入境旅游市场开发、海外旅游推广、亚洲旅游促进计划实施，可被推荐参与“一带一路”文旅产业国际合作、亚洲地区文旅年重点项目实施等。

二　当前温州文化发展存在的问题

2021 年，温州文化建设受新冠肺炎疫情等因素影响，还存在着不少问题。

（一）城市文化品牌识别度不够高

改革开放以来，温州先后获得“国字号”荣誉达200余个，其中文化类或者与文化紧密关联的占据很大一块，诸如，国家历史文化名城、全国文明城市、中国最具幸福感城市、国家公共文化服务体系示范区、国家文化和旅游消费试点城市、中国木雕艺术之乡、中国黄杨木雕之都、中国石雕小镇、中国刺绣艺术之乡等称号。然而牌子虽多，却缺少一块辨识度特别高、能做到全国家喻户晓的金招牌。如何以“一个文化核心要素代表一座城、一句话叫响一座城、一部典藏介绍一座城、一个城市标识点亮一座城”的问题还没有得到很好解决。以“数学家之乡”为例，中国现有温籍数学专家学者1000多人，其中享有盛名的学者、教授超过200人，并且超30人担任过著名大学数学系主任或研究所所长。但数学家教育实体阵地建设相对薄弱，数学历史挖掘不充分，数学旅游景点打造不给力，对外宣传不到位等原因，造成温州的数学知名度在全国不高，甚至很多本地市民也不知晓。

（二）公共文化设施利用率较低

公共文化设施利用率不高。近年来，温州市加大公共文化服务投入力度，全市公共文化设施面积达97.15万平方米，每万人拥有设施面积达1050.22平方米，居全省第2位。但大量公共文化设施的利用率并不高，尤其是疫情常态化防控背景下。比如，近几年共建立了3000多家农村文化礼堂，但相当多文化礼堂使用率比较低，发挥作用相当有限，文化氛围营造不足，存在不按时开放现象；大量乡村公共文化服务产品相对单一，个性化服务匮乏，难以有效对接群众的文化需求，特别是对年轻人群体总体上吸引力不足。

大量公共文化设施缺乏辨识度。近年来温州实施乡村振兴示范带建设工程，兴建了109条乡村振兴示范带，投入了大量人力、物力、财力，全市乡村风貌总体上发生了可喜变化，但本土特色文化没有得到很好的挖掘和利用，大量文化设施建设风格雷同，缺乏吸引力。

一些乡村艺术团不够活跃。乡村艺术团是温州继城市书房、文化驿站之后着力推出的公共文化服务品牌，它使村民成为乡村文化舞台的主角；然而，经济实力较差乡村的活动经费问题普遍困扰着乡村艺术团，部分团队组织制度建设滞后，无法进行独立财务核算，一些经费补助支持难以走正规流程直接拨付到位。虽然全市 2700 多支乡村艺术团总体上使基层文化阵地呈现“活起来”“火起来”的景象，但有相当部分并没有充分发挥作用。

社会力量参与公共文化服务的政策扶持力度不大。对于付出巨大且表现优秀者并没有特别扶持举措，一定程度上伤害了社会力量参与的积极性。

（三）文化遗产保护开发力度不足

温州作为有 2200 多年建城史的国家历史文化名城，文化底蕴深厚、独具特色、自成体系，但保护、挖掘、利用尚存在诸多问题。

海上丝绸之路文化遗迹保护和研究不足。温州是“海上丝绸之路”的重要“喂给港”，在航海、窑址、宗教、开矿、造纸等方面遗留了很多与海上丝绸之路相关的珍贵文物古迹。但其长期没有列入城市文化建设重点，保护性法律法规和规划制度建设滞后、投入资金严重不足、保护和开发协调机制匮乏、安全隐患突出、研究和宣传不到位，造成大量文化遗产随着城市的建设不断消失。以苍南金乡为例，金乡是省级历史文化名镇，明朝时曾是全国海防重地，如今辖区内的古城墙、鲤河等卫城古迹均已毁坏，老街的明清建筑像余家大院、潘家大院等由于年久失修大部分坍塌，明清建筑风采基本荡然无存。

历史文化名人资源挖掘不够。温州历史文化名人众多，但一些历史名人文化资源长期“养在深闺人未识”，外地人对此所知甚少，连温州本地人也了解不多。比如，北宋许景衡不仅是一代名臣和杰出的政治家，而且还是位学识渊博、精通古今的学者和诗人，是温州“元丰九先生”之一，然而，在瓯海区丽岙街道，除了有一个许景衡故里的牌匾外，没有任何信息，根本看不出许景衡在当地有何影响力。

2021 年最受重视的是永嘉学派，对其整理、研究、展示、传播也存在不少问题。以 12 月底开馆的永嘉学派馆为例，官方宣称“永嘉学派馆是市委文化工作会议之后首个亮相的重大文化项目，成为新时代文化温州新地标”，其实，这个600多平方米的场馆和匆忙布展所呈现的内容很有限，根本称不上“文化新地标”。

（四）文化产业缺乏龙头项目支撑

据温州市宣传部文产办公布的数据，2020年温州市实现文化产业增加值342.2亿元，总产出940.11亿元，占GDP比重达5%。建成了国家广告产业园1个、省级文化产业园区4个、省级文化创意街区11个，打造文化产业集聚发展平台；1家文化企业深市上市，10家挂牌新三板；2021年规限上文化企业有584家，3家企业入选省重点文化企业（含数字文化企业），75家企业入选省成长型文化企业。总体来看，缺乏具有核心带动、强大吸引力、牵引性的旗舰工程、龙头项目；文化产业中高科技含量的企业比较少；政府支持力度比较小，政策兑现情况差，不少文化产业政策申请已经很久，至今未下达补助资金；很多文化项目设计师缺乏本土文化素养，导致文化产品辨识度不高；文旅融合没有真正融合到位，还是文化归文化、旅游归旅游。

（五）优秀文艺人才青黄不接

当前温州文艺精品创作有高原缺高峰，如何创作出一批既能充分展示温州人文精神又深受群众喜爱的“大作、大戏、大剧、大片”是一个大问题。温州文艺人才特别是优秀青年文艺人才急缺，青黄不接乃至断层问题严重。自温州歌舞团解散后，缺少舞蹈编舞人才；瑞安鼓词、乐清剪纸等相对热门艺术门类后继乏人，瑞安高腔、苍南渔鼓等冷门艺术将要面临消失。一批优秀文艺人才流失，如演员由腾腾，作家钟求是、哲贵，剧作家施小琴等先后调离温州到其他城市发展；缺乏进行创作、交流、展示、排练、会务等的综合性文艺场所；文艺经费投入远远不及杭州和宁波等城市，与城市规模小于温州的绍兴、丽水等地相比也相差甚远，难以吸引高规格、大规模的国家级、省级文艺活动和项目；大部分文艺工作者不熟悉运用互联网、大数据、人工智能等技能创新文艺新形式。

（六）对外文化交流渠道不够多

温州作为全国重点侨乡，有 70 万名温州人在全球 131 个国家和地区发展，但在加强国际传播能力建设，讲好温州故事、展示浙江窗口、彰显中国精神方面做得很不够，只是满足于向国外提供一些表层的文化符号，缺乏具有公信力影响力传播力引导力的主流舆论智媒传播平台。在疫情背景下，温州对外贸易表现良好，温州海关统计显示，2021 年，温州市进出口总值达 2411.2 亿元，其中出口额为 2035.8 亿元，进口额为 375.4 亿元。温州机电产品出口额为 1053.5 亿元，鞋类、服装类出口额为 336.9 亿元，高新技术产品出口额为 72.3 亿元，文化产品出口量极少。

三　2022年温州文化建设对策建议

2022 年 3 月，温州市第十三次党代会提出“千年商港、幸福温州”城市定位，打造文源深、文脉广、文气盛的城市。温州应秉持“在共同富裕中实现精神富有，在现代化先行中实现文化先行”理念，把文化建设摆在更加突出的位置，在重大人文社科理论研究、重大文化建设项目、重大文化工作抓手、重大文化平台、重大文化主题活动、重大文化体制机制改革、重大文化政策等方面取得突破性进展，持续提升文化软实力，赋能温州高质量跨越式发展。

（一）提升公共文化供给能力

形成一批重大标志性文化项目。结合城市未来发展需求和城市文化特质，规划建设一批国内一流的文体设施，包括温州新国际会展中心、温州美术馆、温州市非遗馆、温州工艺美术博物馆等功能性支撑性地标项目，形成具有高辨识度的城市文化地标，为温州文化精品的创作、展示、交流提供良好的空间平台。

建设一大批“小而精、小而美”的文化空间。温州有 146 个古村落、

13 条省级历史文化街区、500 多个老旧小区，这些都是浸润了温州文化元素、乡愁韵味浓厚的宝贵资源，建议以“绣花”功夫推进“微改造、精提升”工程，营造一大批“美学微空间”，从而形成高水平“15 分钟品质文化生活圈”，进一步提升社会公众对温州文化的认同感自豪感。

鼓励社会力量参与创办民办博物馆。市委提出要打造“中国民办博物馆之城”，各地各有关单位要大力支持各类博物馆、美术馆、展示馆“民办公助”模式，让艺术家、收藏家、企业家互动起来，在社会力量办文化中得到充分展现。系统梳理现有的公共建筑闲置空间、闲置用房、工业遗存、厂区改建，制定出台名家工作室品牌化规范化建设标准，让设计感、时尚潮、文艺范的博物场馆在温州的大街小巷涌现。积极推进各县（市、区）国有综合博物馆提升发展，深化博物馆、美术馆、展示馆“民办共助”模式，形成国有馆帮扶民办馆、综合馆携带专题馆的格局。

发挥“全民阅读示范城”品牌的引领作用，继续完善以公共图书馆、城市书房、农家书屋、实体书店等为支撑的公共阅读服务体系，打造全民阅读的书香之城。

当前，人工智能、大数据、云计算、移动互联网和物联网等数字科技正在蓬勃发展，数字化已经深刻影响着公共文化服务体系的共建共享，温州应积极运用数字技术与网络技术，积极推动公共文化资源联网上云，努力扩大公共文化服务的覆盖半径，提升服务品质。

（二）加大文化遗产传承力度

中国共产党建党百年之际，党中央提出“坚持把马克思主义基本原理同中国具体实际相结合、同中华优秀传统文化相结合”，具有重大而深远的时代意义。流淌千年的瓯越文脉是城市的共同记忆，是老祖先留给温州的最好礼物，应深入实施“文化基因解码工程”，把瓯越文化中具有当代价值、现实意义的文化精髓和精神标识提炼出来，并培育一批解码成果转化利用示范项目。

鹿城山水斗城格局是中国古代堪舆学运用的典范，2023 年又是纪念郭璞筑城 1700 周年之年。建议加强朔门历史文化街区、庆年坊历史文化街区等历史文化街区保护提升和开发利用，尽量恢复古城历史风貌，活态重现“山水斗城”格局。深入挖掘古城历史文化资源，将温州城市特色、历史、文化和产业特点有机地融入商业街区的改造提升中，培育集历史风貌、品牌购物、美食品鉴、休闲娱乐、文化创意和交互体验于一体的特色街区。

永嘉学派是温州文化的“金名片”，应深入挖掘和提炼蕴含在其中的精神内涵和时代价值，形成一批具有较高学术水平和较大社会影响力的研究成果。温州拟以永嘉学派馆为核心，以海坛山公园为背景，打造永嘉学派文化园二期，计划于 2022 年启动，建议务必精心谋划和打造，使之真正成为最具辨识度、最具瓯越文化特质的新时代文化温州新地标。

温州“海上丝绸之路”古迹是一笔不可再生的宝贵财富，应尽快出台《温州市海上丝绸之路遗迹保护办法》等规范性文件，为保护和开发提供法律、法规依据；建立专项基金，加大对遗迹保护的财政投入；加大研究力度，充分挖掘其丰富内涵和文化价值。

温州非遗资源极其丰富，以文化和旅游部开展“非遗在社区”试点工作为契机，积极探索温州非遗保护发展的有效方式和途径：推动非遗保护地方立法，放大“非遗在社区”国家试点效应；争取举办国际性非遗活动，提升温州非遗在国内外的影响力；创新推进非遗在景区、街区、园区、校区的拓展工作。

加强文物保护利用，加快申报泰顺廊桥世界文化遗产、苍南矾矿世界工业遗产工作步伐；努力做好永嘉枫林省级千年古城复兴试点工作。

（三）引进和培育文化产业龙头企业

针对文化产业缺乏龙头项目，建议积极引进头部企业、头部运营商落户温州，引进影响力、号召力、综合实力强的行业领军企业和头部运营商，打造自带流量、让人慕名而来、年轻人必来打卡的文旅“超级 IP”。

文化产业发展很多时候是在跨界融合中激荡出火花，实现出圈破圈，要敢于跨界、善于融合，以数字文旅建设为抓手，赋能文旅产业转型升级。鼓励文化企业利用多层次资本市场发展壮大，跨区域、跨行业开展兼并重组，让温州多彩文化与数字、科技、会展、时尚、IP、动漫、创意、场景、演艺、夜游等业态融合发展，形成新型文化业态，用文化的最大变量提升经济社会发展的最大增量。

积极探索“国家文化和旅游消费试点城市”建设的“温州模式”。大力推动文化和旅游各领域、多方位、全产业链深度融合，培育文旅消费新场景，形成一批文旅消费集聚区。加大文旅宣传推广力度，打响瓯江夜游、夜画塘河、青灯市集等文旅 IP，打响“诗画山水、温润之州”的文旅品牌；加强文创产品开发，将更多瓯越文化元素融入伴手礼；利用“林斤澜短篇小说奖”“琦君散文奖”“金骆驼奖”等重要文学奖项永久落户温州，中国国际网络文学周、中国儿童文学动漫周在温州举办的契机，培育以文学为主体，拓展编剧、影视、娱乐、动漫、游戏等上下游的全产业链，打造独具温州特色的文学 IP 产业，形成文旅消费新增长点。

（四）加强文艺人才队伍建设

时代为文艺繁荣发展提供了广阔舞台，温州文艺界应认真贯彻落实习近平总书记《在中国文联十一大、中国作协十大开幕式上的讲话》精神，围绕迎接宣传贯彻党的二十大这一主线，创作一批既充分展示温州人文精神又深受人民群众喜爱的扛鼎之作。

在文艺精品创作方面，深入总结提炼“温州家人”系列剧经验做法，聚焦时代命题和重大主题，做好中长期创作生产规划，加大组织化力度，集中力量办重大文艺创作项目，特别是冲刺中宣部、省委宣传部“五个一工程”奖和全国文艺家协会评奖的作品。

在培育优秀文艺人才方面，推进“优秀文艺作品扶持”，争取提高扶持资金总量，提高个人创作项目的扶持力度，通过扶持让优秀作品得到出版、展演、获奖以赢得声誉。出台文艺人才评价机制，建立专业权威的文艺评奖体系，设立综合性文艺大奖或恢复温州市文艺创作奖，用奖项推动创作。建成集文艺家学习、培训、活动、创作于一体的文艺家活动场所。

在引进优秀文艺人才方面，开展内外温州文艺人互动，推动温籍文化名家柔性回归，通过高水平建设文化名家工作室等系列举措，鼓励温籍文化名家通过兼职从事咨询、讲学或开展项目合作、定期服务等方式向家乡柔性流动。文化人才引进要打破学历、职称等限制，不拘一格。

在“互联网+文艺”方面，注重推动网络小说、漫画、游戏等新文艺形式越来越多地进入电影、电视剧、网络视频的创作中，实现文艺创作与新技术、新业态、新模式、新媒体的有机融合。

在文化体制改革方面，贯彻落实《关于深化国有文艺院团改革的意见》，推进市属国有院团内部管理机制改革，实行“一团一策”，推进分类改革，激活内部机制，完善财政保障机制，力争实现社会效益和经济效益双丰收。

（五）拓展对外文化合作交流渠道

“文明因多样而交流，因交流而互鉴，因互鉴而发展。”利用温州地域文化的资源优势、遍布全球的世界温州人网络优势、对外开放的先行优势，依托世界青年科学家峰会、世界温州人大会、中国国际网络文学周等重大节会平台，依托2022年“东亚文化之都·中国温州活动年”和亚运会龙舟大赛等重大活动载体，发挥“敢为天下先”的温州人精神，加强“一带一路”国际文化交流，开展与东亚文化之都、东盟文化城市、欧洲文化城市之间形式多样、内容丰富的文化和旅游交流合作，向世界展示一个具有诗意、活力、开放、幸福的温州。建设一批体现温州特色、代表中国形象、具有国际影响的人文交流基地，使之成为“世界看温州”的闪亮窗口。

大力发展对外文化贸易，推动带有鲜明温州印记的艺术作品和文化产品走向国际市场。推进文化企业参加重要国际性文化节展和对接活动，增强国际市场开拓能力。提高现代文化传播能力。加快建设温州智媒信息港，积极推进媒体深度融合发展。借助短视频等传播形式，与抖音、快手等短视频公司开展合作，有效放大温州声音。

B.15
温州文旅融合发展研究报告

谢中榜*

摘　要： 温州文旅融合的发展趋势显著增强，空间格局逐渐明朗、业态推陈出新、品牌创建频有亮点、企业创新能力有所提升，文旅产业在推进共同富裕过程中的作用日益突出。这得益于近年来温州持续完善政策体系，不断加快文旅消费高地建设，不断创新文旅公共服务方式。当然，体制机制、实践创新、空间建设的不足也是客观存在的，因此要继续深化改革，鼓励创新实践，形成关键性制度突破，推进文旅产业向纵深化、高质量发展。

关键词： 文旅融合　文化消费　温州

面临新冠肺炎疫情等不确定外部因素导致的持续性消费需求收缩压力，适应疫情防控常态化、稳住行业“基本盘”成为2021年温州旅游业发展主基调。但是，危机中孕育先机，变局中可以开新局，文旅融合发展的趋势明显增强，温州旅游业主动向内涵式发展转型、向优质发展转型，取得的成绩可圈可点。本文立足于温州推进文旅融合发展的实践举措，总结其中的成效与问题，在此基础上对下一阶段旅游业发展做出趋势判断并提出政策建议。

* 谢中榜，中共温州市委党校（温州市行政学院）副教授，主要研究方向为文化学。

一　温州文旅融合发展的基本状况

（一）文旅融合空间格局初显

温州正着力构建“一核两带三区”国际化休闲度假旅游城市的发展空间架构，在乡村振兴示范带、西部休闲产业带等原有基础上，集中力量推进“瓯江山水诗路”建设，按照特色性、关联性等原则梳理出关键文化节点，已形成“千年古城、山水诗源、田园乡情、永嘉之学、百工百艺、红色浙南”六大文旅融合空间主题，特色文旅产业集聚发展的空间格局初具，古城风貌、塘河水系、黄金海岸线等文旅空间区块的亮点突出。

传统街巷改造激活商圈。2018 年以来，温州以五马街区改造提升为突破口，先后实施了蝉街、五马街、公园路以及部分背街小巷改造提升工程，将温州城市历史、文化特色有机地融入城市传统商圈，汇聚了吃、住、行、游、娱、购 6 种消费场景。现五马街共有 125 家商铺，其中文化旅游业态 2035.9 平方米，占比为 5%；禅街共有店铺 93 家，文化旅游业态 742.25 平方米，占比为 5%；公园路共有店铺 85 家，文化旅游类业态 5468.54 平方米，占比为 30.1%。改造后，五马步行街从原来的 424 米扩展为 1400 米，街区商业面积从 5 万平方米增加到 20 万平方米，2019 年人流量达到 1103 万人次、营业额达 32.6 亿元，2020 年国庆节期间街区日流量达到 20 万人次，成功入选首批国家级旅游休闲街区。各县、市（区）也有一批项目进行了改造提升，瑞安历史文化街区、龙港龙跃路步行街等重新激活了当地的老商圈。

塘河水乡文化空间复现。2021 年，温州加快了对塘河沿线传统建筑物的局部改造、功能置换、保留修缮，并结合建筑滨河水岸特点打造富含文化、烟火气息的特色建筑空间群落。梧田老街是浙江省第六批历史文化街区，被纳入“152”工程及“大建大美”项目库。梧田老街改造项目立足于塘河“河居文化”的文化形态延续，重点保护两岸骑楼空间，营造“榕、亭、桥、庙、水街”的空间形态，旨在打造具有温州水城文化特征的城市人文新地标。塘河沿岸的另一个节点“山根音乐艺术小村”项目，最大限度地保留了江南水乡原有的建筑样貌和村落肌理，又融入了年轻群体青睐的时尚元素和消费场景，同时新建一批具有异域风情的现代建筑，新老建筑相融共生，呈现出新的生机活力。目前，印象南塘街区、梧田老街、塘河时光和塘河民办博物馆群、山根音乐艺术小村等文旅项目已经连成一片，形成初步的空间规模化效应。不同历史时期的文化多元、风格迥异建筑在塘河畔滨水而立、串珠成链，成为定格温州城市记忆、传承文化基因的水乡文化空间。

沿海景观空间连点成线。龙港、苍南的“168 黄金海岸线旅游产业带”已接续“东部滨海休闲旅游带”，构成了温州海洋文化旅游的带状结构，显现出良好的集聚发展效应。2017 年，苍南就开始组织编制《苍南县 168 黄金海岸资源保护与旅游开发规划》，后通过环海道路改造提升与产业导入有机结合，将卫、所、堡、寨等抗倭历史文化资源与鹤顶山、渔寮沙滩、炎亭沙滩、雾城沙滩、南北关岛的自然资源整合成线，同时积极引进国内知名企业合作开发，导入旅游以及医疗康养、教育等各类产业，形成总投资 150 亿元以上的产业综合平台。随着雾城旅游综合体、金乡欧乐湾海洋生态养生旅游区、赤溪棕榈湾滨海旅游度假村等优质旅游项目的推进，168 公里黄金海岸线已成为“浙江美丽南大门”的标志性工程。

乡村文化旅游遍地开花。在新冠肺炎疫情防控常态化背景下，短途周边旅游成为温州游客的首选，而出行便捷、亲近自然、人员密度低等优势，让温州的乡村文化旅游率先复苏并持续稳步增长，呈现出多点开花的空间发展格局。温州全市已创建 1013 个 A 级以上景区村（其中 3A 级 199 家），竹里村、武阳村、苍坡村被评为 2021 年全国乡村旅游重点村，永嘉县岩头镇入选第一批全国乡村旅游重点镇，永嘉云岭列入全省山地休闲旅游发展试点，“烽火岁月”之旅入选“百条全国红色旅游经典线路”，伯温故里乡村休闲二日游入选 300 条全国乡村旅游精品线路。2021 年，温州全市乡村旅游接待人数、经营总收入分别同比增长 58.85%、57.54%，强势带动乡村相关产业发展。

（二）文旅业态发展推陈出新

2021年，“生活美学”开始引领温州文旅新趋势，跨界融合造就了一大批新业态、新模式，涌现出青灯市集、小坝坊这样的网红打卡地。“现象级”文旅项目的出现，也给温州文旅产业朝着高质量、个性化的方向发展树立了样板。

青灯市集打造出年度温州文旅消费盛会。2021年4月21~25日，温州文旅消费季暨2021塘河青灯市集全国美学大会在青灯石刻艺术博物馆启幕。市集设有器物、手作、文化展览和艺术空间等区域，来自全国各地的生活美学家以其鲜明个性、独特布景和精美展品构筑出“小而美”“小而精”的美学生活空间。近400种优质文化生活美学品牌、10万余件文化生活美学作品、1500余名手艺人、20余场次精彩活动，带来了来自全国各地的37.9万人次流量和8300万元交易额。从2020年元旦的初次试水，到2021年的大放光彩，青灯市集仅用一年多时间就实现了从温州走向全国的惊人跃升，奠定了全国性美学生活市集的领先地位，成为展示文化温州之美的窗口、引领文化新生活的航标、推动文旅消费新模式的探路者。

小坝坊创造出温州文旅融合的时尚潮流。小坝坊原本是坝接桥旁的一片老旧民居，总占地面积约8000平方米，属于典型的“拆不掉、管不好”的城市暗角。项目通过注入音乐艺术、文化创意等产业元素，成功将小坝坊塑造成集文化、餐饮、娱乐休闲等业态于一体的城市时尚慢生活地标。小坝坊发展定位是营造文化氛围和引导全新社交理念，流行音乐、时尚潮玩、装置艺术圈内“自带流量”的资深达人纷纷入驻，剧本杀、livehouse等备受年轻人追捧的新消费业态在这里集结，一开业就迅速成为刷屏温州人朋友圈的热门打卡地。当前温州正在深度推进“微改造、精提升”工程，旨在挖掘文化内涵和提升游客微观感受，像小坝坊这样由老旧民居变身文创街区的项目将越来越多。

夜游体验项目成为文旅发展的生力军。进入2021年，温州全面开启了“全域夜游”新模式，各县市区纷纷推出了具有地方特色的夜间旅游项目，楠溪江星巢音乐营、雁荡山布谷音乐会、温州乐园音乐啤酒节、龙湾音乐美食文化纳凉等轮番登场。其中，“瓯江夜游”“塘河夜画”“夜游楠溪”已成为有一定影响力的文旅品牌，“印象南塘”获评长三角夜间文化和消费样板街区。以“夜游楠溪”为例，该项目引入了“麋鹿星球艺术营”专业团队，打造出“音乐节+旅游”的新模式，衍生出大地艺术、文创发布、农场特展、香鱼烹饪、街头杂耍、滩头烟火、爵士演出、夜幕派对、水上运动等系列子项目，有效带动了周边古村落的游客流量，已成为乡村文化旅游的新样板。

（三）文旅品牌创建亮点频出

文旅融合为星级旅游景区创建提质增色。温州正在持续擦亮文化 IP，不断为景区注入内涵与赋予特色，推动文旅产业形成差异化发展的内在动力。平阳推动“浙江省一大”旧址群入选中宣部红色基因库，洞头推动海霞精神纳入浙江精神谱系，文成大力弘扬、传播刘基文化，乐清主攻铁皮石斛养生文化，全市各地都在深挖文旅 IP 的价值。2020 年以来，温州景区星级创建成绩十分出彩，取得了历史性重大进展。文成县以刘伯温文化为主线串联，将百丈漈、刘基故里（刘基庙）和安福寺三个核心景区打包，打造集历史名人文化、佛教文化、民俗文化、廉政文化、生态文化等多元文化于一体的综合型旅游目的地，成功创建国家 5A 级景区。这是自 2007 年雁荡山风景名胜区创成 5A 级旅游景区以来，温州第二家国家 5A 级旅游景区，为温州文旅产业迎来了新的发展机遇。此外，平阳浙南（平阳）抗日根据地旧址、乐清市铁定溜溜景区通过了国家 4A 级旅游景区评定，目前全市 4A 级及以上景区数量达 23 家，居浙江省前列。

文旅融合为争先创优注入强劲动力。得益于文旅融合的深度推进，2021 年温州在全国、省级文旅体统优秀创建活动中频频出彩。在“2020 浙江文化和旅游总评榜”评选中，温州共有 10 个项目和单位上榜。全年共创成省级全域旅游示范区 6 个、省级旅游风情小镇 10 个，创成省级红色旅游教育基地 3 家。雁荡山风景名胜区、永嘉楠溪江风景名胜区、温州南塘文化旅游区等6家景区获评“浙江省智慧旅游景区”；文成百丈漈和泰顺乌岩岭入选浙江省第二批“名山公园”，雁荡山入选全省首批“大花园耀眼明珠”；泰顺廊氡创国家级旅游度假区已迎接国家验收；五马街列入首批省级旅游休闲街区公示名单，同时入选第一批省级夜间文化和旅游消费集聚区，并被推荐申报国家级旅游休闲街区。文成花城食用花卉养生基地成功入选浙江省中医药文化养生旅游示范基地；南塘中医药特色街区入选浙江省中医药文化养生旅游示范基地；浙江卓诗尼鞋业有限公司入选“浙江省工业旅游示范基地”；温州金海岸开元度假村被评为“浙江省金鼎级特色文化主题饭店”。

（四）文旅企业创新能力增强

技术创新成为文旅企业提升能级的驱动力。经历过疫情的洗礼，温州文旅企业逐渐形成共识：只有通过技术创新将文化创意内容呈现为更具沉浸感、生动化的文旅场景，才能在竞争激烈的文旅消费市场上站稳脚跟。例如，“温商回归”企业浙江伍马奥恩科技有限公司致力于5G及AR、VR等虚拟现实技术的旅游场景开发，既可以让游客虚拟游玩温州名胜古迹，也可以增强景区实地深度体验，助力景区打造“爆款”文旅场景。又如雁荡山景区，与驴妈妈集团签署战略合作框架协议，借助该企业在旅游项目规划、文创IP打造、数字化发展方面的研发能力和技术优势，旨在为传统老牌景区的转型提升注入活力，实现时尚化、流量化发展。此前雁荡山景区还与浙江安防职业技术学院签署战略合作框架协议，双方在创新人才培养培训、产学研合作、技术服务交流和科研成果转化等方面深度合作，后者为雁荡山打造成为国内一流的旅游目的地提供相应的技术支持。

商业模式创新为文旅企业多元化发展拓宽路径。为了克服疫情对旅游业的冲击，温州文旅企业勇于探索“新客群+新路子”，通过产品和服务创新满足群众品质化和多样性消费需求，在疫情防控常态化中寻求新的发展。为了拓展非节假日的高品质周末度假市场，2021年底“温州度假盲盒”在同程旅行平台线上开售，吸引了40多家温州旅游企业和景区积极参与，线上活动总曝光量超1000万次，已有数万名游客付款参与。这场营销活动将盲盒与文旅相结合，通过企业让利和市文广旅局适当补贴，为市民和游客提供实惠文旅产品，成功带动了一批“温州人游温州”“浙江人游温州”“在温州过大年”的新客群，以新玩法打开温州市本地游、周边游的新路子。民宿行业还推出了会员制民宿卡，即消费者向平台缴纳一定费用，便可以在一定时间内不限次数地免费入住与平台合作的民宿，这样可以带动淡季、非节假日民宿及其周边景区的消费。

（五）文旅融合助推共同富裕

文旅融合为乡村产业发展开辟新通道。例如，苍南县旅投集团与各乡镇开展乡村振兴产业合作，将旗下知名旅游品牌“苍农一品”转化为推进共同富裕的有力抓手。目前“苍农一品”已开设 14 家门店，进驻旅游集散中心、高速服务区。门店设置美食体验区、文化展示区、观影休闲区及特色产品展销区，海参、虾皮、炎亭鱼饼、老李卤制品、玉苍茶籽油、五凤茶叶、赤溪紫菜等苍南本土优质农特产品热销，快速带动了当地农民的致富增收。目前，温州已有多个县、市（区）将区域农业品牌融入文旅发展，形成了线上销售与线下体验相结合的营销模式，取得了一定的成效。

文旅融合为乡村可持续发展提供新思路。通过旅游业“微改造精提升”，一些乡村突破了“涂脂抹粉”、大拆大建的老路，以小投入换来了大回报。例如，瓯海山根村经过项目改造，既最大限度地保留了江南水乡原有的建筑样貌和村落肌理，又融入了年轻群体青睐的时尚元素和消费场景，迅速成为引人瞩目的未来乡村示范点、乡村旅游新地标、文艺创作“网红”基地和“诗意栖居”向往地。在此基础上，山根村还提出“原乡人”共享发展、“新乡人”创新创业、“归乡人”寄托乡情、“游乡人”体验生活的“四乡人融合”理念，旨在构建共建共享的利益格局。

文旅融合为乡村跨越发展搭建新平台。2021 年，洞头区被浙江省文化和旅游厅认定为 4A 级景区城，文成县铜铃山镇被认定为 5A 级景区镇。温州的 4A 级景区城、5A 级景区镇总数分别达 3 个、2 个，居全省地级市前列。泰顺岭北乡村尾村以“一米、一娱、一宴、一宿、一节”为场景，注重旅游赋能、打造共富未来乡村，入选首批12个“浙江省文化和旅游促进共同富裕最佳实践案例”。得益于这些平台，各种优势资源在短期内向创建乡镇汇聚，形成了马太效应，有力推动设施建设、环境卫生、产业集聚等方面快速突破。

二　温州推进文旅融合发展的主要举措

（一）不断完善文旅融合政策体系

近年来，温州制定出台了《关于激扬新时代温州人精神　高水平推进文化温州建设的决定》《温州瓯江山水诗路建设三年行动计划（2021—2023）》《温州市推进国家文化和旅游消费试点城市建设工作方案》《大力培育发展“温州新消费”加快打造区域消费中心城市实施方案》《温州市旅游业“微改造、精提升”五年行动方案（2021—2025年）》等文件，形成了包括引导发展方向、解决瓶颈问题、推动创新发展等维度的政策体系，有力推动文旅产业实现健康、快速发展。

一方面，这些政策着眼长远、着眼未来，可以引导文化和旅游企业创新发展，增强抵御风险挑战能力、创新发展活力。例如，深化供给侧结构性改革、加强需求侧管理，更好融入和服务构建新发展格局；文化和旅游与科技融合，催生产业发展新动能，把握创新发展规律，营造有利于企业创新的政策环境。另一方面，这些政策着眼于为文旅企业纾困解忧。温州的文旅管理部门在抓落实上持续下功夫，努力推动各项政策落地见效，推出了更多更实的针对性举措，帮助文化和旅游企业妥善应对疫情影响，走出困境、恢复生机、创新发展。在政策合力的作用下，2021年温州文旅消费市场整体繁荣有序，全市累计接待海内外游客4957.8万人次，实现旅游总收入657.1亿元，分别比上年增长11.4%和16%，较疫前恢复程度居全省前列。

（二）稳步推进重大文旅项目建设

在文化和旅游重点项目谋划方面，温州紧紧围绕“一核两带三区”休闲度假旅游发展空间布局，聚焦全域旅游、度假养生、文化休闲、海岛体验、餐饮住宿等众多领域，通过扎实推进项目建设丰富温州旅游业态，提升温州旅游品质。2021 年，温州全市文旅建设项目共有 390 个，其中进入全国文旅项目库项目 330 个，总投资达 2164. 38 亿元。年度计划投资 230 亿元，1~11 月完成投资 347. 32 亿元，完成率达 151. 01%。各县、市（区）都在年初启动了文化和旅游重大建设项目集中开工（见表 1），同时制定重大项目的专班方案，集中力量促投资、抓进度。

表 1　2021 年温州各县、市（区）主要文旅建设项目及其投资情况

单位：亿元，个

县、市(区)	总投资	项目数量
乐清	283. 87	38
瑞安	40. 00	59
文成	52. 23	10
泰顺	114. 34	8
永嘉	131. 00	10
洞头	152. 83	24
瓯海	219. 81	19
鹿城	293. 72	40
龙湾	85. 04	11
平阳	243. 62	45
苍南	357. 85	55

这批项目中不乏投资规模大、业态层次高，而且辐射带动强、发展前景好的重大项目、示范项目。例如，天津亿联控股集团有限公司投资 108 亿元，打造文成天顶湖国际旅游度假区。这是文成县首个超百亿元文旅重大项目，也是继泰顺华东大峡谷之后亿联控股集团的第二个“温商回归”文旅大项目。该项目将利用文成的生态环境、华侨之乡、伯温故里等优势资源，打造国际化休闲旅游目的地。再如，瓯海区“山根音乐艺术小村”通过“美学微空间”营造，有效破解了旅游业“微改造、精提升”难题，其创新

经验对于文旅融合发展、城市有机更新、共同富裕都有积极意义。浙江省文化和旅游厅厅长褚子育发表于《人民日报》的《做好旅游景区微改造》一文，把“山根音乐艺术小村”作为全省旅游业“微改造、精提升”的典型示范。

（三）大力推动文旅消费高地建设

温州非常重视消费对文旅产业的基础性作用，主动顺应消费升级趋势，大力提升传统消费、培育新型消费、增加公共消费，扎实地推进温州国家文化和旅游消费试点城市建设。

以节庆活动引导文旅消费，帮助企业提振信心。新冠肺炎疫情突发后，温州文旅部门第一时间组织开展乡村旅游“提振发展”等五大行动，并借力上海旅游节等重大平台，市县联动开展“游千村·住千宿”、文旅消费季等重大文旅节庆活动，全面加速恢复文旅市场热度。温州制定出台了《关于积极应对新冠肺炎疫情影响 助力企业纾困减负稳增长的若干意见》，在2021年底又安排1.2亿元财政资金拉动文旅消费，发放包括“温享新消费”“乡村共富”“温暖之州”“文旅”等5种消费券类，推出一系列惠民文旅新产品，大批住宿、餐饮、旅游企业因此受益。

通过消费集聚区创建活动，催生一批网红景点打卡地。2021年，温州启动了“市级文化和旅游消费集聚区”评选，“南塘文化旅游区”“山根音乐艺术小村”等22家单位入选，推动山根音乐小村、塘河夜画、铁定溜溜、永嘉书院、瓯江山体灯光秀等成为“抖音打卡”的热门景点。温州市文化广电旅游局还发布了第二批8个红色旅游教育基地，海霞军事主题公园、瑞安国旗馆等景点“集体出圈”，表现十分抢眼，有力证明“红色文化”同样可以引领潮流时尚。文成县邀请杭州团队驻点梳理“产业布局、游览体验、特色活动、文化场景、科技赋能、运营管理”六大类型40余个项目，着力打造出武阳明朝艺术村、下石庄侨家乐集聚区，吸引了一大批民宿爱好者纷至沓来。

（四）大力推进文旅融合公共服务创新

扎实推进文旅公共服务数字化。温州市文化广电旅游局创新推出“5G

融媒彩信精准推送+百度搜索引擎主动推广+移动端信息平台服务”的“易游温州”一键通智慧服务，项目主要包括《温州旅游指引》5G融媒彩信服务、百度“温州城市名片”、“E游温州”文化旅游信息服务平台等文化旅游综合数字化服务内容。“易游温州”一键通智慧服务案例成功入选“全国智慧旅游公共服务平台建设运行典型案例”，浙江省仅2个案例入选。此外，温州还积极构建“全域旅游监测精品场景”城市大脑，实现一屏监控全域旅游运行，还同步启动了“公共文化服务精品场景”建设；搭建温州文旅统一预约预订入口，全市77个3A及以上旅游景区（子景区）和7个重点文博场馆已完成入驻，推动分时预约错峰旅游和在线订票。温州还上线首个未来社区文旅服务新应用“荼花未来城”，成为全省“旅游大脑+智慧旅游”多跨场景建设的领先之举。

推出文旅品牌创建的集成式服务。2021年，温州高规格召开全市“侨家乐”品牌民宿发展现场推进会，通过举办推介活动、发布品牌民宿标准和LOGO、成立联盟，成功打响“侨家乐”民宿品牌，全年高标准建成30家首批“侨家乐”品牌民宿，成为具有温州辨识度、国际范的“微旅游目的地”。同时，各个县、市（区）都在集中力量打好“当地牌”，调出“本土味”，在准确把握当地特色元素基础上，充分挖掘地方饮食文化、非遗民俗的品牌潜力。各地纷纷邀请民俗专家、美学专家，推动非遗进景区活动，评选本土“十大热菜”、“十大冷菜”及“十大点心”，助力旅游周边产品的品牌建设。此外，温州还积极组织“温州旅游抖音短视频大赛”，并在抖音上建立“诗画山水温润之州”话题，两个多月就征集到近600个短视频，作品总播放量超亿次，收到了很好的传播效果。

三　温州文旅融合发展面临的问题

（一）新冠肺炎疫情影响仍是主要制约因素

由于新冠肺炎疫情的持续性影响和阶段性突发风险，旅游业全产业链受深度牵连，其滞后效应和负外部性仍会接续释放出来。文旅消费需求受制于防疫政策的收放尺度，中小旅游企业承受巨大压力。例如，2021 年秋季青灯市集就因为突发疫情而取消，前期投入的大量人力、物力付之东流，企业承受了巨大压力。因此，温州的文旅融合发展进程仍要面对诸多不确定因素，要在短时间内形成适应常态化疫情防控的发展策略和实践举措是十分困难的，必须立足于全社会的共同努力。

（二）文旅融合发展的体制机制仍待完善

由于 2018 年文旅融合机构改革时间仓促，又没有现成经验可以借鉴，遗留了诸多问题。一些地方的文化旅游管理体制至今仍未走出“磨合期”，大大制约了文旅事业、文旅产业发展的组织力和战斗力。例如，市、县两级文旅部门的组织架构和运行机制不顺畅，纵向上文旅部门“上下协同”不足、横向上“左右同构”的矛盾突出。目前，各县（市、区）有文旅体局、旅体中心、国家级风景区管委会（正县级）、国家自然保护区管委会（正县级）、省级旅游度假区管委会（副县级）多个旅游管理主体，各自隶属于不同的管理系统，单位间容易形成利益机制和资源壁垒。单就旅游事务本身而言，其主管部门数量在机构改革后不减反增，多头管理、多重执行问题并没有得到真正化解。这就容易导致各部门对工作任务的选择性执行，有利益就积极介入、争相管理，遇到繁重任务就相互推诿扯皮。

（三）文旅产业差异化发展程度依然不高

当前，旅游业已进入深度变革期，产业结构脱旧换新，市场形势瞬息万变，克服同质化、低效率的“软肋”是关乎生存与发展的共性课题。温州在探索旅游业差异化发展过程中有所创新，但对于差异化的理解似乎仍存在误区与偏差。有些地方把差异化简单理解为博眼球、标新立异、赶时髦，热衷于快餐式旅游项目建设和旅游产品供给。还有些地方把未纳入文保范畴的传统建筑“一拆了之”，转而又大兴土木，斥巨资建造“仿古式”景观，最终又陷入新的同质化竞争，人去楼空后留下一堆烂尾建筑。究其根本，是因为没有找准关键“穴位”，无法在传统与时尚、文化与消费、投入和产出、理想与现实之间找到平衡点。这就导致理念匮乏、产品供给单一、地域文化资源挖掘不够等诸多问题，这些问题在本质上都是异曲同工的，就是难以真正实现特色化、自主化的发展。

（四）实践创新的制度探索不能及时跟进

推动文旅产业高质量发展进程中，温州探索出许多行之有效的创新举措，极大化解了文旅融合的难点与堵点，积累了宝贵的发展经验。但是，其中的许多创新举措都是通过政府一事一议或领导批示才得以通过，仍缺乏上位法律、制度支撑，无法进行广泛复制应用。例如，瓯海山根的“土地+实物建筑”同步出让方式，很好地解决了传统建筑微改造的产权问题，但是目前仍需解决“合法性”问题，至今还有一部分建筑无法办理产权证。苍南莒溪溪东村通过温州财政支农资金“折股量化”试点，让“畲族风情民宿”项目在短短一年内就快速落地，被《中国财经报》《浙江日报》等主流媒体报道，并得到了时任浙江省省长袁家军的肯定性批示。但是在后续的推广应用中，财政资金预付、工程审计等层面仍然没有打通制度藩篱，实施效果大打折扣。

四　推进文旅融合高质量发展的对策建议

（一）大力营造美学微空间，深化旅游业“微改造、精提升”

传统建筑和空间的创新性利用至关重要，可以成为温州旅游业强势崛起的一股重要支撑力量，并且温州拥有绝对的资源优势和现实基础。全市共有260多个村落，其中有较高保护利用价值的村落达146个，包括古建筑村落106个、自然生态村落14个、民俗风情村落26个，其中分布在温州城区的就有20多个。除此之外，还有大量的老旧街区、城中村，都是浸润温州文化元素、乡愁韵味浓厚的宝贵资源。建议提炼优化“山根经验”，以营造“美学微空间”为突破口，大力推进“微改造、精提升”项目，立足乡情文化，因地制宜、因村施策挖掘文旅融合特色，打造时尚与传统融合的文化旅游消费场景，推动相关旅游线路和旅游产品发展。

（二）深化文旅组织架构改革，完善文旅融合管理体制

首先，建议各县（市、区）由政府常务副县长统一分管文旅体局、旅体中心和旅投集团，加强文旅事业、产业发展的整体性与系统性，从根本上化解“分业管理”与“文旅融合发展”之间的矛盾。其次，建议推动文旅机构二次改革，将旅体中心统一设置为文旅体局下属的副科级事业单位，承担文化旅游体育公共服务职能。针对个别县（市、区）“旅游经济发展中心”（副县级）的特殊设置，建议进一步精简编制，强化文旅体局的行政职能，逐步实现与国家机构改革要求相一致。最后，建议推动市、县两级文旅部门信息化、规范化建设，提高部门垂直管理效率，降低行政沟通成本。

（三）促进政府社会市场良性互动，鼓励专业人才大胆创新

青灯市集、小坝坊、山根小村等文旅项目的大获成功表明，文旅融合发展的关键在于“人和”：政府社会市场各司其职、良性互动、高度默契。既要发挥政府职能，提供高品质公共服务，又要尊重市场规律，把专业的事交给专业团队。尤其是要信任专业人士及其策划运营团队，政府不干预文旅项目、活动的具体操办细节，给创新创意预留了足够空间。温州已有一批艺术家、艺术设计师参与打造出一批有特色的文旅项目，如永嘉书院、楠溪书院、小坝坊慢生活创意园、徐岙底古村落等，今后应鼓励和支持有情怀、有才华的艺术家群体更多地参与文旅融合发展。

（四）深化文旅领域产权改革实践，形成制度创新关键突破

产权是传统建筑空间微改造的核心问题之一，也是大量文旅项目难以推进的关键卡口。建议继续完善优化“土地+实物建筑”出让模式，争取从根本上解决部分不能办理产权证的问题，保障实际产权人和经营主体权益。鼓励古村落功能区经营权、使用权置换实现流转，把古村落资源纳入集体经营

的轨道中。支持村民以其所有的古建筑租赁或入股，同时吸收社会资金入股，参与古村落的保护、经营和收益。

（五）优化文旅融合的运行机制，提升文旅领域行政效率

要坚持多规合一的思路，强化文化、旅游在经济社会发展规划中的地位，进一步完善“十四五”文旅规划的执行和督查机制，提升文旅规划的法定效力和政策协调作用。要强化文化和旅游统计制度，进一步发挥文化和旅游统计数据对文化和旅游投资的引导作用。要完善政府文旅投资项目的决策跟踪反馈和风险预警机制，强化投资监督和项目公示环节，有效防范涉文旅项目的隐性社会风险。要深化文旅“最多跑一次”改革，健全权责清单动态调整机制，持续推进“放管服”改革，推动旅游项目由事前审批向事中事后监管转变。

B.16
温州市历史文化街区改造提升研究

叶　菲*

摘　要： 复兴历史文化街区是城市转型发展的需要，亦是满足人民对美好生活向往的需要。本文以温州市已被认定的14个历史文化街区为研究对象，对2000~2021年已完成改造的部分历史文化街区进行梳理，发现取得成效的同时，在整体规划、改造深度、长效运管、资金筹措等方面存在问题。建议接下来的改造以复苏、梳理、提升为主基调，进一步处理好历史文化街区保护与城市现代化建设的关系，解决好历史文脉传承与经济效益的取舍问题，考虑好街区的功能定位与“三个生态”修复问题，平衡好政府主导和社会参与的关系。

关键词： 历史文化街区　温州　城市转型

历史文化街区是最能体现城市积淀、最能展现城市魅力的空间。复兴历史文化街区是城市转型发展的需要，亦是满足人民对美好生活向往的需要。因此，中国乃至世界上许多城市都在探索历史文化街区的保护、整治、改造、提升。

理论研究中，历史文化街区是指在城市中的、保留遗存较为丰富、能够比较真实地反映一定历史时期传统风貌或民族地方特色，存有较多文物古迹、近现代史迹和历史建筑，具有一定规模的地区。[①] 历史文化街区一般具

---

* 叶菲，中共温州市委党校（温州市行政学院）讲师，主要研究方向为新闻传媒。

① 林林、阮仪三：《苏州古城平江历史街区保护规划与实践》，《城市规划学刊》2006年第3期。

有三个生态：一是遗存的生态，即保存较为丰富的文物古迹、近现代史迹和历史建筑；二是文化的生态，即比较真实地反映一定历史时期一地的传统文化；三是生活的生态，即保留地方传统的社会结构和当地居民生活方式。

实际认定上，按照《住房城乡建设部、国家文物局关于开展中国历史文化街区认定工作的通知》，2015 年 4 月，住房城乡建设部、国家文物局公布 17 个省份的 30 个街区为第一批中国历史文化街区，这是我国第一次认定“中国历史文化街区”，温州尚无国家级历史文化街区，浙江省有杭州市中山中路历史文化街区、龙泉市西街历史文化街区、兰溪市天福山历史文化街区、绍兴市蕺山（书圣故里）历史文化街区等 4 个街区入选。省级历史文化街区认定上，1991 年和 2000 年浙江省人民政府公布了两批省级历史文化名城、名镇和历史文化保护区，从 2006 年第三批开始认定省级历史文化街区，温州市从第四批名单开始陆续有街区入选。截至 2021 年，浙江省已公布 6 批共 77 个省级历史文化街区，温州市入选 14 个。市级历史文化街区认定上，2006 年 12 月温州市人民政府公布第一批市级历史文化街区村镇名单，平阳县坡南街入选。本文以温州市已被认定的 14 个历史文化街区为研究对象，对 2000~2021 年已完成改造的部分历史文化街区进行梳理，提炼经验做法，并提出有关历史文化街区保护和改造提升的思考与建议。

一　温州市历史文化街区改造提升的成效

2000 年以来，温州市逐步推进历史文化街区改造。2016 年被列为国家历史文化名城后，2017 年始温州市加大推进力度，重点推进鹿城区五马—墨池、朔门、庆年坊，瑞安市公园路，平阳县坡南街等历史文化街区的改造提升。

（一）鹿城区五马—墨池

五马—墨池街区总面积约 55 公顷，核心保护区约 22 公顷，位于古城格局之“东庙、南市”，为温州传统的教育文化传播中心、商业文明重地。[①]辖区内有文物保护建筑19处、历史建筑125处，“九山五潭二十八井三十六坊七十二巷”中的诸多遗存格局依旧。

1. 五马街街区改造工程

五马街素有“温州第一街”的美誉，古称五马坊，始建于东晋，至今已近1700年历史，街长424米，宽12～13.5米，街两侧有14条小巷。禅街、公园路分别为五马街东、西两侧的延伸。

因基础设施配套落后、商圈业态层次较低、文化特性展示不足等，五马街一度陷入“本地百姓不愿来，来温游客不想来，来了还不如不来”的尴尬境地，几度被列入市政建设改造计划。2000年5月到2001年10月的五马街改造，完成建筑面积2.2万平方米，铺设道路面积7600平方米，外墙立面修缮面积5000多平方米，东段路面保持12米，西段路面拓宽至18米，地面铺青灰色花岗岩。2009年底，鹿城区有关部门实施了若干美化工程。2017年，温州市委、市政府做出部署，由鹿城区委、区政府负责落实新一轮五马街街区改造。2018年，成立鹿城区历史文化街区建设服务中心负责改造工作。经提升，五马步行主街拓展到1400米，为全省最长的高品质步行街，活化文保建筑和历史建筑23幢，改造不和谐建筑262幢，修复传统街巷9条，商业经营面积从5万平方米达到23万平方米，一定程度上修复了该街区的形态、文态、业态、生态。

2. 解放街、纱帽河商业街整治工程

解放街原名南北大街，南起人民东路，北至望江东路，长2482米，历史上是温州古城中轴线上南北贯穿的最繁华的街道。纱帽河东起解放南路，西至登选坊，长270米，宽10米，最狭处5.5米。

2003年，温州市政府对解放街、纱帽河“留旧补新、镶牙洗脸”，整个整治工程以外立面、店面招牌整治为主。整治完成后由于缺乏持续维护、业

① 章会：《城市历史文化遗产保护的路径——以温州市鹿城区历史文化街区建设为例》，《温州职业技术学院学报》2020年第4期。

态控制，公建配套跟不上时代发展，解放街只是热闹一时，后续发展不尽如人意；纱帽河因有五马街、开太百货、银泰百货等作为依托，维持了较大的客流量。2021 年，在已完成的五马街街区改造的基础上，鹿城区历史文化街区建设服务中心对解放街、纱帽河、登选坊、柴桥巷等街巷进行改造提升，完成 1.8 万平方米的后巷业态空间打造，将主街的消费业态向后巷延伸，形成更大区域的消费体量。

（二）瑞安市公园路

瑞安市公园路原名忠义街，为纪念汉末安乡侯蔡敬则而命名。1969 年填河拓宽，改名为公园路。该历史文化街区东起虹桥路，西至邮电路规划红线，北至北濠河，南至公园路沿线建筑，总用地面积约 8.08 公顷，有国家级重点文保单位玉海楼、利济医学堂和省文保单位心兰书社。

公园路改造的出发点并非街区改造，而是提升本地公共文化服务设施，由瑞安市文广新局牵头对两幢 D 级危房进行改造，后逐步扩大范围。从 2017 年 7 月至 2019 年 1 月，两期改造工程改建了两幢 D 级危房、统一提升街道南侧沿街 68 间民居建筑立面，完成文保建筑修缮、路面改造、市政管线等工程。这两期工程的建筑造价总共 1800 万元，属于小成本改造的成功范例。瑞安市名城建设中心牵头第三期公园路改造，在公园路一、二期的基础上南拓，覆盖大沙堤、小沙巷（含敢心桥）等街巷及沿线建筑。公园路的改造提升由点连线，以线带面，存故续新，一定程度上实现了街区的有机更新和文化复兴。

（三）平阳县坡南街

坡南街位于平阳县城昆阳镇南侧，从通福门到文明塔计约 2100 米长，是温州市现存的街道中最长的、原貌保护最好的一条老街，2006 年被列为市级历史文化街区，2012 年被列为省级历史文化街区，两次均为温州当年唯一入选的历史文化街区，且是最早的一个省级历史文化街区。

2012 年，平阳县成立平阳县县城历史文化街区保护建设领导小组办公室，启动坡南历史文化街区保护与整治工程，主要完成路面铺装、排污管道施工等。2020 年 3 月到 2021 年的 5 月，由昆阳镇坡南历史文化街区建设管理办公室牵头，完成平阳县坡南历史文化街区核心区示范段提升工程。该项目北起永寿桥遗址，南至毓秀桥的河东，全长约 630 米，宽 1~3 米，分两期建设。改造后，完成沿街外立面整治房屋建筑 218 间，危旧房加固修缮面积 5492 平方米，落架大修建筑 24 间，路面铺装面积 2390 平方米，古桥保护提升 15 座，护栏 680 米。因目前尚未引进业态，该街区保留了相对完整的原住民生活的生态。

温州市 14 个历史文化街区中，除了上述街区已改造完毕，其他街区的改造提升进度如表 1 所示。

表 1　温州市历史文化街区改造提升情况

入选浙江省历史文化名镇名村街区批次	街区名称	改造/提升进度	下一步计划
第四批(2012 年)	平阳县坡南街	完成一、二期建设;完成坡南街水系生态修复工程	建设通福门广场、五进圣门广场、游客服务中心、平阳县古玩市场
第四批补(2015 年)	平阳县东门街	尚无实质性行动	—
第五批(2016 年)	温州市鹿城区朔门	一期工程(望江路下穿工程)已完成 55.57%;二期工程征收安置已腾空 195 户;委托编制历史街区详细规划建设图	一期工程继续推进桩基施工;二期继续做好征收安置的房屋腾空手续;深入研究历史街区开发模式
第五批(2016 年)	温州市鹿城区夫年坊	先期开发九山西片区,正处于控规调整编制方案阶段;与属地街道对接区域内征迁事宜	优化设计方案
第五批(2016 年)	温州市鹿城区城西街	尚无实质性行动	—
第五批(2016 年)	温州市鹿城区五马—墨池	完成五马街、禅街、公园路改造提升工程;在三条主街基础上,对背街小巷进行改造提升,纱帽河及周边的背街小巷主体已完工	培育发展后巷经济、打造首秀首展平台和文化场馆、西拓街区文旅游线、打造环五马历史文化街区商圈

续表

入选浙江省历史文化名镇名村街区批次	街区名称	改造/提升进度	下一步计划
第六批(2020年)	温州市龙湾区寺前街	完成项目建议书和可研文本批复,并报专项债	对接运营公司
第六批(2020年)	温州市龙湾区宁村所	尚无实质性行动	—
第六批(2020年)	温州市瓯海区瞿溪老街	尚无实质性行动	纳入瓯海区西部生态新城整体规划
第六批(2020年)	温州市瓯海区梧田老街	北区主体完成75%;南区主体完成5%,地下室基础完成75%	2022年10月1日开街
第六批(2020年)	瑞安市飞云西路	正在编制历史街区修建性详细规划	分区块实施建设
第六批(2020年)	瑞安市丰湖街	尚无实质性行动	—
第六批(2020年)	瑞安市公园路	完成一、二、三期建设	逐步引入商业文化业态
第六批(2020年)	瑞安市会文里	尚无实质性行动	—

注：①本表由笔者自制，时间截至2021年底；②本表中街区名称规范依据浙江省人民政府公布的省级历史文化名城名镇名村街区名单。

二　温州市历史文化街区改造提升的主要举措

2000~2021年，温州市历史文化街区的改造主要采用政府统改模式，吸取了之前改造提升、运营管理等方面的经验教训。2017年以来，温州市通过强化要素保障、兼有存故续新、强调文化引领、优化业态结构、完善民生配套等举措逐步推进历史文化街区改造。

（一）强化要素保障，形成工作合力

鹿城区五马街街区改造工程总结了之前温州市历史文化街区改造的教训，专设历史文化街区保护建设与管理的机构，强化多方要素保障。一是建

立市区联动机制。市级层面，成立市历史文化街区保护建设指挥部，负责保护规划、技术指导、风貌把关、活化利用、资金筹集、项目统筹等指导性工作。区级层面，成立区历史文化街区保护建设指挥部，设立正科级的历史文化街区建设服务中心，负责政策处理、管理运营等具体改造工作。二是组建项目攻坚专班。鹿城区委组织部抽调 53 名精干人员，组建项目建设、政策处理、文化挖掘 3 个攻坚专班，动态补强 15 名精英骨干，为街区建设提供组织保障。三是各层级部门协同工作。市级部门和国有企业大力支持配合，给予鹿城区每年 2000 万元的历史文化街区保护建设专项经费，7 家市属国有企业将 46 处房产纳入属地统租和统一运营。区级部门落实最优政策，属地街道扛起政策处理主责，条块联动，齐抓共管。

（二）兼有存故续新，再现街区特色

一是以存故再现街区历史风貌。借 2016 年温州市“大拆大整”之机遇，累计收集旧石板、旧条石、老瓦、老砖 150 余万件，鹿城区五马街街区改造工程大量活用这些老建材，将其植入工程建设。平阳县坡南历史文化街区提升工程本着修旧如旧的原则，把在坡南街水系生态修复过程中挖出的旧石料进行再利用或者展呈。二是以续新呈现街区文化特色。瑞安市公园路改造提升工程着重对建筑本体进行二次加工，更加注重现代设计理念的呈现与在旧有基础上的续新。分类施策，把两幢 D 级危房改造成非遗文化展示体验馆和玉海美术馆，把旧厂房改造成鼓词馆（鼓词为国家级非物质文化遗产），对原有的学校、商场、住宅立面进行调整，以实现街区外立面的协调。

（三）强调文化引领，留住城市记忆

鹿城区五马街街区改造工程挖掘温州千年郡城文化精髓，形成文化脚本，植入工程设计方案，打造了“禅街—五马街十二景”“公园路十景”等特色文旅游线，同时打造了温州科举展示馆、府学文庙展示馆等 11 个文化项目以展示温州科举、状元、府学、山水诗、红色革命等文化内容。五马街

街区通过与高校、企业、商户、各类社会团体合作，常态化举办街区文化节事活动，持续打响“南戏故里”“东山讲堂”“温州三十六坊”等文化品牌。瑞安市公园路改造提升工程打造了非遗文化展示体验馆、玉海美术馆、鼓词馆等公共文化场所，常态化开展展览与活动。平阳县坡南街进驻了城市书房等公共文化服务设施以丰富居民精神文化生活。

（四）优化业态结构，推动消费升级

原五马步行主街（五马街、禅街、公园路）传统零售和生活配套高达75%，文化业态不足3%的低适配业态结构，鹿城区五马街街区在改造提升过程中根据路段情况，采用渐进式和集中式两种方式对业态进行调整。一是渐进式。五马街、禅街、纱帽河等街区商业相对成熟，但存在房屋权属不一的问题，故采用“引导+管控”模式，商铺租期到期后通过“业态准入审批”的方式进行动态优化，逐步清退不符合街区业态规划的低端业态，至2021年底累计更新业态689家。二是集中式。公园路改造吸取了禅街、五马街改造中的教训，更加注重顶层设计和总体规划，按照“八个统一”[①] 的要求对街区房产进行统征统租，累计整合街区房产资源1.95万平方米，引进温州三尚商旅运营管理有限公司运管，至2021年底形成零售38%、餐饮34%、文化体验16%、沉浸式文化体验12%上下浮动的业态结构，重点打造了中山旅社、码头故事、爱玲往事等6家网红业态，并引入大翁美术馆、瓯说等10家文化体验业态，有效提升了五马街街区的整体业态品质。

（五）完善民生配套，强化街区治理

一是推进基础设施建设。历史文化街区改造的落脚点在于改善民生。在街区改造过程中实施燃气、排污管道、隔油池、管线迁改、消防设施等多项民生工程，补齐公共配套设施短板，提升街区城市功能，美化街区整体环

① 八个统一：统一领导、统一指挥、统一征收、统一建设、统一保护、统一管理、统一招商、统一运营。

境，从而提高周边居民生活品质。二是加强街区日常管理。鹿城区五马街街区创新街区日常管理模式，引入浙江大管家物业管理服务有限公司，建立了浙江省首个物业化管理的历史街区。先试先行“五禁三审批”[①]“诚信积分管理办法”等制度，整合相关职能部门力量开展联合执法，树立了干净卫生、管理有序、诚信经营的街区形象。2021 年 8 月，由鹿城区委宣传部（网信办）和鹿城区历史文化街区建设服务中心联合打造的五马商圈“智慧大脑”正式投用，赋能街区综合治理。

三　温州市历史文化街区改造提升存在的问题

已完成的历史街区改造主要在整体规划、改造深度、长效运管、资金筹措等方面存在问题。

（一）整体规划问题

历史文化街区的改造提升是一项错综复杂的系统工程，需要政府站在温州城市整体发展的高度和国家历史文化名城保护的角度深入谋划，统筹各类优质资源保证各改造提升项目逐步推进。当前，温州市历史文化街区保护缺乏整体性、系统性的规划，各县（市、区）各自为政，资源分散，缺乏市级层面对各县（市、区）在体制机制、项目谋划、技术规范、资金筹措等方面的指导。

（二）改造深度问题

一是偏重“遗存”的生态，破坏原真性。“文化”成为改造的沉重包袱，过度追求“修旧如旧”反而破坏原真性。如 2000 年鹿城区五马街的改造理念是“洗脸镶牙”，“洗脸”即修缮建筑外观，“镶牙”即把烂的部分

① 五禁，即禁止乱丢垃圾、禁止乱倒污水、禁止以任何形式叫卖、禁止擅自占道经营、禁止乱粘贴广告；三审批，即店招和外立面装修须审核、街区活动举办须审批、街区车辆进入须审批。

拆掉，原拆原建[①]，改造中不可逆地破坏了原石英砂墙面。二是偏重“文化”的生态，过度商业化。由于当前温州市历史文化街区改造主要依靠财政投入，在经费有限的情况下，政府不得不考虑投入产出问题，建设工程完成后即考虑业态升级，不少历史文化街区被赋予文旅消费地标的定位。如平阳县坡南街因尚未规划业态，保留了老街的烟火气、精气神，沿街的商业配套因当地居民的生活需要而存在。但下一步计划对接运营公司来打造业态，届时，势必破坏该街区现有的比较完整的生活生态，且容易走向过度商业化与同质化。

（三）长效运管问题

一是自上而下，政策体系不健全。温州市尚未出台有关历史文化街区运营管理的政策文件，运营管理无章可循，容易引发街区发展偏离定位、现代化管理水平较低、商业业态进驻因缺乏门槛而呈“低、小、散”态势发展、街区环境不佳等问题，如2006年的鹿城区朔门街改造提升，2007年开街后因产权分散运营没跟上，迅速没落。二是自下而上，组织化的公众参与未形成。街区的长效运管离不开公众参与，但目前缺乏公众参与历史文化街区保护的体制机制，社区居民、专家学者、社会组织、自治组织等社会力量参与历史文化街区保护、整治、提升、改造的渠道十分有限。

（四）资金筹措问题

2017年以来，鹿城区政府每年投入1亿~2亿元作为古城建设保护资金，禅街、五马街、公园路、解放街、纱帽河等20个工程项目累计投入财政资金7.3亿元。瑞安市公园路改造提升工程总投入7280万元，全部由瑞安市财政独资。平阳县坡南历史文化街区核心区示范段提升工程总投资9869万元，其中财政资金2369万元，发行专项债券7500万元。已完成的历史文化街区改造提升均由国家资金、地方政府资金投入，社会资本几乎没有介入。温州市历史文化街区核心保护区域广、体量大，若仅靠政府单方面

① 厉梦瑶、徐放：《五马街再改造要体现整体意识》，《温州人》2017年第21期。

“大包大揽”建设，财政经费压力大，资源利用率低，如瓯海区瞿溪老街、龙湾区宁村所就因为资金等原因停滞。因此，历史文化街区改造提升还需进一步拓宽资金来源渠道，引入资本化的运作。

四 关于温州市历史文化街区改造提升的思考与建议

历史文化街区的改造提升重在街区定位上实现“三个生态”的修复，以复苏、梳理、提升为主基调，活态传承历史文化遗产，改善街区生活环境，存故续新，实现历史文化街区的治理现代化，在城市转型发展中复兴历史文化街区。

（一）处理好历史文化街区保护与城市现代化建设的关系

从长远看，历史文化街区保护与城市现代化建设并不矛盾。因为城市形象（City Identity）和城市品牌（City Branding）的灵魂在于个性、差异性，城市文化最能体现城市个性与差异性，亦是城市软实力的重要内容。当城市塑造好了城市形象，打响了城市品牌，改善了营商环境，自然能吸引人才、资本、产业向城市集聚，推动以产业为引领的“产城人”融合发展，向以城市为引领的“城产人”融合发展转变，全面提升城市品质、产业品质、生活品质。因此，一是各级领导干部要树立“保护文物也是政绩”① 的政绩观，在理念上高度重视历史文化街区保护。二是借鉴泉州、潮州经验，由市级层面牵头成立全域建设保护的相应机构，统筹历史文化街区改造提升的规划建设、政策制定、资金筹集、运营管理等重要工作，整合资源，做好指导，县（市、区）负责政策处理、管理等落地工作。

（二）解决好历史文脉传承与经济效益的取舍问题

历史文化遗产具有稀缺性和不可再生性，因此，保护原真性是历史文化

---

① 李思辉：《保护文物是不朽的政绩》，《光明日报》2016 年 4 月 18 日，第 2 版。

街区改造提升的首要原则。历史文化街区的“三个生态”与原真性保护程度息息相关。这必然会对历史文化街区以居住为主、以商业为辅的原始形态产生巨大的冲击和影响[①]，也容易陷入同质化的困局。建议温州市接下来的街区改造以复苏、梳理、提升为主基调，处理好保护和利用的关系、形态与业态的关系、文脉传承与经济效益的关系，不盲目开发、不过度开发、不搞假开发，吃不准宁可暂不开发。业态升级方面，在做好老字号、非遗、文创三类业态的同时，建议跳出业态本身，从强化娱乐体验的街巷与院落空间、营造充满审美体验的建筑形式、传递教育科普体验的公共艺术系统、诱发遁世体验的民俗文化活动等方面入手，提高业态在街区环境中的体验度。

（三）考虑好街区的功能定位与“三个生态”修复问题

从温州市已完成的改造看，商业和旅游成为拉动历史文化街区创收的两大抓手，“三个生态”的修复有所偏颇，同质化是当前历史文化街区改造面临的最大的问题，且已经不同程度地显现。建议结合城市发展规划、街区历史文化背景与区位优势、市民意愿等，对历史文化街区做好统一规划，明确功能定位，分类进行提升。如鹿城区五马—墨池适合做商业主导的改造，串联华盖山、中山公园等文化景观，打造温州特色商圈与文化高地；朔门是温州市唯一临江的历史文化街区，建议以山（海坦山）、城（北埠）、江（瓯江）、屿（江心屿）互相联动为改造理念；庆年坊要注重修复生活的生态，突出天窗巷与蛟翔巷交会点（富华布厂遗址和卫校），其他部分保持原有空间肌理布局，通达回环，通过“微更新”多梳理出儿童健康成长、老人安度晚年的公共空间和宜居场景。

（四）平衡好政府主导和社会参与的关系

长效运管问题的解决和多元化的资金筹措都需要社会力量参与。秉持

① 钮卫东、徐寒微、徐克明：《历史文化街区的开发模式与居住形态探讨——以苏州山塘、平江历史文化街区为例》，《规划师》2010 年第 S2 期。

“人民城市人民建，人民城市为人民”重要理念，借鉴嘉兴乌镇的共同参与模式，积极探索政府主导、社会参与、市场运营、红利共享的建设模式。通过政策引导、资金扶持，发动社区和居民参与历史文化街区改造提升，如街区居民把自家房屋、庭院改造成民宿、茶馆、书吧，参与历史文化街区的保护、治理、推广等。通过改善历史文化街区的居住环境、完善基础设施配套，让生活在历史文化街区的老百姓享受到改造的红利，提高获得感和幸福感，让他们发自内心地自觉参与历史文化街区的保护、整治、改造、提升，形成共建共治共享历史文化街区的良好氛围。探索多元化资金筹措渠道，建议市级层面注册成立古城保护基金，每年从市区的土地出让金收入中提取2%注入基金，专款专用；鼓励和支持社会资本参与房源收购；通过减免投资企业或个人的营业税、所得税等方式，引导更多社会资本投入历史文化街区中来；畅通社会捐赠渠道，引导形成乐善好施的社会风气。

参考文献

林林、阮仪三：《苏州古城平江历史街区保护规划与实践》，《城市规划学刊》2006年第3期。

章会：《城市历史文化遗产保护的路径——以温州市鹿城区历史文化街区建设为例》，《温州职业技术学院学报》2020年第4期。

厉梦瑶、徐放：《五马街再改造要体现整体意识》，《温州人》2017年第21期。

李思辉：《保护文物是不朽的政绩》，《光明日报》2016年4月18日，第2版。

钮卫东、徐寒微、徐克明：《历史文化街区的开发模式与居住形态探讨——以苏州山塘、平江历史文化街区为例》，《规划师》2010年第S2期。

B.17

2021年温州文艺创作发展报告

曹凌云*

摘　要： 温州文源深、文脉广、文气足，历来是文艺创作的沃土。2021年，温州广大文艺工作者融入时代发展大潮，在传统文学、网络文学、舞台艺术、视觉艺术等方面创作出大量优秀的文艺作品；但仍存在着精品力作缺乏、文艺名家不多、文艺创作发展不平衡、文艺人才青黄不接、文艺活动经费投入不足等问题。建议温州文艺界要坚持政治引领、项目扶持、机制创新，追求德艺双馨，弘扬时代主题，培养文艺人才，广大文艺工作者要以优异的成绩回应伟大时代对文艺工作的期待与要求。

关键词： 温州　文艺创作　网络文学　文艺工作者

2021年是中国共产党成立100周年，也是实施“十四五”规划的开局之年。为进一步推动文化大发展大繁荣，中共温州市委出台《关于激扬新时代温州人精神 高水平推进文化温州建设的决定》；召开市委文化工作会议，提出《新时代文化温州建设百大项目八重清单（2022—2024年）》；印发《温州市文化发展改革“十四五”规划》。温州市各艺术门类以庆祝中国共产党成立100周年为代表的主题创作丰富多彩，作品质量不断提高，线上云端持续发力，呈现欣欣向荣的繁荣景象。但也出现一些新情况、新问题，需要文艺界予以关注。

---

* 曹凌云，温州市文联党组成员、副主席、秘书长，主要研究方向为文艺学。

一 “十三五”期间温州文艺创作简要回顾

温州文源深、文脉广、文气足，历来是文艺创作的沃土。“十三五”期间，温州市文艺工作者深入贯彻习近平总书记关于文艺工作的系列重要论述精神，以高涨的热情和认真的态度投身文艺创作，温州的文艺创作在全省名列前茅，在全国有一定的地位。

温州本土作家及温籍作家在国内重要期刊《人民文学》《收获》发表作品 25 部，《金乡》《温州小店生意经》等直接反映温州现实生活的书籍出版、再版。《温州三家人》被国家广播电视总局列为全国 2018～2022 年百部重点电视剧、2019 年度全国重点扶持项目和“深扎”倾斜扶持项目。

创作歌剧《五星红旗》和音乐剧《青春指南》。发行《瓯越情深》《瓯韵金声》《最美在温州》等专辑。举办戴宏海中国画作品展、林剑丹篆刻作品展。自 2018 年出台《温州市优秀文艺项目和精品补助扶持资金管理办法（试行）》以来，“枕江纳海”温州江流摄影创作与展示、鼓词《夜泊江心》等 44 个项目得到扶持。《温州文学》成功改版，组织国内名家在杂志亮相，吸引大量作者踊跃投稿，并入选全国优秀内刊。

“十三五”期间，陈春兰获第九届中国曲艺牡丹奖表演奖，阮世池被授予“终身成就曲艺艺术家”荣誉称号。《烟树潮影》《欢庆妇女节》获第 26 届、第 27 届全国摄影艺术展览（国展）评委推荐奖。东君获鲁迅文学奖提名奖、摘得“茅盾文学新人奖”。鼓词《重赏之下》获第十一届中国曲艺牡丹奖文学提名奖。《燕云台》《书灵记》《不二掌门》等上榜中国网络小说排行榜。《燕云台》获第三届网络文学双年奖金奖。电视连续剧《温州两家人》、歌曲《晒蓝》《最美在温州》、瓯剧《兰小草》、电视纪录片《廊桥筑梦》获浙江省第十三、十四届精神文明建设“五个一工程”奖。

二 2021年温州文艺创作基本状况

2021 年是中国共产党成立 100 周年，温州市以庆祝中国共产党成立 100

周年为主题，举办“五个一百”系列主题创作活动，即百名作家写温州、百件作品展辉煌、百名文艺家走基层、百场视觉展览推精品、百场惠民活动送艺术。积极启动实施“文艺+”战略，创新化打造以“五朵云”为特色的“文艺指纹浙里创”项目（“五朵云”为云创、云展、云课、云播、云维权等智能化功能）。党的历史、红色题材、文艺抗疫等成为艺术创作的主流，文学、戏剧、音乐、舞蹈、曲艺、美术、书法、摄影、电影、电视、民间文艺、文艺评论等领域相继出现了一批具有艺术水准、彰显社会价值的佳作、力作。

（一）传统文学作品不断涌现

由中共温州市委宣传部、温州市文联联合《文艺报》主办的“温州记忆·百年献礼——庆祝中国共产党成立100周年”全国文学征文活动，从2021年3月推出到6月底截稿，共收到投稿3617篇，作品体裁涵盖小说、散文、诗歌和报告文学等，作者有莘莘学子，有在文学道路上已颇有成绩的中青年作家，有著作等身、蜚声文坛的著名作家，周瑞金、缪克构等温籍知名作家也写稿参加评比。经过评委们层层筛选评比，最终10篇作品被评为获奖作品、10篇作品被评为优秀作品。

温州文联主编的文学期刊《温州文学》，自2019年改版后为季刊，增加了页码和容量，吸引大量作者踊跃投稿，国内名家在该刊频频亮相，并入选全国优秀内刊。该刊全年共发表文学作品116篇，60余万字，主要为小说、散文、诗歌、报告文学和文艺评论，其中温州籍作者的作品75篇，占2/3，这些作品大多抒写中国共产党成立100周年来温州的时代变迁和人民生活变化，抒写温州人的创业史、奋斗史和创新史，抒写温州各条战线在推进现代化建设中的创新创造及生动实践，保持了“温州特色”。

许多温州作家在省级和全国文学期刊上发表作品，出版了文学专著，获得奖项。卢德坤的短篇小说《逛[illegible]市学》获第十二届《上海文学》奖，东君的中篇小说《卡夫卡家的访客》、马叙的散文《乘慢船，去哪里》、胡曙霞的儿童文学《朵朵的天空》获浙江省优秀文学作品奖（2018~2020年），周吉敏的散文作品《另一张纸》获得第三届三毛散文奖单篇散文新锐奖，赵海滨的散文《牵挂》获2020年度中国散文年会散文类二等奖，慕白的诗歌《傍晚的扎鲁特》获“平乡好人杯”全国新诗大奖赛一等奖。

苍南县联手中国民间文艺家协会举办首届“中国童谣文化之乡”优秀童谣作品征集，收到有效稿件737件，评出优秀童谣作品10个。苍南县还邀请专家开展童谣创作加工会，制作童谣动画；本地民间文艺工作者收集和创作的15个童谣登上“学习强国”平台；举办童谣研学夏令营活动。苍南县成功获得“中国童谣文化之乡”称号。

温州文艺评论工作者及时抓住社会反响强烈的温州作品进行专题研讨，多次举办研讨会，如举办了莫洛文学创作座谈会、《温州三家人》研讨会。

（二）网络文学快速发展

2021年温州网络文学作家创作出内容丰富、题材广泛、风格新颖的作品，作品数量稳中有升，在网文圈广受好评，如蒋胜男的《天圣令》、善水的《万界打工指南》、侧侧轻寒的《司南》、那那的《当家主母》、陈酿的《传国功匠》等，遍布起点、创世、腾讯文学等各大网络文学网站。据温州市文联不完全统计，温州市网络作家协会会员2021年更新文字数量在500万字以上，会员的作品及改编漫画在各网站的总点击量突破10亿人次，5部作品被搬上银幕和荧屏，4部作品改编成动漫、游戏，均在国内外有一定的影响。年轻作家不断涌现，温州市网络作家协会一批“90后”会员，如海绵大宝、米螺、沧澜止戈等，都在网络平台崭露头角，实现了自我价值。

开展瓯江山水诗路全国网络作家采风活动，来自全国各地近百名网络作家和相关人士在温州共话网络文学IP与网络文学创作。

在题材方面，不再以玄幻、仙侠、穿越、悬疑、纯爱等为主，都市、现实、历史等题材进一步呈现影响力。温州网络作家主动与读者、网站、IP改编方等多方面进行沟通，走进其他行业进行联动，积极参与布局IP、激活关联、打通影视，把网络文学引向新的发展，产生跨领域的影响力。2021年10月20日，《文艺报》刊发温州网络作家协会五年工作成果；2021年10

月 26 日，《文学报》整版推文《在守正创新中构筑文学高地》，提出“网络文学的温州现象”。

（三）舞台艺术创作全面繁荣

戏剧虽然受疫情的影响上舞台的机会减少了，但温州各个院团停戏不停功，积极开展网络云直播、抖音慕课分享、南戏博物馆线上线下大联动等方式，进行创作与表演。温州市瓯剧院创作了瓯剧红色演唱剧目，推出“红色经典·瓯韵飞扬”瓯剧交响音乐会，温州市越剧演艺中心献礼中国共产党成立 100 周年，创作了越剧红色演唱剧目，推出“岁月荣光越音轻扬”越剧晚会，通过老中青三代表演艺术家的演绎，讴歌中国共产党百年辉煌历程，表现在中国共产党领导下温州人民的幸福生活和对美好未来的憧憬。一年来，戏剧艺术家们还创排南戏剧目越剧《杀狗劝夫记》、瓯剧《张协状元》、昆曲《红拂记》并创排集民间传统智慧的瓯剧大戏《八仙过海》。

音乐、舞蹈创作取得好成果。初创于 2019 年的温州原创歌剧《五星红旗》，主要讲述中华人民共和国国旗的诞生过程，颂扬国旗设计者曾联松等有志青年勇于担当、矢志不渝的革命精神和爱国情怀，2021 年经过精心打磨后，作为第四届中国歌剧节参演剧目，于 10 月 17~18 日在山东临沂大剧院连演两场。舞蹈创作紧随时代步伐，出现了一批值得关注的优秀作品。“瓯风舞韵”温州市第四届电视舞蹈大赛自 2021 年 6 月正式启动后的 5 个月里，吸引了 2000 余名舞蹈工作者和爱好者参加比赛，参赛作品 1200 余个，这是自 2006 年温州市电视舞蹈大赛举办以来，参与人数最多、节目数量最多的一次，深得温州舞蹈界、电视界和广大观众的喜爱和好评。经过初赛、复赛，入围决赛的 160 个作品，分幼儿、少儿、少年、青年、中老年五大组别，同台竞技、巅峰对决，《爸爸的靴子》《小小兵娃》等新创作品赢得现场观众和评委的阵阵掌声，均获得好成绩，也达到了温州舞蹈创作表演的最高水平。举行了浙江省“小荷初放 舞悦浙江”温州初选，共收到来自全市的 22 个少儿原创作品，共选出《再见，眼镜》《心里开出一朵花》等 7 个作品，进入省赛现场，取得 4 金 3 银的好成绩，其中《再见，眼镜》《心里开出一朵花》入围全国赛。

随着文化的逐渐趋同化和方言的逐渐消失，温州曲艺界为地域文化的保存，举办了“温州话·说幸福”温州市第二届故事会决赛，故事创作者以现代人的价值取向和审美趣味，新创作了近百个新故事，参加比赛。新创作的温州鼓词《夜泊江心》，讲述文天祥南下温州避难，夜宿江心孤屿，想着国破家亡，不免怨恨悲叹，江心屿的美丽夜景又唤起了他对民族复兴的凌云壮志。新创作的温州鼓词《浙南刘胡兰》，讲述平阳女英雄郑明德在革命的历练中坚定信仰、无惧牺牲的悲壮故事。《夜泊江心》和《浙南刘胡兰》双双入围第十二届中国曲艺牡丹奖节目选拔。

（四）视觉艺术创作活跃

温州美术创作把握时代主题，关注现实生活，举办了庆祝建党 100 周年“百年追梦”书画作品展，包括美术、书法两大类，共展出作品 105 件，作品聚焦温州的重大事件、重大成就、典型人物、风土人情和动人故事，是温州百年来所取得辉煌成就的真实写照。举办了温州美术新锐作品提名展，共展出 168 件作品，涵盖国画、油画、版画、水彩、粉画、综合材料绘画、插画、影像多媒体等，展现了当代温州青年美术家对当下生活的理解和对艺术的思考。在 2021“万年浦江”全国中国画作品展、2021 中国画青年扶持计划双年展等展览中，都有温州美术家的作品入展或获奖。温州书法界日益回归书法本体和传统经典，追求“艺文兼备”，书法展览则以严格的评审和正确的导向选取作品。举办了“瓯江山水诗路”书法作品展，125 名温籍书法家从晋唐、南北宋、元明清至现代的山水诗词中选取 200 多首进行创作，以各种书体展现，让人们从书法艺术中品享到诗词和诗路的丰韵之美，成为温州城市的文化印记。举办“红色印记”温州市书法篆刻主题大展，共展出 123 幅（件）作品，评出优秀奖、提名奖和入展作者共 91 名。温州书法家的作品频频在各类书展中入选或获奖，如温州共有 96 件作品入选浙江书法篆刻刻字 700 家主题创作大展，占全省的 1/7。

在摄影方面，举办了温州市第三届摄影艺术展，共展出 106 人的 120 件作品；举办了2021温州摄影精品展，推出一批在国家级、省级摄影展赛中入选和获奖的作品。2021年，张洪林的《江寒树自横》、张向阳的《复工·女工》、郑建胜的《荣耀之证》入选第28届全国摄影艺术展览，夏肇旭的《山雨》入选第四届全国青年摄影大展。温籍摄影家邵大浪荣获中国摄影金像奖。

三　当前温州文艺创作存在的问题

虽然2021年温州各个文艺门类的创作都获得了进展，取得了成绩，但还存在不少值得重视的问题。

（一）精品力作缺乏

从创作现状来看，2021年，温州的作家、艺术家虽然奉献了众多作品，但真正能够温润心灵、启迪心智、为人民群众所喜爱的优秀作品很少，特别是现实主义题材的文学、电影、电视作品不多，作家、艺术家们没有很好地深入生活、扎根人民，写作视野不宽，大多停留在个人情感和身边的人与事上。音乐、舞蹈作品跟随评委喜好、跟随热门流行的越来越多。曲艺作品过于老旧，内涵单薄，缺乏朝气锐气。美术、书法作品对市场迎合太多，突破不多。摄影、民间文艺作品总体来说在思想水准和艺术水准上不高。戏剧仍然在日渐远离年轻人的日常生活，上演的剧目有流于表演外表的体现。文艺评论质量不高，专业性不够，缺乏以理立论、以理服人、文质兼美的作品。

（二）有影响力的文艺名家不多

温州市现有市级文艺家协会会员7866名，温州12个县（市、区）文联有县级文艺家协会会员14550名，与浙江省其他地市如杭州、宁波会员数相比，基层文艺队伍总体基数较大，其中，省级文艺家协会会员2620名，国家级文艺家协会会员819名人，形成了较为理想的“宝塔型”结构，但文艺名家、大家不多，像在全市、全省乃至全国有影响的文艺大家如文学方面的渠川、张思聪，书法方面的林剑丹、萧耘春，美术方面的戴宏海、陈天龙，曲艺方面的阮世池、陈小宝，民间文艺方面的高公博、虞金顺，戏曲方面的方汝将，网络文学方面的蒋胜男，还是太少了。同时，优秀人才有所流失，如永嘉昆剧团的国家二级演员由腾腾已被昆山昆剧团“挖走”，作家钟求是、哲贵，剧作家施小琴等都调离温州，在杭州等其他城市发展。

（三）各地文艺创作发展不平衡

温州是个城乡发展不平衡的地区，从各个文联机关自身的客观条件来看，这种不均衡就更为明显。温州市文联和大部分县（市、区）文联不同程度地面临着经费短缺的问题，对文艺创作的扶持，对创作者的培养如培训、观摩、写生、采风等，都缺乏必要的专项经费支持。温州市级以上（含）的会员数，如瑞安有 938 人，而洞头则只有 147 人。从文艺协会来说，温州市音乐家协会、摄影家协会，不仅会员人数都超过千人，而且有影响力的大型活动较多，在创作上出成绩就较为容易；而像文艺评论家协会，则只有 100 多名会员，活动不多，参与人数不多。

（四）文艺人才队伍青黄不接

温州的文艺人才特别是青年文艺人才急缺，断层问题严重。比如，自温州歌舞团解散后，温州缺少舞蹈编舞人才；瑞安鼓词、乐清剪纸等艺术门类后继乏人，瑞安高腔、苍南渔鼓等冷门艺术将要断代，面临消失。一些县（市、区）的文艺工作者年龄在 50 岁以上的居多，30 岁以下的很少。部分基层文艺工作者生活压力很大，由于多处在业余创作中，或待业在家，或自谋职业，心情苦闷，创作时间没保证，办展、参赛、出书等遇到资金上的困难。在温州市人才培养和使用的政策配套方面，文艺人才不能和科技人才一样，享有在引进、住房、医疗、教育等方面的优惠政策，很大程度上影响了文艺工作者创作和创业。

（五）文艺活动经费投入不足

长期以来，温州文艺家没有一个固定的，能集中进行创作、交流、展示、排练、会务等综合性的文艺场所，温州市文联十余年前就要求建设“温州文艺家之家”，直到2021年才得到落实，位于黎明西路国贸中心附属楼、建筑面积1600多平方米的一栋老房子，即将改建为“温州文艺家之家”，已启动项目装修、改建，还不能使用。文艺作品创作不仅需要文艺工作者的自身努力，也需要社会各界的关心和政府资金的投入，温州市的文艺经费投入远远不及同属于“铁三角”城市的杭州和宁波，与城市规模小于温州的绍兴、丽水等地相比，也是相差甚远。投入经费严重不足，没有经费支撑，导致优秀作品扶持、文艺人才培养、文艺家采风蹲点、常态化会员培训、文艺成就展示等都存在操作上的困难。经费的不足也难以吸引高规格、大规模的省级、国家级文艺活动和项目，难以提升温州文艺作品的影响力。

（六）“互联网+文艺”深度融合不足

身处互联网时代的文艺工作者，更应该积极主动进入互联网文艺创作现场，成为互联网运营的行家里手，但是温州的文艺工作者，除网络作家之外，网络新媒体运用不够，网络艺术人才相对缺少，网络艺术创作进展缓慢。大部分文艺工作者不大熟悉大数据、云计算、物联网、人联网、手机移动、多屏互动等，有的还在用传统的手法创作、传播、运营文艺作品，发挥不了互联网的强大作用。

四　推动温州文艺创作繁荣发展的对策建议

温州文艺界要深入学习贯彻习近平关于社会主义文化建设的重要论述，贯彻温州市第十三次党代会精神，围绕打造温州文艺精品高地的任务，广大文艺工作者要牢记使命担当，不负时代重托，努力提高自身的艺术修养与创作才华，全力投身作品创作的滔滔洪流中，用优秀的作品发出时代最强音，为温州续写创新史、走好共富路提供强有力的文化支撑，让更多的文艺精品产在温州、走向全国。

（一）坚持政治引领，追求德艺双馨

文艺是培根铸魂的工作，文艺工作者是人类灵魂的工程师。温州文艺界要深入学习习近平总书记在中国文联第十一次全国代表大会、中国作协第十次全国代表大会开幕式上的重要讲话精神，切实解决好世界观、人生观、价值观这个根本问题，始终把党和人民的事业放在心中最高位置，牢记自身肩负的文化责任和社会担当。“德艺双馨”“进德修业”，讲的就是为艺先为人，立业先立德。这些年来，文艺界和娱乐圈发生多起道德失范甚至违法行为，温州文艺工作者要引以为戒，使其成为自己的一面镜子，要以人民爱戴的文艺名家为榜样，把学养、涵养、修养提升起来，把为人、做事、从艺统一起来，做一个有真才学、好德行、高品位的文艺家。文联要多做增进文艺界团结、进步的工作，提倡文人互勉，反对文人相轻，帮助解决基层文艺工作者在创作中遇到的困难，将广大文艺工作者的精力凝聚在精品力作创作上。

（二）坚持守正创新，弘扬时代主题

无论是传统文学还是网络文学，无论是舞台艺术还是造型艺术，无论是现实题材还是历史题材，都要准确把握时代脉搏，坚持弘扬时代主题，注重观照现实生活，站在历史和现实的制高点思考和把握创作。浙江省文联提出要“完成‘百年追梦’浙江美术创作精品工程（五期）35 件精品力作；确保下一届中国书法‘兰亭奖’有人获奖；全国摄影艺术展入选数争取实现‘六连冠’；争取中国戏剧‘梅花奖’、中国曲艺‘牡丹奖’、中国民间文艺‘山花奖’的获奖数继续保持全国领先”。温州文艺工作者要在全省的创作大环境中，坚持守正创新，主动融入宋韵文化传世工程，努力打造瓯江诗路文化带、“红动浙南”文艺题材的创作，走出一条具有中国气派、浙江力量、温州特质的文艺创作之路。围绕党的二十大召开、迎接新中国成立 75 周年等重大节点，进一步挖掘温州“改革开放先行区、民营经济重要发祥地和省一大召开地”的素材，创作一批反映党和祖国的光辉业绩和建设成就、反映温州城乡崭新风貌的优秀作品，赢得人民群众的喜爱和欢迎。

（三）坚持项目扶持，培养文艺人才

治国经邦，人才为急；筑就高峰，人才为基。文艺人才的培养和文艺作品的创作都有其独特的规律，温州市文联等有关部门要遵循规律，完善和持续推进“新峰计划”，建立文艺家培训辅导、学习深造、挂职锻炼等制度，强化培育对象与重点创作的对接，在实践中锻炼人才，培育新时代文艺强军。扎实推进“优秀文艺作品扶持”，争取提高扶持资金总量，加大个人创作项目的扶持力度，通过扶持让优秀作品得到出版、展演、获奖，赢得声誉。新文艺组织和新文艺群体是文艺创作的有生力量，青年文艺工作者是文艺创作的先锋力量，要加强对“文艺两新”和青年文艺工作者的团结凝聚和有效引导，通过文艺培训、吸纳入会、搭建平台、提供扶持等多种途径，让优秀人才脱颖而出，为培养造就文艺名家积累厚实的后备军和人才库。通过若干年努力，力争产生几名在全国有影响力的文艺名家，培育出一批有发展潜力的青年骨干，形成涵盖老中青三代的文艺人才方阵。

（四）坚持创新机制，紧盯目标任务

进一步探索出台文艺人才评价机制，设立综合性文艺大奖或恢复温州市文艺创作奖，建立专业权威的文艺评奖体系，用奖项推动创作。与浙江省重大文艺创作项目“揭榜挂帅”机制相配套，围绕主题创作和现实主义题材，谋划一批重点创作项目，面向社会公开，选好创作者、明确奖惩，实行全过程跟踪监督，营造有利于“千里马”脱颖而出的文艺创作环境。坚持集中力量办大事，对重大文艺创作项目，特别是冲刺中宣部、省委宣传部精神文明“五个一工程”奖和全国文艺家协会评奖的作品，要设立文联班子领导联系制度，解决文艺工作者创作中的实际困难与问题，紧盯目标任务，紧扣时间节点，聚焦聚力推进创作。建立“深入生活、扎根人民”采风、蹲点机制，强化文艺采风、蹲点的组织和扶持力度，实行采风、蹲点项目申报，加强对采风、蹲点的全程规范管理，确保文艺工作者深入生活有目标、时间经费有保障、创作结果有考核、宣传推介有平台，使“深扎”真正成为文艺创作的“源头活水”。

（五）坚持“数智文艺”，包容新的门类

《第47次〈中国互联网络发展状况统计报告〉》表明，截至2020年12月，我国网民规模已达9.89亿人，普及率达70.4%，手机网民规模达9.86亿人，手机上网比例为99.7%。随着中国网民规模不断增长，网络文学、网络剧、网络电影、网络音乐、网络综艺、网络动漫、网络游戏等进一步繁荣发展。在这种新形势下，温州文艺界要进一步深化“数字文艺”，提升“数智文艺”，推动文艺创作与新技术、新业态、新模式、新媒体有机融合。广大文艺工作者要进一步熟悉互联网，要善于依托新媒体平台，发挥网络新媒体优势，推动自身创作，扩大作品的传播力、影响力。新时代是一个文化包容、多元自主的时代，温州文艺界要注重网络小说、漫画、游戏等形式，并推动这些新的文艺形式越来越多地进入电影、电视剧、网络视频的创作中。

生 态 篇

Ecological Reports

B.18 温州市饮用水水源地环境保护现状及对策研究

唐庆蝉 赵 恒 薛 设 柴 怡*

摘 要： 近年来，随着饮用水水源保护区规范化建设和深入整治，温州全市饮用水水源地污染整治取得了显著成效，环境风险得到进一步控制，水源地环境保护工作取得明显成效。但受部分水源地选址不合理、历史遗留问题突出、规范化建设水平不高、湖库型水源地藻类污染风险加大等影响，部分水源地违法问题依然存在，环境风险隐患突出，水源地供水安全仍面临一系列威胁。“十四五”期间，温州市需要结合水源地规范化建设、中央生态环境专项资金、现代管控技术等工作，进一步加大水源地整治力度，持续改善饮用水水源地水质，提升水源地环境监管水平，形成建设规范、闭环管理、数字智治、高效安全的饮用水水源地保护体

* 唐庆蝉，浙江中蓝环境科技有限公司科研中心主任，高级工程师；赵恒，温州市生态环境局珊溪分局主任科员；薛设，浙江中蓝环境科技有限公司科研中心副主任，高级工程师；柴怡，浙江中蓝环境科技有限公司科研中心职员，助理工程师。

系，保障全市人民群众饮水安全。

关键词： 水源地保护　供水安全　饮用水　温州

饮用水安全事关广大人民群众的身体健康、生命安全和经济社会的和谐稳定。巩固饮用水水源地保护攻坚战成果，是贯彻落实习近平总书记新时代中国特色社会主义思想的具体行动，是消除群众饮水安全隐患、解决突出生态环境问题的现实需要。近年来，围绕饮用水水源地安全保障，国家、省市相继部署开展了水源年度环境状况评估、水源地环境保护专项执法行动、水源地规范化建设等工作，温州市饮用水水源地环境保护工作取得明显成效，初步建成了温州市饮用水水源地生态环境保护管理体系。但面对水源保护与区域经济社会发展日益突出的矛盾，全市饮用水水源地保护形势依然严峻。特别是受部分水源地选址不合理、规范化建设水平不高等影响，部分水源地环境风险隐患仍将长期存在。本文深入剖析饮用水水源地存在的主要生态环境问题，提出区域水源地环境保护对策建议，为温州市饮用水水源地生态环境保护和供水安全保障工作提供参考。

一　饮用水水源地环境保护现状

（一）温州市水源地基本情况

温州市现有县级以上饮用水水源地 10 个（含备用水源地）、“千吨万人”[①] 水源地 44 个。近年来，随着供水管网的完善和延伸，全市饮用水供水进一步以集中式饮用水水源地为主，全年总取水量达 6.2270 亿吨，服务

① “千吨万人”饮用水水源地是指日供水量达 1000 吨以上或供应范围服务人口达 10000 人以上的农村饮用水水源地。

人口约760万人，占全市常住人口的78.83%，其中县级以上集中式饮用水水源实际取水量5.1869亿吨/年，服务人口578万人，占全市总常住人口的60%。水源地类型调查显示，湖库型水源地共34个，河流型水源地共20个。各县（市、区）水源地基本情况如表1所示。

表1　温州市各县（市、区）集中式饮用水水源地基本情况

单位：个

县(市、区)	县级以上水源地	“千吨万人”水源地	备注
鹿城区	1	1	山根饮用水水源地作为温州市区备用水源地，暂未纳入浙江省县级以上饮用水水源地名录(第一批)
龙湾区	0	0	—
瓯海区	1	4	—
洞头区	1	0	—
瑞安市	2	3	吴界山水源地作为瑞安市区在用水源地，暂未纳入浙江省县级以上饮用水水源地名录(第一批)
乐清市	0	5	—
龙港市	0	0	—
永嘉县	2	8	—
平阳县	0	10	—
苍南县	1	8	—
文成县	0	4	珊溪—赵山渡水库作为文成县水源地，不再重复统计
泰顺县	2	1	—
合计	10	44	—

（二）水源地日常管理状况

对水源地使用状态调查显示，54个水源地中，在用48个、备用6个，备用水源地分别为瓯江山根水源、瓯海泉明寺水库、平阳县山门镇一桥防护林水源地、麻步镇龙潭水库、水头镇龙涵村水源地、苍南县十八孔水库。为加强饮用水水源地管理，所有集中式水源地目前均由水利部门、水务集团成立专门的水库管理处或者供水公司，主管水源地日常取水管理工作；生态环境执法机构负责日常环境监管工作，定期开展保护区及其周边环境的巡查，形成档案管理的制度。除吴界山水源地外，各县（市、区）生态环境部门每月定期发布县级以上集中式水源地水质信息，县级以上水源地信息公开率为90%。除淡溪水库、平阳县五十丈水源地外，其他“千吨万人”饮用水水源地尚未建立信息公开制度。

对水源地保护区划分批复情况调查显示，54个水源地均已划分了饮用水水源保护区或保护范围，除泰顺县友谊水库、瑞安市吴界山水源地外，其余水源地保护区均已完成批复，并设置了保护区界标、交通警示牌和宣传牌。珊溪—赵山渡水库、泽雅水库、楠溪江西向供水工程等县级以上集中式水源地均已完成一级保护区隔离防护工程，淡溪水库等“千吨万人”水源地已在一级保护区敏感区域建设隔离防护工程。泽雅水库等县级以上水源地均在取水口、一级保护区及交通穿越区域设置了视频监控，但未实现与环保部门和水厂监控系统平台的数据共享。

（三）水源地水质状况

根据饮用水水源监测计划，浙江省温州生态环境监测中心和各县（市、区）环境监测站对辖区内县级以上饮用水水源地和“千吨万人”饮用水水源地开展监测工作。对县级以上饮用水水源地开展常规监测、全指标分析监测和在线监测等，每月常规监测1次，常规监测29个项目，每季度开展1次优选特定项目监测，补充监测指标33项，对珊溪—赵山渡水库、泽雅水库和瓯江山根水源地每年度开展1次全指标分析监测，其他县级以上饮用水水源地每两年开展1次全指标分析监测，全指标监测指标110项，监测指标完成率达100%。对2021年度县级以上饮用水水源地水质分析表明，温州市县级以上饮用水水源地水质达标率为100%。除楠溪江东向供水工程、岭尾水库、瓯江山根水源外，珊溪—赵山渡水库、桥墩水库、友谊水库等7个县级以上饮用水水源地均建设了水质自动（在线）监测站，在线监测水温、pH、溶解氧、电导率、浊度、氨氮、总氮、总磷、高锰酸盐指数等指标，县级以上饮用水水源自动（在线）监测能力覆盖率为70%。此外，珊溪—赵山渡水库分别在15条主要入库支流上游设置水质监测断面，实施对饮用水水源地的水质预警监控。

根据省市要求，各县（市、区）环境监测站对辖区内“千吨万人”饮用水水源地开展常规监测工作，淡溪水库、平阳县五十丈引供水工程、玉林溪水源地等3个水源地每月常规监测1次，龙溪水库等36个水源地每季度常规监测1次，常规监测41个项目。对2021年度全市“千吨万人”饮用水水源地水质分析表明，水质达标率为83%，全年均达标水源占66%。

（四）水源地应急风险管理状况

对水源风险管理状况排查显示，县级以上饮用水水源地存在污染源、风险源、交通事故点位和交通工具隐患等风险，生态环境部门建立了风险源名录，交通运输部门建立了危险化学品运输管理制度，对有污染企业进行整治，对有风险企业加强环境监管。目前54个水源地中有35个保护区内存在交通穿越现象，其中珊溪—赵山渡水库一级保护区内有G332国道穿越，山根饮用水水源地一级保护区内有G330国道，楠溪江东向供水工程和楠溪江西向供水工程二级保护区内有S223省道，交通流量大，存在水质安全隐患。

对水源地应急能力调查与分析表明，除永嘉县尚未建成备用水源外，其余各县级以上饮用水水源地均已建成备用水源，并基本实现供水管网的互联互通。为提高饮用水源保护区的应急防范能力，市、县两级政府及生态环境部门、供水单位均建立了饮用水水源突发环境事件应急预案，定期开展应急演练，配备储备各类应急物资和设备。但针对“千吨万人”水源地尚未制定对应的饮用水水源突发环境事件应急预案。

二　饮用水水源保护存在的主要问题及原因分析

近年来，温州市饮用水水源地生态环境保护工作在保护区规范化建设、污染源整治、违法项目整改、环境风险隐患排查等方面取得了显著成效，初步建成了温州市饮用水水源地生态环境保护管理体系，供水安全保障得到进一步加强。但受水源地选址条件限制、历史遗留问题突出、规范化建设水平不高、湖库型水源地藻类污染风险加大等影响，部分水源地环境风险隐患仍长期存在，水源地供水安全仍面临一系列威胁。

（一）受水源地选址条件限制，水源保护与经济社会发展矛盾突出

全市主要水源地选址于各水系支流上游，但受水源地选址条件限制，仍有15个水源地保护区或集雨区上游位于城镇，水源保护和区域经济社会矛盾较为突出。县级以上水源地除岭尾水库、长坑水库、泽雅水库外，其余7个县级以上水源地保护区或集雨区上游位于城镇，占县级以上水源地的70%。其中珊溪—赵山渡水库饮用水水源准保护区内包括文成县政府所在地，瓯江山根水源位于瓯江下游感潮河段，楠溪江东向供水工程和楠溪江西向供水工程位于楠溪江中游，集雨区范围大，上游城镇人口多。同时，珊溪—赵山渡水库、泽雅水库、桥墩水库、楠溪江西向供水工程、楠溪江东向供水工程、友谊水库均为风景名胜区所在地，区域内经济社会发展意愿强烈，水源保护与经济社会发展矛盾突出。“千吨万人”水源地基本选址于支流水系上游的山塘水库，但仍有8个“千吨万人”水源地保护区或集雨区上游位于城镇，占“千吨万人”水源地的18%，水源地类型主要为河流型水源地。其中永嘉县岩头镇渡头村水源地、枫林镇楠溪江八月辰光水源地、平阳县引供水工程五十丈水源地、山门镇一桥防护林水源地、水头镇龙涵村水源地、乐清市大荆溪石门潭水源地位于城镇规划区周边，上游人口较多，水源保护与经济社会发展矛盾突出。

（二）保护区历史遗留问题突出，水源地规范化建设任务艰巨

受水源选址条件限制和保护区划分范围变动的影响，珊溪—赵山渡水库、泽雅水库、桥墩水库、楠溪江西向供水工程等部分水源地一级保护区内存在民房、农业种植，二级保护区内存在农家乐等历史遗留问题。近年来，随着《浙江省饮用水水源保护条例》《饮用水水源保护区划分技术规范》

（HJ 338-2018）等法律法规和技术规范的修订，对于饮用水水源保护力度进一步加大，全市水源地规范化建设任务艰巨。其中对泽雅水库、桥墩水库、长坑水库3个县级以上水源保护区的调整，一级保护区和二级保护区均较调整前明显变大，将带来新一轮的整治任务；泰顺县友谊水库虽然已划分了水源保护区，但因涉及跨省协调，该水源保护区未能完成批复，难以推进规范化建设。

（三）湖库型水源地藻类污染风险突出，水源地环境风险防范难度大

对近年来水源地水质监测结果分析表明，目前全市饮用水水源地水质总体良好，但仍存在部分湖库型水源地藻类异常增殖现象频繁、“千吨万人”水源地水质达标率不高等问题。虽然近年来投入了大量的资金，加强了生活污染和农业污染治理，但受城镇污水处理设施建设滞后、生活污水处理设施运行成效不明显及受畜禽养殖污染、农业面源污染因素影响，桥墩水库、泽雅水库、珊溪—赵山渡水库等水源地仍有大量的污染物进入水源地，并随着上游城镇化进程的加快、旅游业和规模化农业迅速发展，集雨区内的污染物带来的环境风险隐患问题日益突出，部分支流库湾春季和夏季频繁出现pH值超标情况。部分“千吨万人”水源地为山塘或水库，集雨区范围小，农业面源污染突出，水体自净能力差，水质超标问题突出。受市、县两级监测站监测能力限制，现在仍缺少藻类监测和藻类污染防控的技术能力，未能开展水源地水质预警开发，对于“千吨万人”水源地基本按季度开展常规监测，监测指标、频率均较低，难以满足水源保护需求。

（四）水源地生态补偿不到位，水源保护长效机制不健全

近年来，各级政府加强了饮用水源的保护工作，加强了水源保护区内的污染整治，但水源保护与经济社会发展的矛盾仍然突出，水源保护长效机制仍需进一步完善。在污染治理方面，各级政府投入了大量的资金，通过一系列措施对生活污染、畜禽污染进行了治理，但因治理设施运行成效不足、运

营维护资金限制和后期管理制度的滞后，污染治理效果仍有待提升。对水源地生态补偿机制建设情况分析表明，除温州市本级、平阳县外，其他水源地生态补偿机制建设总体滞后，资金投入少，水源保护缺乏主动性。受部门执法巡查力量薄弱、公众参与途径少等因素制约，水源保护的合力尚未显现。

三 饮用水水源地保护对策建议

针对上述问题，接下来必须以保护水源为目标，依法依规推进水源地“划、立、治”，强化水源地保护和监管，建立健全长效机制，形成建设规范、闭环管理、数字智治、高效安全的饮用水水源地保护体系，持续改善饮用水水源地水质，以保障全市人民群众的饮水安全。

（一）加强水源地保护顶层设计，分级分类推进水源地保护工作

结合国家、省市关于饮用水水源地工作部署，制定全市饮用水水源地保护规划，从水源地名录制定、保护区划分、规范化建设、督查执法、风险防范、生态修复、资金保障等方面进行顶层设计，确定水源地保护路线图。市、县（区）人民政府要根据经济社会发展需要和水资源开发利用现状，以提升供水安全和水质为出发点，加强饮用水水源地规划和建设，逐步建立“一源一备”“一源多备”或联网联调的供水安全保障体系。全面梳理饮用水水源地名录，对具备供水条件不同级别的集中式饮用水水源地和备用水源地依法依规予以确定和公布名录，并根据实际情况动态调整名录。还要分级分类推进水源地保护工作，按照县级以上、“千吨万人”、其他乡镇级、农村饮用水水源地等不同级别，水源地存在的问题类别，逐步深化各级水源地的管理。

（二）依法依规推进水源地“划、立、治”，提升水源地规范化建设水平

深化饮用水水源保护区制度，根据《饮用水水源保护区划分技术规范》

（HJ 338-2018）依法、科学划定饮用水水源保护区，并按相关规定纳入生态保护红线，强化饮用水水源保护区划分方案与国土空间总体规划、“三线一单”的衔接。对新建的集中式饮用水水源地，统筹考虑饮用水水源保护区划定、整治等工作，在确保水量、水质的同时，将饮用水水源保护区划定等工作与供水工程实行同时踏勘、同时规划、同时论证。

规范设立保护区标志，全面开展饮用水水源保护区勘界立标。县级以上水源地按照《饮用水水源保护区标志技术要求》设置保护区标志，强化饮用水水源一级保护区物理隔离措施或生物隔离工程，推广设置电子界桩。“千吨万人”水源地参照《饮用水水源保护区标志技术要求》设置保护区标志，一级保护区周边人类活动频繁的区域，可因地制宜合理利用灌木、乔木等自然植被进行生物隔离，必要时采用围栏等物理隔离。

依法推进保护区综合整治，稳步提升饮用水水源地水质。各级政府要制定集中式饮用水水源保护区综合整治实施方案，严格按照法律法规要求，及时妥善处置保护区内存在的环境问题。通过水源地环境状况排查、水源地年度环境状况评估、水源地环保管家巡查等进一步排查各水源地存在的问题，按照问题导向、分类施策的原则，针对问题制定综合整治实施方案，严格管住新增问题，妥善处置存量问题，形成问题发现、处置、销号闭环管理。对不达标水源地开展全面排查，制定“一源一策”，明确问题清单、措施清单和责任清单，分年度推进。加快完成不达标水源地上游及周边乡镇污水整治，强化集雨区范围内退耕还林、农药化肥减量增效等综合性措施。推进生态缓冲带建设，有效拦截初期雨水、面源污染，逐年改善提升水源地水质，实现全市县级以上饮用水水源地水质稳定达标、“千吨万人”饮用水水源地水质达标率稳步提升。

（三）健全水源地监管体系，提升水源地环境风险防范能力

建立“双驱动”监督体系，打造水源地数字智治体系。将饮用水水源保护纳入日常环保督察、执法检查专项行动重点对象，建立督察、执法“双驱动”的监督机制。定期开展饮用水水源地执法检查，强化地方政府的

主体责任，督促相关职责部门切实依法履职。充分运用遥感卫星、无人机、天眼监控、无人船等新技术新设备，构建“天地一体化”监控体系。整合数据资源，集成监控数据、地理空间信息、饮用水水源地基础信息和监测预警预报数据等内容，形成市级饮用水水源保护区数字化智管系统并纳入环境协同管理平台，与环评审批、环境监管、执法实行联动，杜绝新的环境违法问题。

构建多尺度监测体系，完善突发环境风险事故防控体系建设，提升水源地环境风险防范能力。加强对瑞安市吴界山水源地、岭尾水库等现有县级以上水源地，泰顺县樟嫩梓水库、永嘉县小子溪水库等新建县级以上水源地监测体系的构建，实现对县级以上饮用水水源地全面开展水质常规监测、全指标分析和在线监测。加强对“千吨万人”水源地的监测指标、频次，实现对“千吨万人”全面开展水质常规监测。以珊溪—赵山渡水库、泽雅水库、桥墩水库等水源地为试点，对易爆发藻类异常增殖现象的湖库型水源地开展藻类监测和藻类污染防治工作试点，实现全市水源地不发生藻类污染事件。定期开展水源地环境状况和污染风险排查，筛查可能存在的污染风险因素，建立风险源名录。对存在风险隐患的饮用水水源地，提高水质及污染特征因子监测频次，及时掌握水质变化状况。加强饮用水水源突发环境事件应急预案更新和细化，定期组织开展水源突发环境事件应急演练。

（四）完善水源地生态补偿机制，建立全社会参与的水源保护体系

健全保护激励和约束机制，倡导建立饮用水水源地生态补偿制度，扩大生态补偿覆盖面，提高补偿标准，探索建立多元化的补偿机制，定期开展生态补偿成效评估，进一步协调水源保护与经济社会发展的矛盾。落实地方政府水源保护主体责任，增强地方各级党委和政府“四个意识”，严格落实生态环境保护党政同责、一岗双责，确保水源保护纳入地方经济社会发展规划。切实加大饮用水安全、水源保护等相关知识和工作的宣传力度，增强公民水源地保护意识，加强水源地信息公开，逐步搭建公众参与平台，强化社会监督，提高全民行动自觉，切实有效引导全社会参与到水源保护工作中。

B.19

温州市美丽海湾生态本底调查与建设对策建议

薛 设　宋跃群　项艳颖*

摘　要： 温州市沿海湾区资源丰富，是迁徙鸟类重要的栖息地。根据温州市2021年海湾生态本底资源调查结果，当前温州市沿海湾区存在近岸海域海水水质不佳、渔业资源衰退、滨海湿地生态功能下降、亲海空间品质不佳、沿海生态环境风险较高等问题，与美丽海湾建设要求存在一定的差距。为此，应针对美丽海湾建设存在的突出问题，加强近岸海域污染防治、临海亲海空间品质提升、生物多样性保护、美丽海湾整体智治体系建设、海洋环境风险防控能力提升、海洋碳汇等方面工作，推动海洋污染防治向生态保护修复和亲海品质提升升级，促进海湾转清转净、转秀转美，实现人海和谐。

关键词： 美丽海湾　海湾生态　亲海空间　生物多样性　温州

一　温州市美丽海湾生态本底现状

温州濒临东海，沿海湾区资源丰富，大小共计56个湾区，有岛屿岸线676公里，大陆海岸线355公里，占全省近1/6。根据《浙江省“美丽海湾”

* 薛设，浙江中蓝环境科技有限公司科研中心副主任，高级工程师；宋跃群，浙江中蓝环境科技有限公司副总，正高级工程师；项艳颖，浙江中蓝环境科技有限公司科研中心，工程师。

保护与建设行动方案》对温州市美丽海湾建设工作的要求，温州市将56个湾区划分成乐清湾、温州湾、洞头诸湾、大门镇诸湾、北麂列岛诸湾、南麂列岛诸湾、大渔湾、渔寮湾和沿浦湾等9个美丽海湾进行分期建设。

（一）温州市海湾生态本底现状

1. 鸟类资源

根据历史资料收集和现场调查，在温州近岸滩涂湿地共记录到鸟类19目52科235种，其中现场调查记录到15目41科171种，历史资料记载19目49科202种。温州近岸滩涂湿地水鸟群落以鸻形目和鹈形目科较多，种类上以鸻形目、雁形目和鹈形目较多，科水平的种类组成上以丘鹬科、鸭科、鸥科和鹭科较多。居留型以冬候鸟和旅鸟为主，且均以迁徙性的旅鸟和越冬鸟为主，留鸟和夏候鸟相对较少，是迁徙鸟类重要的栖息地。

2. 游泳生物

温州市沿岸浅海和内湾为许多鱼类的良好产卵场和索饵场，外侧和南部水域是许多重要经济鱼类如大黄鱼、小黄鱼、带鱼、鲳鱼、鳓鱼等洄游路线的必经海区。然而近些年来，人类开发利用海洋的活动加剧，渔业资源逐渐衰退，当前温州海湾内主要种处于次级和中级的消费者比重较高，高级消费者比例过低，20世纪的大、小黄鱼，带鱼等优势种地位已被六丝钝尾虾虎鱼等小型鱼类取代。

3. 潮间带生物

温州海湾潮下带底栖生物生态类群的代表种类为棒椎螺，集群分布在平阳嘴附近。除棒椎螺之外，红带织纹螺、纵带织纹螺、皮氏叫姑鱼、细螯虾、仿对虾、管鞭虾等其他经济无脊椎动物在温州海湾内也有一定的数量。

4. 滩涂植物

红树林种植是当前温州市滨海湿地生态系统保护与修复的主要手段，通过近十年的努力，全市红树林种植面积不断增加，品种更加丰富，正在逐步形成全国最北最大面积的“海洋森林”，截至2020年12月，温州海湾内红树林种植面积达2269.4亩，有效改善了温州市海岸、海岛的生态环境、自然景观及旅游资源。值得注意的是外来物种互花米草入侵较为明显，以乐清湾（温州段）沿岸、瓯江南岸沿岸、瓯江口浅滩二期北岸以及瓯飞滩与丁山围垦中间岸线互花米草入侵尤为突出。

5. 沙滩资源

温州市海湾现有洞头大沙岙沙滩、马岙潭沙滩、半屏韭菜岙沙滩、瑞安铜盘岛大沙岙沙滩、南麂大沙岙沙滩、渔寮大沙滩、北关岛沙滩、沛垒沙滩、炎亭沙滩等共 30 处。近年来通过“蓝湾整治”项目，陆续完成洞头大沙岙沙滩、东岙沙滩、半屏韭菜岙沙滩等 14 个沙滩的修复整治工作，其他海洋生态修复项目也在陆续进行中。

6. 海岛资源

温州市共有海岛 714.5 个，其中有居民海岛 35 个，无居民海岛 679.5 个（横仔屿与台州温岭市各一半），海岛总面积约 163.3 平方千米。海上风景具有石奇、礁美、滩佳、洞幽、岛绿等特点。洞头、南麂、北麂、大北（铜盘山岛）列岛及渔寮、炎亭、西湾、西门岛等海岸景区与位于沿海地区著名的雁荡山、楠溪江等国家级风景名胜区组成了温州沿海旅游山海呼应的特色。

（二）温州市海湾保护区现状

温州市 9 个美丽海湾已划定海洋特别保护区、海洋自然保护区、沙源保护海域、特别保护海岛、重要滨海旅游区、重要滨海湿地、重要河口生态系统、重要渔业海域等 8 类海洋红线区域 24 个保护小区，涉及海洋红线区域面积 2348.24 平方千米。已建立乐清西门岛和南麂列岛 2 个国家级海洋特别保护区，洞头国家级海洋公园 1 个，瑞安铜盘岛、苍南七星岛、龙湾树排沙海洋公园等 3 个。

（三）温州市海湾生态环境状况

1. 近岸海域水质

2020 年，温州市近岸海域第一类、第二类水质面积占监测海域总面积的 77.0%，较 2019 年增加 30.2 个百分点；第四类、劣四类水质面积占比为

17.8%，较2019年减少28.7个百分点。海水中主要超标物质为无机氮、活性磷酸盐。2020年温州市近岸海域环境功能区水质达标率为50%，较2019年增加25个百分点。2020年监测的15个近岸海域环境功能区中，只有洞头渔港四类区、洞头渔港四类区、南麂一类区、霓屿北三类区100%面积水质达标，浙江南部一类区37.5%面积水质达标。其余功能区水质未达标，超标因子为活性硫酸盐和无机氮。

2.富营养程度

从富营养情况来看，乐清湾82.4%站位水质为富营养化状态，较2019年下降18.9个百分点；外湾水质最好，中湾水质次之，内湾水质最差。

3.主要入海河流及污染物排海情况

2020年，温州市三大入海河流中瓯江和飞云江年度水质均值均为Ⅱ类，鳌江年度水质均值为Ⅲ类。排海污染源污水排放量和污染物排放量与2019年基本持平，全年仅平阳县昆鳌污水处理厂排放口有超标现象，超标物质为悬浮物和氨氮。

4.海洋垃圾

洞头状元岙元觉岛、瑞安铜盘岛、苍南马站沛垒海滩海洋垃圾较2019年均有增加。乐清岐头、龙湾蓝田、平阳南麂火焜岙海滩垃圾密度均较高。

（四）温州市海湾沿海围填海及产业园区情况

1.滩涂围垦情况

2008年温州市出台了《温州市滩涂围垦总体规划（2006—2020年）》，围垦范围为北起乐清湾跃进水闸，南至浙闽交界的苍南县虎头鼻之间沿海理论深度基准面以上及瓯江、飞云江等河口的滩涂。目前温州市规划和在建围垦面积约221平方千米，较大程度上解决了温州市土地资源紧缺的问题。

2.沿海产业园区分布情况

当前温州市大部分工业园区及产业均沿海分布，其中省级工业园区有浙江乐清经济开发区、浙江温州滨海工业园区、浙江瑞安经济开发区、浙江平阳经济开发区等，另有瓯江口产业集聚区和温州浙南沿海先进装备产业集聚区等2个省级产业集聚区。

二 温州市美丽海湾建设存在的问题分析

（一）近岸海域海水水质不佳，陆海协同治污机制尚未理顺

温州湾现有瓯江、飞云江和鳌江等主要河流及其他与海联通水，其中瓯江、飞云江和鳌江流域面积分布较广，沿江两岸工业源、生活源和农业源等各类陆源污染分布较多，受三大江携带污染物入海影响，鳌江河口、飞云江河口以及瓯江河口海域水质一直以四类和劣四类为主。三大江带来的大量氮、磷污染物输入是制约温州湾近岸海域海水水质改善的重要因素。此外，受海洋潮流运动影响，特别是每年11月到次年4月北面（如杭州湾、舟山等地）污染物随浙闽沿岸流进温州湾区，导致温州湾海域污染严重，但目前沿海—流域—海域协同一体的综合治理体系还不健全，陆海协同治污机制尚未建立。随着沿岸海域开发强度的不断增大，受陆源排污、过往船只以及过度捕捞的影响，海洋渔业资源持续衰退，近岸海域鱼类种类数减少，经济种群规模不断萎缩，渔获物呈小型化、低龄化、低值化趋势。

（二）滨海湿地生境大面积丧失，生态功能严重受损

围填海导致重要生境丧失。近十几年来，温州湾区内占用岸线前侧的滨海湿地受到围填海工程侵占，湿地面积大幅萎缩。高强度围填海导致温州湾滨海湿地大面积破坏和丧失，且围填海工程生态建设方案未能得到全面落实，导致优良鸟类栖息地丧失，生境严重破碎化，湿地生态功能受损，其生态功能退化较为显著，具体表现为：滨海湿地的生物量有所下降，生物质量同样有所下降；区域内国家一、二级保护鸟类面临威胁，鸟类生物多样性存在下降风险。且海湾内滩涂湿地的互花米草面积持续增加，互花米草大量入侵改变了温州入海河口、盐沼湿地等原有的群落结构和滨海湿地形态，导致

本土植物物种与芦苇群落的分布范围与面积大幅减少，滨海水鸟的食物资源大量减少、生物栖息地质量持续恶化。

（三）公众亲海品质不佳，与公众期待仍有较大差距

公众亲海空间整体分布不均衡。除海岛外，温州海湾陆域沿岸仅在瓯江口产业集聚区南侧、平阳西湾、瑞安铜盘岛、龙港红树林湿地公园、苍南渔寮等地分布有少量亲海空间，乐清湾（温州段）南塘至黄华一带、龙湾瓯江南口至平阳经济开发区滨海园区一带基本全部为生产岸线。亲海环境品质不佳。沿海堤塘岸线建筑没有留足退海距离，且缺少控制岸线建筑的高度、密度、体量和建筑退线距离的规定性指标，影响了海湾天际轮廓线和景观视廊。因海滩垃圾污染治理与监管职责分散、海洋垃圾来源和传输途径不清，沿海滩涂、防浪堤前沿普遍存在大量海洋塑料垃圾堆积现象，海洋垃圾尚未得到有效控制。温州湾沿岸区域公众可达的亲海岸线因景观破坏、海水污染、沙滩侵蚀等，公共服务功能降低、亲海品质不佳，公众临海亲海的幸福感和获得感不高。

（四）突发环境事故风险高，风险防范与应急能力不足

温州湾沿海岸线较长，温州市大部分石油接收和储备设施均分布在温州湾沿海岸线内。此外，温州海湾沿岸区域分布多个重大环境风险源，特别是电镀污水处理厂、化工园区以及化工行业分布较为集聚，突发环境风险较高，沿岸突发环境风险高且交织叠加。温州湾内有多条航线、航道，近年来温州港港口货物吞吐量实现稳步增长，大宗危险品货船、石油货船密集作业，船舶碰撞事故、溢油和化学品泄漏事故风险隐患居高不下，海上突发污染事故隐患较大。与该区域海洋环境风险状况相比，其风险防范水平和应急处置能力较为薄弱，监测、监管、应急基础能力相对滞后，与当前高发频发的风险态势不相匹配，亟待进一步加强。海洋生态环境监管能力和智能化监测水平与新时期海洋环境保护和监督管理需要间仍存在较大差距，上述能力和水平亟须进一步提升。

（五）陆海统筹的生态环境治理体系与治理能力亟待健全

温州市大力推进海洋强市建设工作，制定《温州市海洋经济发展“十四五”规划》，但是温州湾、乐清湾等当前脆弱的区域生态环境已然成为海洋经济发展的制约因素。为实现温州湾、乐清湾区域生态环境根本好转和生态系统良性循环，迫切需要建立沿海—流域—海域协同一体综合治理体系，构建流域—河口—近岸海域污染防治联动机制。当前瓯江、飞云江和鳌江流域陆海统筹的污染防治机制仍需进一步完善，乐清湾环境保护温州、台州两地跨区域协同治理机制亟待建立。

三　温州市美丽海湾建设对策与建议

（一）推进陆海统筹治理，强化近岸海域污染防治

1. 强化联通水系生态保护

推进洞头灵霓大堤破堤通海工程建设，打通潮汐通道；在乐清清江、温州瓯飞、龙港江南海涂等区域设置口门湖泊，改善半封闭海湾的水动力条件，提高海湾水体自净能力。以瓯江、飞云江、鳌江等三条入海河流为重点，通过退耕还湿、退耕还滩等逐步恢复坑塘、河湖、湿地、海洋等各类水体水系连通，强化陆海生境互联互通。

2. 推进陆源污染防治

注重陆域污染源头防治，巩固“五水共治”成效，持续推进城镇“污水零直排区”建设和沿海工业园区（工业集聚区）“污水零直排区”建设，加快推行“肥药两制”改革，优化农田氮磷生态拦截沟渠系统布局和建设，实施农村生活污水治理“强基增效双达标”行动。落实河长制、湾（滩）长制，持续提升入海水系环境质量。

3. 加强海上污染排放管控

推进水产绿色健康养殖“五大行动”，严格管控海水养殖尾水排放，积

极拓展水产养殖用药减量。严格执行《船舶水污染物排放控制标准》，推动船舶加装船载收集装置或处理装置，限期淘汰经改造仍不能达到污染物排放标准的船舶。推广渔船捕捞清洁生产技术，实施渔船清洁化改造行动。加强沿海港口码头和船舶修造厂等的绿色岸电、环卫设施、污水处理设施建设，统一纳入沿海城市基础设施建设规划中。加强推进港口码头船舶污染物接收处置设施建设，落实港口船舶污染物接收、转运、处置联合监管机制。开展美丽渔港建设行动，推动渔港污染防治设施建设和升级改造。加强海岛污染综合治理，推进海岛河流水生态修复，完善海岛生活垃圾集中收集处理体系。

4.实施入海排污口整治提升

按照“取缔一批、合并一批、规范一批”要求，全面实施入海排污口分类整治提升。坚持“一口一策”分类攻坚，明确各建设单元的入海排污口责任主体，动态清理“两违”排污口。完成重点入海排污口规范化整治，实现在线监测全覆盖，稳定达标排放。禁止在海洋自然保护地、海滨风景游览区、海水浴场和其他重要环境敏感区新建入海排污口。推动海上监测与陆上巡查、执法联动监管，规范入海排污口设置的备案管理，建立入海排污口公示公开制度，健全入海排污口排查、监测、溯源、整治工作体系。

（二）推进蓝色海湾整治工程，提升临海亲海空间品质

1.实施海岸线保护与整治修复行动

重点推进温州市蓝色海湾整治行动项目（二期）、乐清“蓝色海湾”整治行动项目，修复温州市海湾功能受损的自然岸线。持续推进沿浦湾海湾红树林湿地生态系统修复工程和鳌江河口红树林湿地生态系统修复工程，逐步恢复滨海湿地生态服务功能，致力建成中国最北最大海湾红树林湿地和河口红树林湿地。

2.提升亲海空间品质

开展“净滩净海”工程，强化亲海岸线岸滩环境综合整治和管理，加强海域废弃物倾倒管控，坚决打击非法倾倒行为，探索建立“海上环卫”

工作机制。加强洞头大沙岙沙滩、西湾风景区、铜盘岛风景区等沙滩和三大江入海口亲海岸段海滩垃圾监管，提升海滨浴场环境质量。加强海水浴场水质、赤潮等监测预警，及时向公众发布提醒信息，保障公众亲海人身安全。依托滨海旅游岸线、滨海渔村和特色岛屿等资源，打通山海相连绿色通道网络，建设海岸生态景观大道，打造乐享自然的亲海公共空间，形成宜居宜游的魅力海岸示范带。大力推进海洋环保主题纪念、海滩清洁养护、珍稀海洋动植物研学等各类环保实践活动，优化公众亲海体验。

（三）实施海洋生物资源养护，加强生物多样性保护

1. 健全海洋生态环境保护制度

对涉海项目开展海洋生态红线符合性分析，采用“蓝海指数”近岸海域生态环境质量和健康状态进行综合评价和考核。禁止在海岸滩涂擅自进行围塘养殖等违法行为，开展非法采砂联合执法专项行动，强化对非法采砂行为的监管。在瓯江、飞云江和鳌江三大流域严格执行“禁渔期”制度，开展“海盾”、“护岛”、浙江渔场修复振兴暨“一打三整治”、幼鱼保护行动等海洋生态环境保护专项执法行动，全面形成海洋环保执法高压态势。

2. 实施海岛生态系统和生物多样性保护

加大对重要海洋生物资源及其栖息地的保护力度，加快推进生态岛礁工程建设，开展生态修复行动，恢复修复森林植被、珍稀鸟类、海洋贝藻类等生物资源，对黑脸琵鹭、黄嘴白鹭、中华凤头燕鸥等濒危物种加大保护力度。开展外来海洋水生物种调查，制定外来海洋水生物种名录，加强互花米草等外来入侵物种的治理和控制。

（四）推动数字赋能，加快构建“美丽海湾”整体智治体系

1. 推动数字赋能，加快科技“智治”

以数字化转型为牵引，全力推进数字环保新基建，推动大数据、云计算、人工智能等前沿技术在海洋污染防治、执法监管、环境监测、环境应急等领域的应用，打造科学决策、精准执行、风险预警、绩效评估、成果运用

的闭环管理体系。探索建立温州市“海洋环境执法大数据”，扩展污染排海企业工况运行监控系统辅助环境监管模式，实施监控信息分级分类预警管理。

2. 建立完善温州市海湾区域智能化环境监测体系

开展排污许可重点管理企业、重污染行业专业园区智能监控建设，建设海洋环境国控、省控断面水质自动监测站，不断完善海洋生态环境监测网络，实现陆源污染物、海源污染物、海洋生态环境的智能化实时感知。完善湾滩巡查制度，探索推进湾（滩）长制工作标准化，深化湾（滩）长制和河长制等工作衔接，加快提升湾（滩）长制数字化管理水平。提升赤潮灾害监视监测和预警预报能力，加强赤潮巡察力度。

（五）完善海洋风险防范体系，提升海洋环境风险防控能力

1. 建立海洋风险防范体系

积极构建海上智能移动导航系统，保障海洋安全生产作业，减少海损事故发生。加快推进海洋环境监测队伍和实验室建设，全面提升海洋环境监测能力，建立健全以卫星、飞机、船舶、浮标、岸站组成的多种监测技术集成的海洋环境监测技术体系，建立和完善海域生态环境监测网络体系和监测信息共享机制，完善海洋生态环境风险报告制度和预警机制。

2. 加强海洋应急处置能力建设

加强应急信息资源管理和船舶污染监视监测系统、应急辅助决策支持系统建设，建立沿岸风险防控机制，加强重点领域环境风险的事前监管与防控，定期开展重点环境风险源专项检查和应急预案演练。建设与石化产业环保监管要求相匹配的生态环境监测监控能力，针对沿岸油品仓储实施全方位监管，提升对危化品泄漏收集处置的能力。重点加强海上溢油应急能力建设，完善溢油应急反应体系，强化溢油防控机制，提高溢油的遥感观测能力。积极探索现代化船舶污染应急处置体系，不断提升专业船舶污染应急队伍、应急专家队伍和兼职船舶清污队伍的应急处置能力。

（六）探索开展海洋碳汇评估，进一步挖掘海洋碳汇潜力

以红树林等典型海洋生态系统为重点，开展海洋蓝碳生态系统本底调查，推进海岸带碳储量监测与评估，为碳达峰与碳中和提供海洋领域基础数据。在霓屿岛、沿浦、龙港鳌江口等地开展红树林、柽柳种植等固碳增汇行动，提升海湾整体碳储量。探索海洋牧场、海水养殖生态增汇新途径，发挥渔业碳汇功能；维护海洋碳汇生态系统结构和功能的完整性，协同提升海洋生态系统质量和稳定性与气候韧性。开发海洋碳汇产品，探索开展海洋碳汇交易和生态价值实现。

（七）探索建立乐清湾跨区域系统治理机制，破解乐清湾治理难题

建立统一联动的乐清湾环境保护温州、台州两地跨区域协同治理机制，由浙江省人民政府作为第一责任主体牵头统筹协调，制定与实施政策指导、协调和监督两地湾区治理，整合两地现有机构职能，完善市际、县（市）际等层面的协同治理平台，构建跨区域协同网络，建立政府与公众有效的立体化监督联动平台，做到“统一规划、统一标准、统一环评、统一监测、统一执法、统一监督”。构建统筹协调全主体、全湾区的区域合作关系，明确责任主体，在生产环节落实生态责任，倡导绿色低碳的生产方式，组织动员社会力量，共同构建乐清湾生态环境保护与政治、经济、社会、文化建设的多维度融合关系。

B.20

温州市生物多样性现状和保护对策

焦婉璐　房金巍　王贤沛*

摘　要： 温州地区属中亚热带季风气候区，是浙、闽、赣交界山地动植物区系的重要组成部分。为进一步推动温州市生物多样性保护工作，为温州市大力推进生态修复和生物多样性保护提供本底资料，本文对市域生物多样性保护工作的现状及历史研究成果进行了梳理，发现温州生物多样性保护工作仍存在管理机制体制亟待健全等问题和不足。提出构建现代化监管体系、加强长期监测能力、夯实本底调查、开展物种保育研究、开展城市生物多样性保护研究、强化保护执法与宣教等对策。

关键词： 生物多样性　生态修复　动植物资源　温州

温州市委“十四五”规划纲要中强调，需坚持以“绿水青山就是金山银山”理念为指引，坚定不移推进绿色发展，有效解决突出环境问题，切实加强生态系统保护，加快建设诗画江南韵味的浙南美丽花园，努力形成“美丽中国温州风景”标志性成果。生物多样性保护工作是深入践行“绿水青山就是金山银山”理念的重要抓手，而当前温州市动植物资源存在底数不清、保护力度不够等问题。为此组织本次调研，对温州市动植物资源进行进一步调查和梳理，剖析管理和调查中核心问题，大力推进生物多样性保护工作。

---

* 焦婉璐，温州市生态环境局自然生态保护处高级工程师；房金巍，温州市生态环境保护局办公室副主任；王贤沛，温州市生态环境局排污权储备中心副主任。

一　温州市域生物多样性保护工作现状

（一）生物多样性保护历史研究及当前工作开展情况

温州地区属中亚热带季风气候区，其独特的气候条件孕育了丰富的动植物资源，使其成为浙、闽、赣交界山地动植物区系的重要组成部分。温州市动植物资源的调查研究，目前已取得一系列成果，2010 年 6 月，温州市启动“温州野生植物资源调查与植物志编写”项目，最终编著《温州植物志》共 5 卷，先后出版了《乌岩岭两栖爬行动物》《洞头南北爿山保护区动植物资源》《浙江乌岩岭昆虫及其森林健康评价》《南麂列岛国家级海洋自然保护区论文选》《南麂列岛海滨生物实习指导》等著作。已开展的植物调查主要集中于平阳、泰顺、文成和乐清等地，部分动物类群尚未开展系统调查，如淡水水域的软体动物、环节动物、节肢动物，土壤动物中的原生动物、环节动物、节肢动物，海洋生物中的中、小型底栖动物等，仍有大量种类遗漏或分布点记载不全面。2020 年，根据浙江省生态环境厅部署，温州市乐清、平阳、泰顺、苍南四个县（市、区）启动全域生物多样性调查，泰顺已完成全物种调查，其他 3 地工作正有序推进中。2021 年，市生态环境局开展了温州市域生物多样性保护历史数据调查，首次摸清了市域生物多样性的整体状况，形成了《温州野生动植物物种名录和保护对策》。

（二）市域动植物保护物种现状

据温州现有历史资料统计，截至 2021 年 11 月底，温州市域共有野生动植物 495 种（含种下分类等级），隶属于 35 门 91 纲 376 目 1457 科 5007 属。其中：野生植物 3828 种，包括管束植物 2842 种、苔藓植物 363 种、大型真菌 125 种、藻类 498 种；野生动物 5667 种，包括节肢动物门 3282 种、脊索动物门 1300 种、软体动物门 583 种、环节动物门 195 种、刺胞动物门 95 种、扁形动物门 71 种、苔藓动物门 29 种、棘皮动物门 28 种、线虫动物门 20 种、纤毛门 19 种、轮虫动物门 15 种、毛颚动物门 13 种、栉板动物门 4 种、渗养门 3 种、星虫动物门 3 种、腕足动物门 3 种、纽形动物门 2 种、多孔动物门 1 种、螠虫动物门 1 种。脊索动物门中软骨鱼纲 54 种、辐鳍鱼纲 548 种，两栖纲 42 种，爬行纲 71 种，鸟纲 491 种，哺乳纲 89 种。

温州市域共有国家一级重点保护野生动植物 56 种，二级保护 195 种。其中，一级和二级重点保护野生植物分别为 1 种和 62 种，动物分别为 55 种和 133 种，被列入中国红色名录的极危（CR）物种 30 种，濒危（EN）物种 88 种，易危（VU）物种 151 种，近危（NT）物种 158 种。

此外，已有资料显示，温州市共有外来入侵植物和归化植物 63 种，从科水平来看，种类最多的是菊科，有 17 种，占总数的 26.6%，之后是苋科和禾本科，各有 5 种，这两科的入侵种数占总种数的 15.6%。温州地区有明确记录的外来入侵动物达 26 种，其中脊椎动物 8 种，以龟鳖与养殖鱼类为主；无脊椎动物 18 种，以各种昆虫为主。从原产地来看：来自美洲（南美洲、北美洲）地区的最多，共 13 种，占 50%；来自亚洲、非洲和欧洲的物种数量相对较少，依次为 7 种（26.9%）、4 种（15.4%）和 2 种（7.7%）。

（三）重点生物多样性保护区域工作进展现状

生物多样性保护重点区域主要分布在各级各类自然保护地，温州市现共有 36 个自然保护地，其中国家级自然保护区 2 个（乌岩岭保护区、南麂列岛保护区），各类自然公园 9 个，省级自然保护地 25 个。其中乌岩岭保护区与台湾东海大学、浙江大学等高校合作，成立“中国·乌岩岭生物多样性研究基地”，并积极开展中国—挪威生物多样性等国际项目研究。引进我国唯一的鸟类院士郑光美建立的生物多样性院士专家工作站，开展黄腹角雉人工种群半野生驯养试验和栖息地改造等活动。乌岩岭黄腹角雉主题馆已成为温州市生物多样性保护工作宣传的示范窗口。南麂列岛保护区以 SCCBD（中国南部沿海生物多样性）项目为平台，推进博士后科研工作站和院士专家工作站建设，与中国科学院海洋研究所、美国芝加哥大学等国内外科研院校开展合作。组织开展了海洋生物资源与栖息环境调查等大型资源调查工作。南麂列岛保护区相继成为“温州市青少年海洋科普教育基地”“浙江省科普教育基地”等。

根据原环保部2015年94号文件《中国生物多样性保护优先区域范围》明确的温州地区生物多样性保护优先区域，除部分国家级自然保护区外，温州地区大多数优先保护区未系统性开展生物多样性调查（见表1）。

表1 温州优先保护区域分布及生物多样性调查概况

所属地	具体范围	生物多样性优先保护区域	野生动植物调查概况
永嘉县	碧莲镇、岩坦镇、巽宅镇	武夷山生物多样性保护优先区域	未见系统调查
平阳县	青街畲族乡、顺溪镇、山门镇、南雁镇	武夷山生物多样性保护优先区域	未见系统调查
苍南县	桥墩镇北部山区(国道G104以北)、玉龙湖	武夷山生物多样性保护优先区域	莒溪开展了陆生野生动物和植物调查,苍南全境范围开始开展生物多样性调查
文成县	全境	武夷山生物多样性保护优先区域	未见系统调查
泰顺县	全境(乌岩岭国家级自然保护区)	武夷山生物多样性保护优先区域	乌岩岭开展了较为系统的动植物调查,泰顺全境已开展生物多样性的全面调查,苔藓植物曾有调查
瑞安市	高楼镇、湖岭镇,铜盘岛、北麂列岛及其邻近地区	武夷山生物多样性保护优先区域	未见系统调查,仅开展过红双林场陆生野生脊椎动物和植物的本底初步调查
龙湾区	温州湾海岸及瓯江河口三角洲滨海湿地	东海及台湾海峡生物多样性保护优先区域	开展了底栖生物、游泳生物、浮游生物、鸟类调查,但鸟类调查缺乏系统性
洞头区	洞头列岛及其邻近海域	东海及台湾海峡生物多样性保护优先区域	开展了部分海洋生物调查,南北爿山省级海洋特别保护区的鸟类和植物调查,开展部分岛屿的鸟类和植物调查

资料来源：笔者根据相关资料整理而成。

二　温州生物多样性保护当前存在的主要问题和不足

（一）管理机制体制亟待健全

虽然经过新一轮机构改革，生物多样性保护的职能配置逐渐集中清晰，但仍然需要围绕央地关系以及生态环境、自然资源、科学技术、农业农村、卫生健康、市场监管、海关等职能部门的监管，建立协调合作机制。目前生物多样性保护的职责被广泛赋予不同部门，由于不同职能部门管理的问题及数据共享协议等限制，还尚未形成高效的跨部门共享协同机制，无法开展市域层面生物多样性信息的融合、集成和深度分析。

（二）人员配比及科研经费投入不足

南麂列岛国家级自然保护区和乌岩岭国家级自然保护区设置有专门的生物多样性专业技术人才和管理人才机构，但仍存在人员不足的现象。相比之下，温州其余的自然保护地管理部门，专业技术人才和行政管理人员配备严重不足。此外，因经费有限，生物监测经费也主要优先用于南麂列岛、泰顺乌岩岭国家级自然保护区等，而其他自然保护地存在明显的经费不足。整体而言，温州生物多样性保护经费投入与其生物多样性资源的丰富程度不匹配。如 1994 年和 2008 年在温州开展过两次野生动物调查，但由于经费水平的限制，设置的样线无法反映全域生物多样性水平，数据再次使用存在困难。

（三）调查类群及区域覆盖不全

部分类群仅在少数或个别地区开展调查，有些甚至没有进行系统调查，珍稀濒危物种、温州特色物种的调查缺乏定量的数据；红外相机、无人机、小型卫星低空遥感、热红外遥感和卫星数据等新技术仅在局部地区开展实际使用，缺乏系统性应用；不同职能部门所选用的生物多样性调查标准（规范）存在差异，致使生物多样性数据不成体系，难以进行汇总分析。综合多种原因导致温州市生物调查类群欠全面，重点保护地调查覆盖不全，现有调查结果无法全面评估温州全域生物多样性现状。

（四）外来入侵种研究尚需深入

2011 年，温州市针对外来入侵植物的分布和危害进行过系统的研究，但是近十年来，尚未对温州地区的外来入侵植物的种类和种群动态进行再次监测。最为严重的是，外来入侵物种例如松材线虫病已对温州松林生物造成严重危害和巨大的经济损失，福寿螺、巴西龟和罗非鱼等已对本土的生物多样性产生显著的影响，但上述入侵种在温州的分布现状、入侵途径、危害程度和防控措施等尚缺乏详细资料。因此，亟待再次对温州地区外来入侵物种分布现状进行监测。

三　温州生物多样性保护的对策和建议

（一）构建现代化监管体系

健全源头预防、过程控制、损害赔偿、责任追究的生物多样性保护监管体系，进一步明晰生物多样性部门管理机构和地方政府协调管理职责，严明生物多样性保护制度。将生物多样性保护内容纳入国民经济和社会发展规划和部门规划，推动温州各地分别编制生物多样性保护战略与行动计划。建立包括生物多样性指标在内的生态文明建设目标评价考核制度，将生物多样性纳入领导干部自然资源离任审计制度；将新技术与传统的监测方法相结合，建立大数据平台，推动实现生物多样性信息的即时共享，为温州生物多样性决策管理的定量化、精细化和智能化提供支撑。

（二）加强长期监测能力建设

在温州市范围内的主要陆地自然保护地，针对典型植被类型、濒危物种种群、温州特色生物区系等，根据监测对象，各建立长期监测样地（样点），进行周期性复查，监控分析生物多样性的变化。20 世纪 80 年代起，我国已建立中国生态系统研究网络（CERN）、中国生物多样性监测与研究网络（Sino BON）和中国生物多样性观测网络（China BON）等多个生物多样性和生态系统监测网络，应积极推动温州地区的长期监测样地（样点）加入上述监测网络。加强温州生物多样性影响分析及综合评估。

（三）夯实生物资源本底调查

重点在温州市生物多样性优先保护区域内开展动植物资源的本底调查，对其他区域针对重点保护且尚无调查的类群开展补充调查，对城市湿地、城市自然公园、风景区等半自然生态系统（如三垟湿地）中引种物种、经济观赏物种、外来入侵物种等生物资源开展调查，形成较为完善的温州市生物多样性本底资源数据库。摸清温州市范围内存在的国家级或省级珍稀濒危动植物的分布、数量、种群动态变化等基础数据，形成关键栖息地生境特征、植被类型、植物种类多样性和种群特征数据资料库。收集保藏温州市特有、珍稀濒危动植物（如泰顺杜鹃、永嘉石斛、温州六道木、中国瘰螈、卷羽鹈鹕、黄嘴白鹭、黑脸琵鹭等）的遗传资源，为生物资源保存和生物多样性保护提供资源支撑。

（四）开展物种资源保育研究

开展温州珍稀濒危动植物复壮和保育技术研究，探索濒危机制，探索建立珍稀濒危植物就地、迁地保护技术规范，探索设立野外救护基地等。加强本土资源物种种群复壮技术研究，加强本地溪流型淡水鱼类，以及河口、近岸经济游泳动物的繁育技术研发，科学合理地对增殖放流的种类、地点、效果进行评估。加大古树名木保护力度，建立古树名木保护规范，梳理温州市古树名木的基础信息并进行跟踪管理。防控外来物种入侵，针对主要的外来入侵物种，如松材线虫、互花米草、加拿大一枝黄花等，研究其入侵途径、扩散机制、风险评估和防控及对生态系统产生的危害等，并进行入侵生态系统的生态修复或重建。

（五）开展城市生物多样性保护研究

将城市生物多样性保护理念落实到城市规划建设中，修复城市受损空间，改善城市生态环境。在与人居环境高度重叠的都市型生物生境斑块开展试点，开展降低人类干扰的空间布局和植被配置引导体系研究，尽可能实现生物空间与人居环境的“隔而不分”；开展生物多样性基础设施建设，加强城市生态廊道系统建设研究，在城市中为生物创造一定的微生境停留、觅食甚至巢居空间，有利于生物的迁徙与生物之间的交流，维持城市生态系统的整体性，实现人与自然和谐相处。

（六）强化生物多样性保护执法和宣教

建立多部门信息交流与联合执法机制，加强生物多样性互联网犯罪监管执法。依托《濒危野生动植物种国际贸易公约》，严格野生动物进出口管理。依法严厉打击食用野生动物、交易野生动物等违法犯罪行为，加强野生动物疫源疫病监测预警防控。加强野生动植物科普宣教，在自然公园、湿地公园、自然保护区等半自然生态系统中，推动建立“生物多样性体验地”，提高公众参与保护生物多样性的意识。

专题篇

Special Topics

B.21

2021年温州经济社会发展评价和2022年趋势判断

——基于领导干部和企业家的问卷调查

朱呈访*

摘　要：问卷结果显示，就温州经济社会发展的评价与预测来看，领导干部总体上更显乐观，而企业家总体上更显悲观，这一定程度上反映了企业家对于经济社会发展信心的不足；此外，领导干部与企业家对经济发展的评价明显比对社会发展的评价更负面。就经济社会发展中的问题来看，“消费需求不足”“人才缺乏”“教育资源分配不均衡”成为关注的焦点，而“维权难”是企业家群体与经济干部群体明显不同的强烈诉求；就实现共同富裕中的问题来看，“收入差距较大”被认为是最突出的问题，其中领导干部的负面评价的比例更高；就政府工作评价来看，“营商环境优化”、“平安温州建设”与“数字政府建设”被认为是富有成效的政府工作，而“新兴产业培育壮大”、“传统产业支持发展”与“教育领域改革”被认为是较为薄弱

* 朱呈访，中共温州市委党校（温州市行政学院）经济学教研部讲师，主要研究方向为数量经济。

的政府工作。由此可见，2022 年温州亟须在消费增长、教育改革、收入差距缩小、持续人才制度保障构建、传统产业与新兴产业发展等方面下功夫，以此优化温州经济社会发展环境。

关键词： 领导干部 企业家 经济发展 社会发展 温州

领导干部与企业家是推动经济社会发展的重要力量，他们对经济社会发展的评价与建议具有重要决策参考价值。多年以来，课题组只关注于对领导干部的问卷调查，而 2021 年特别增加对企业家群体的问卷调查，以期能够更加准确地把握温州经济社会形势的发展。企业家是一个特殊的群体，对经济社会具有较强的洞察力，其对经济的评价与预测具有较强的现实意义。由此，为了解领导干部和企业家对温州经济社会发展的基本看法，课题组以电子问卷形式开展调查，以期为政府决策提供参考依据。其中：对温州领导干部的问卷调查，共获得有效问卷 391 份，其中乡科级领导干部 341 份，县处级领导干部 50 份，具体样本特征见附录 1；对温州企业家群体（调查对象为企业的董事长或总经理）的问卷调查，共获得有效问卷 202 份，具体样本特征见附录 2。值得强调的是，本文的数据分析不仅运用频数分析法与描述性分析法，还运用多题目间的交叉分析法与分层聚类法，以探索问卷多属性之间的交叉联系来挖掘问卷背后更多有用的信息。

一 对2021年温州经济社会发展总体评价

为了解领导干部与企业家对经济社会发展的总体评价，课题组从经济发展评价、社会发展评价与区域竞争力评价三个层次设置调查问题，并按照李克特五点式量表法对评价指标按程度高低划分为五等级[①]。

① 各个评价指标按程度高低划分为五等级：1 表示“差”或“弱”，2 表示“比较差”或“比较弱”，3 表示“一般”，4 表示“比较好”或“比较强”，5 表示“好”或“强”。

（一）从对经济发展总体状况评价来看，约六成领导干部认为经济发展“好”与“比较好”，超过五成企业家认为经济发展“好”与“比较好”

59.33%的领导干部认为2021年温州经济发展总体状况“好”与“比较好”，这表明超过一半的领导干部对温州经济发展较为满意。然而，从纵向对比来看，选择“好”与“比较好”的比例较2020年的调查数据下降了4.92个百分点，较2019年下降了7.30个百分点，呈现两年连续下降的趋势。从横向对比来看，企业家认为“好”与“比较好”的比重为50.50%，较领导干部的评价低8.83个百分点。由此可见，领导干部与企业家对经济发展均较为满意，但领导干部满意程度更高，如图1所示。

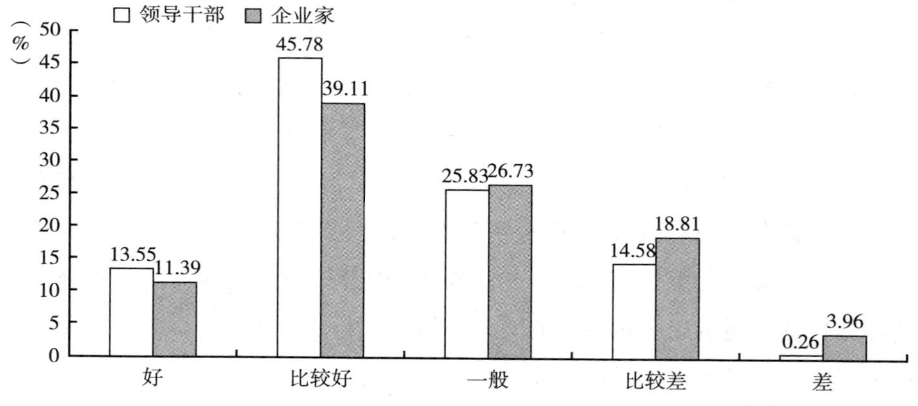

图1　领导干部与企业家对2021年温州经济发展评价对比

具体而言，就领导干部的问卷数据来看，年龄在30岁以下的领导干部最乐观，选择“好”与“比较好”的比例最高，而年纪越大越悲观，最悲观的是50岁及以上的领导干部；此外，县处级的领导干部评价更为积极，认为经济发展情况“好”与“比较好”的比例高出乡科级领导干部5.06个百分点。就企业家的问卷数据来看，男性的评价较为多元化，而女性的评价较为集中，主要持有的态度为“比较好”与“一般”，并且女性企业家无人选择“比较差”与“差”；此外，来自大型企业的企业家选择“好”与“比较好”的比例最高，小微企业的次之，而中型企业的比例最低，并且超过80%的负面评价（“比较差”与“差”）来自中型企业的企业家，这从一定程度上反映了中小微企业的企业家对于经济发展信心不足。这和当前的疫情形势紧密相关，中小微企业抗风险能力弱，受疫情带来的不确定性影响更加突出。由此，在疫情防控常态化的情况下，呼吁党和政府要进一步帮助企业家廓清迷雾，重拾信心。

（二）从对社会发展总体状况评价来看，领导干部和企业家对2021年温州社会发展满意度较高，且领导干部的满意度显著高于企业家的满意度

领导干部问卷数据表明，对2021年社会发展总体状况评价为“好”与“比较好”的领导干部达到76.99%，较2020年的数据上升了2.11个百分点，呈现连续3年满意率上升趋势。这充分说明了温州社会总体发展得到了温州广大干部的认同。从对比来看，企业家对社会发展的满意度显著低于领导干部。52.47%的企业家对社会发展总体状况评价为“好”与“比较好”，低于领导干部此评价占比24.52个百分点。以上调查数据说明，虽然企业家对温州社会总体发展持有较高的满意度，但相较于领导干部而言，其社会发展满意度仍然不足，两者具体对比见图2。

具体而言，就领导干部的问卷数据来看：乡科级领导干部对温州社会发展满意程度高于县处级领导干部；乡镇机关是对温州社会发展评价最高的单位类型，超过80%的“好”的评价来自乡镇机关。此外，市级机关、县级机关与事业单位、国企对温州社会发展评价结果较为接近，其中事业单位评价更为积极。而就企业家而言，年龄在40~49岁的企业家对温州社会总体发展评价在所有年龄段中最高，选择温州社会发展水平“好”与“比较好”的比例超过80%。此外，男性企业家对温州在社会发展评价态度较为中庸，认为“一般”的比例超过60%；而女性企业家偏悲观，认为“比较弱”与“弱”的比例超过55%。

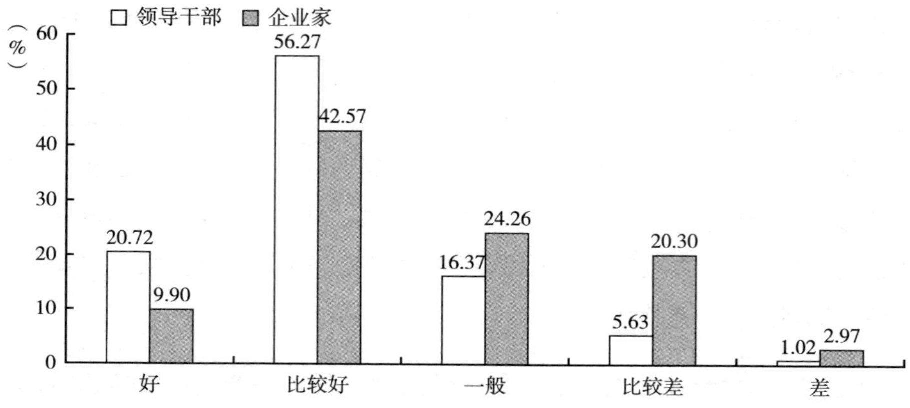

图 2　领导干部与企业家对 2021 年温州社会发展评价对比

（三）从对区域竞争力评价来看，领导干部对2021年温州区域竞争力评价信心略有不足但企业家更显悲观

73.14%的领导干部认为温州在省内的区域竞争力水平“一般”与“比较弱”，而 14.07%的领导干部认为“弱”，选择“强”与“比较强”的比例只有 12.79%（见图 3），这说明领导干部对温州区域竞争力水平缺乏足够的信心。特别是领导干部对温州高新技术产业发展与战略性新兴产业发展竞争力水平评价较为负面：有 57.80%的领导干部认为温州高新技术产业发展竞争力水平“比较弱”与“弱”，认为“强”与“比较强”的比例只占 16.11%；而有 52.43%的领导干部认为温州战略性新兴产业成长性竞争力水平“比较弱”与“弱”，认为“强”与“比较强”的比例仅有 14.58%。

然而如图 3 所示，与企业家评价相比，领导干部的评价仍然更乐观。企业家认为温州在省内的区域竞争力水平“弱”的占 16.34%，高出领导干部此评价占比 2.27 个百分点；选择“强”与“比较强”的仅有 5.94%，低于领导干部此评价占比 6.85 个百分点。此外，高达 65.35%的企业家认为温州高新技术产业发展竞争力水平“比较弱”与“弱”，高出领导干部此评价占比 7.55 个百分点；认为“强”与“比较强”的只占 7.92%，低于领导干部

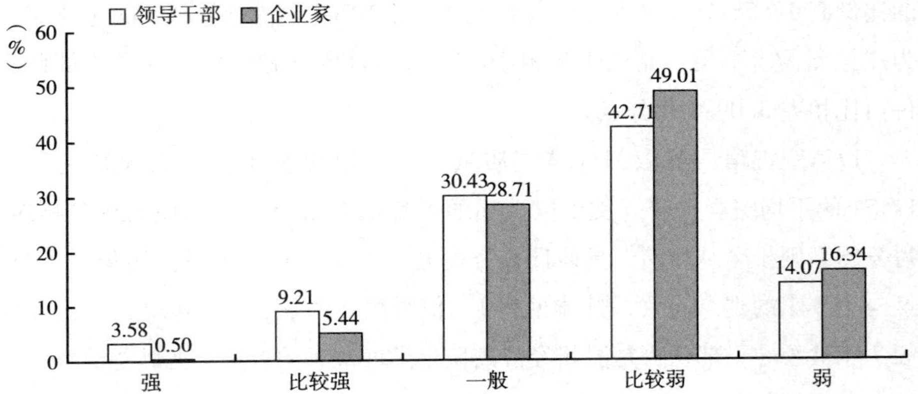

图 3　领导干部与企业家对 2021 年温州省内区域竞争力评价对比

此评价占比 8.19 个百分点。有 55.45%的企业家认为温州战略性新兴产业成长性竞争力水平“比较弱”与“弱”，高出领导干部此评价占比 3.02 个百分点；认为“强”与“比较强”的比例仅有 10.40%，低于领导干部此评价占比 4.18 个百分点。

二　2021年温州经济社会发展中存在的问题

在这部分问卷中，课题组在设置经济发展问题与社会发展问题的基础上，围绕共同富裕这一政策热点设置问题调查温州在实现共同富裕中存在的制约因素，以此了解温州经济社会发展中的突出问题。

（一）“消费需求不足”被领导干部认为是制约温州经济快速增长的首要因素，而“人才缺乏”连续七年被领导干部认为是温州经济高质量发展最大短板，观点与企业家较为一致

以宏观经济“三驾马车”为视角分析温州经济增长的困境所在，65.47%的领导干部认为“消费需求不足”是首要问题。73.66%的领导干部认为温州消费需求“不足”与“严重不足”，比出口需求“不足”与“严重不足”的比例高 18.41 个百分点，比投资需求“不足”与“严重不足”

的比例高 13.55 个百分点。这与企业家观点较为一致，62.38%的企业家认为“消费需求不足”是温州影响经济增长的首要问题，仅与领导干部此评价占比相差 3.09 个百分点。

以微观视角研究温州经济高质量发展的短板所在，“人才缺乏”以 11.71 的平均综合得分（文中以选项的平均综合得分决定选项的排名顺序，得分越高则排名越靠前，具体计算公式见表 1 注释）成为最大短板与不足，这与企业家的观点一致，具体见表 1。值得关注的是，“人才缺乏”已经连续 7 年被领导干部认为是温州经济高质量发展最大的短板，尤其是综合得分较上年大幅上升，上升了 11.84%，成为上升幅度最大的年份。由此可见，人才紧缺已然是制约温州经济高质量发展的痼疾，并成为领导干部与企业家的共识。

表 1　领导干部与企业家认为 2021 年温州经济高质量发展突出问题排序统计

领导干部			企业家		
排名	选项	平均综合得分	排名	选项	平均综合得分
1	人才缺乏	11.71	1	人才缺乏	10.82
2	企业自主创新能力不强	6.99	2	企业融资难	7.67
3	产业配套不完善	5.16	3	产业配套不完善	7.34

注：平均综合得分 =（∑频数×权值）/本题填写次数，其中频数是被调查者选择该选项的次数，权值由被调查对该选项的排序决定，文中全部采用三项排序法，排名第一的权值为 3，排名第二的权值为 2，排名第三的权值为 1。平均综合得分计算方法下同。

（二）“教育资源分配不均衡”连续三年被领导干部认为是温州社会发展最严重问题，而“维权难问题”则是企业家认为最严重的问题

391 份领导干部问卷数据显示，“教育资源分配不均衡”以 7.92 的平均综合得分居温州社会发展突出问题首位，较上年上升了 1.93 个百分点，连续 3 年呈现上升态势。其中，乡科级领导干部对“教育资源分配不均衡”评价要比县处级更负面；女性领导干部对此的评价比男性更负面。在领导干部问卷中，“房价高住房难”“食品安全问题”分别位列温州社会发展突出

问题的第2名、第3名（见表2），其中“食品安全问题”得分上升速度较快，由上年的第10位上升至第3位，成为严重性上升幅度最大的社会问题。

表2　领导干部与企业家认为2021年温州社会发展突出问题排序统计

领导干部			企业家		
排名	选项	平均综合得分	排名	选项	平均综合得分
1	教育资源分配不均衡	7.92	1	维权难问题	8.86
2	房价高住房难	6.43	2	房价高住房难	7.95
3	食品安全问题	5.12	3	教育资源分配不均衡	6.01

相较于领导干部对“教育资源分配不均衡”较高的关注度，企业家则更多的是关注“维权难问题”，具体如表2所示。“维权难问题”被202位企业家认为是温州社会发展最棘手的问题，平均综合得分高达8.86。在调研访谈中，企业家指出疾风骤雨式的拉闸限电政策影响整个经济生态。在限电风暴中，一些传统企业、小企业首当其冲，而由限电停工停产导致的损失与破坏却存在企业难以维权的问题。

（三）“收入差距较大”被领导干部认为是制约温州实现共同富裕最突出的问题，领导干部对其关注程度高于企业家

在温州实现共同富裕需要关注的问题中，“收入差距较大”被391位领导干部认为是最突出的问题，关注程度位居第一。通过访谈发现，领导干部普遍认为温州收入分配公平程度较低，收入分配公平感较弱，而缩小收入差距的主要诉求是改变分配关系中的强资本弱劳动现象、消除权力对收入的决定性影响、健全以税收为中心的再分配制度。

根据企业家问卷数据，“收入差距较大”也是企业家认为温州实现共同富裕最需要关注的问题，平均综合得分达7.33，关注程度比领导干部低2.09分，具体如表3所示。由此可见，“收入差距较大”对共同富裕实现的制约作用已经成为领导干部与企业家的共识，然而领导干部关注程度更高。此外，企业家对于“区域发展不平衡”也给予较高的关注，平均得分为

7.02分，位居第二。企业家认为地区发展差距是实现共同富裕较大的难题，特别是认为城乡之间的差距尤为明显。另外，企业家认为“社会保障体制不健全”是排名第三的突出问题，较领导干部关注度低1.26分。

表3 领导干部与企业家认为温州实现共同富裕的突出问题排序统计

领导干部			企业家		
排名	选项	平均综合得分	排名	选项	平均综合得分
1	收入差距较大	9.42	1	收入差距较大	7.33
2	社会保障体制不健全	8.11	2	区域发展不平衡	7.02
3	富民产业发展不足	7.30	3	社会保障体制不健全	6.85

三　2021年温州政府主要工作评价

在这部分问卷中，课题组分别从政府经济工作与政府社会工作两个层面设置问题，并从2021年温州政府主要工作中选取8项经济工作与8项社会工作设置选项，以此了解领导干部与企业家对温州政府主要工作的评价。

（一）“营商环境优化”被领导干部认为是政府经济发展最富成效的工作，且企业家的认同程度更高

在391份领导干部问卷中，“营商环境优化”以9.71的平均综合得分居政府经济发展富有成效工作第一位，排名与上年相较上升了1位，得分也连续两年小幅上升。与领导干部观点相似，企业家也高度认同政府的“营商环境优化”工作，且认同程度高于领导干部。“营商环境优化”以9.83的平均综合得分被企业家认为是政府经济发展最富有成效的工作。特别是“最多跑一次”改革以后，企业家对政府的营商环境普遍赞许，认为政府服务意识得到增强，服务流程得到简化，服务质量得到提升。

在391份领导干部问卷中，“数字经济培育”以8.43的平均综合得分居政府经济发展富有成效工作第二位；相较于上年，综合得分与排名次序得

到较大幅度的提升，是成效改善幅度最大的经济工作。此外，在企业家问卷中，“‘一区一廊一会一室’创新格局构建”以8.11的得分居富有成效工作第二位，“一区一廊一会一室”创新格局以创新人才集聚效应与创新项目裂变效应为温州创新体系优化注入强大动力。

（二）“新兴产业培育壮大”连续两年被领导干部认为是政府经济发展最薄弱的工作，“传统产业支持发展”则被企业家认为是最薄弱的工作

“新兴产业培育壮大”被领导干部认为是政府经济发展最薄弱的工作，连续两年位于政府经济发展不足工作的首位。由此可见，“新兴产业培育壮大”工作长期未得到领导干部的认同，特别是相较于全省水平，发展仍然较为滞后，在产业发展力、产业集聚力与产业要素保障方面存在较大的差距。对于“新兴产业培育壮大”不足的认识：“50岁及以上”的领导干部给予了最负面的评价，且年龄越小负面评价程度越低；市级机关是负面评价程度最高的单位类型，而国企的领导干部的负面评价程度最低。

与领导干部不同，企业家对“新兴产业培育壮大”的评价并没那么负面，而企业家认为政府经济发展最薄弱的工作是“传统产业支持发展”。在对企业家的访谈中发现，企业家认为：政府长期忽略了对传统产业的保护与支持，使得不少温州传统产业逐渐在发展中失去了区域竞争力与区域影响力；政府较多的优惠政策向新兴产业与高科技产业倾斜，而原本极具发展优势的传统产业在政府政策的忽视甚至是限制中，开始走向没落。传统产业是温州经济的基础，一旦失去坚实基础的支撑，一切高大上的产业发展只能是空中楼阁。

（三）“平安温州建设”被领导干部认为是政府社会发展最有成效的工作，而企业家最为认同“数字政府建设”

“平安温州建设”被领导干部认为是2021年政府社会发展最有成效的工作，较上年排名次序上升1位。由此可见，2021年的“平安温州建设”工作获得了领导干部更高的评价。事实上，自2020年温州开展创建全国市

域社会治理现代化试点城市以来，温州以建设高水平的平安温州为目标，全力打造风险闭环管控大平安机制，以此实现平安建设效能的大幅提升。分年龄来看，30 岁以下的领导干部对“平安温州建设”给出了最高的评价，而 30~39 岁的领导干部的评价正面性最低；分职级看，县处级领导干部比乡科级干部的评价更高；从单位类型看，事业单位的领导干部给出了最高的评价，而市级机关的领导干部给出的评价分数最低。

与领导干部的看法不同，“数字政府建设”是企业家最为认同的政府社会发展工作，而“平安温州建设”位列企业家认为富有成效社会工作第三名，比领导干部对此评价的排名低 2 个位次。就对“数字政府建设”评价来看：不同行业类型有着不同的评价，来自“高新技术产业”的企业家给予了最高的评价，而来自“传统制造业”的企业家给予的评价最低；企业规模越大评价越高，大型企业的企业家评价最高；分年龄来看，30~39 岁的企业家给出的评价最高，而 40~49 岁的企业家给出的评价最低。在访谈中发现，企业家认为“数字政府建设”以线上办公的形式大幅优化了企业办事的流程，提升了企业办事的效率，降低了企业办事的成本。

（四）“教育领域改革”被领导干部认为是政府社会发展最不足的工作，且不满意程度显著高于企业家

“教育领域改革”是被领导干部给出负面评价最多的政府社会发展工作，平均综合得分达 10.87，较上年负面评价上升幅度较大，成为 2021 年政府社会发展最不足的工作。相较于领导干部，企业家也认为“教育领域改革”是政府社会发展较为不足的工作，但不满意程度较领导干部偏低。企业家问卷数据显示，“教育领域改革”以 7.21 的平均得分居社会发展不足工作中的第二位。

领导干部问卷数据显示：从年龄来看，年龄越大的领导干部给予的评价越负面，“50 岁及以上”的领导干部给予了最差的评价（平均综合得分达 11.35）；从职级来看，不同职级的领导干部看法较为相近；从性别来看，女性领导干部比男性领导干部的评价更负面。企业家问卷数据显示：从年龄与性别来看，企业家的评价与领导干部的评价较为一致，年龄越大的企业家

评价越差，女性企业家比男性企业家评价更差；从企业规模来看，来自“中型企业”的企业家给出的评价最负面；从行业类型来看，来自“传统制造业”的企业家给出的评价最负面，而来自“商贸服务业”的企业家给出的评价稍偏正面。近几年来，温州虽然在教育硬环境方面有很大的改善，但优质教育资源不足、教育资源分配不均衡等问题长期未得到解决。

四 2022年温州经济社会发展趋势判断

为增强经济社会发展的预见性与政策制定的及时性，课题组从经济发展预测、社会发展预测与区域竞争力预测三个层次设置调查问题，以此了解领导干部与企业家对2022年温州经济社会发展趋势的判断。

（一）领导干部对2022年温州经济发展预测谨慎乐观，但较上年有较大改善且比企业家更加乐观

在关于2022年温州经济增长预测问题上，认为经济增速为7.1%~7.5%的人数最多，占比达到41.18%，这一增速水平是最受领导干部认可的温州经济增长区间。此外，认为经济增速为7.0%及以下、7.6%~8.0%、8.1%~8.5%、8.6%~9.0%的分别占27.11%、25.32%、5.88%、0.51%。由此可见，66.50%的领导干部认为温州经济增速在7.1%~8.0%，该区间的认可度比上年上涨20.64个百分点；另外，认为经济增速为7.0%及以下的比例比上年下降21.59个百分点，而认为经济增速为8.1%~9.0%的比例比上年上升了0.95个百分点。据此，相较于上年，领导干部对经济发展信心有较大的提高，但总体上仍然偏谨慎。

但与企业家相比，领导干部预测更显乐观。在202份企业家问卷中，认为经济增长速度为7.0%及以下的比例为42.57%，比领导干部高15.46个百分点；认为经济增速为7.1%~7.5%的比例为29.70%，比领导干部低11.48个百分点；认为经济增速为7.6%~8.0%的比例为22.77%，比领导干部低2.55个百分点；认为经济增速为8.1%~8.5%的比例为4.46%，比领导干部低1.42个百分点；认为经济增速为8.6%~9.0%的比例为0.50%，比领导干部低0.01个

百分点。虽然温州 2021 年前三季度的经济增速较快，但 2021 年第四季度的经济发展受到复杂的国内国际经济政治形势的影响，特别是“拉闸限电”、疫情的反复等一定程度上冲击了企业家对 2022 年经济发展预期的信心。

（二）领导干部对2022年温州社会发展预测十分乐观，并多年来一直维持较为积极的评价，但乐观程度略低于企业家

80.56%的领导干部认为 2022 年温州社会发展“好”与“比较好”，而前两年社会发展“好”与“比较好”的预测支持率分别为 73.32%、73.73%。由此得知，领导干部对温州社会发展充满信心，且多年来一直维持较为积极的评价。可见，温州社会发展得到了领导干部长期广泛的认同。其中：年龄在 30 岁以下的领导干部对温州社会发展预测态度最为乐观，选择“好”与“比较好”的比例高出平均水平 7.16 个百分点；而乡科级领导干部比县处级领导干部持更乐观的态度，但比例十分接近。

与领导干部对比来看，企业家对社会发展预测的乐观程度更高。81.19%的企业家认为 2022 年温州社会发展“好”与“比较好”，高于领导干部对此评价的占比 0.63 个百分点。虽然企业家对 2021 年的社会发展总体状况满意程度显著低于领导干部（见前文），但是其对社会发展前景方面的乐观程度更高。可见，企业家虽然认为温州目前社会发展存在不足，但对温州社会未来的发展仍充满信心。

（三）超过一半的领导干部与企业家认为2022年温州区域竞争力会有所增强

关于 2022 年温州区域竞争力情况的评价，53.45%的领导干部认为温州在省内的区域竞争力会“增强”与“稍微增强”，只有 11.51%的领导干部认为会“稍微恶化”与“恶化”。据此，超过一半的领导干部认为 2022 年温州区域竞争力会有所增强，反映出领导干部对于温州区域竞争力增强较有信心。其中：年龄在 30 岁以下的领导干部对温州区域竞争力评价态度最为乐观，选择“增强”与“稍微增强”的比例高出平均水平 5.62 个百分点；乡科级领导干部的评价较

为集中，主要选择“稍微增强”，而县处级的看法偏向两端，选择“增强”与“恶化”的比例较高；县级机关的领导干部对温州区域竞争力增强的评价积极性最高，以下依次是乡镇机关、市级机关、国企与事业单位。

企业家问卷数据显示，企业家评价也较为积极，选择区域竞争力会“增强”与“稍微增强”的支持率为50.99%，这意味着超过一半的企业家对2022年温州区域竞争力有着较为乐观的预测，但比例比领导干部选择此评价的占比低2.46个百分点。由此可见，企业家也对2022年温州区域竞争力发展较有信心，但其信心仍低于领导干部的。特别是来自“小微企业”的企业家选择“稍微恶化”与“恶化”的比例是所有企业规模类型中最高的；而来自“高新技术产业”的企业家选择“好转”与“稍微好转”比例是所有行业类型中最高的。另外，在所有同类型对比中，女性企业家选择“好转”与“稍微好转”的比例与女性领导干部相比差别最大，低于女性领导干部选择此评价的占比8.14个百分点。

五　推进温州经济社会发展的对策建议

根据领导干部与企业家问卷数据分析，本文提出推进温州经济社会发展的对策建议，以此优化温州经济社会发展路径。

（一）增强消费信心，促进潜在消费需求加快释放

消费对推动经济增长起着基础性作用。在经济下行与外需受到抑制的情况下，激发消费需求，释放消费潜力，对于温州经济快速增长有着重要意义。第一，不断增强消费信心。努力促进居民收入增加，积极完善社会保障体系，着眼解决突出的民生问题，由此消除居民消费的后顾之忧，降低未来消费不确定性，这有益于增强居民消费信心与提升整体消费水平。第二，积极培育消费热点。发展文旅休闲消费，构建文旅休闲消费新场景，打造一批极具温州特色的消费特色街区；发展老龄消费，积极探索养老服务商业新模式，抢占老年消费服务市场发展先机；发展数字新消费，通过“直播销售”

等新方式拓展线上消费新空间。第三，努力健全放心消费市场机制。通过消费监管体系、消费诚信体制与消费信息数字系统的构建，建立全方位的消费者权益保护制度，增强消费者消费体验感，提升消费者消费获得感。

（二）传统产业与新兴产业发展并重，激发产业发展新优势

“新兴产业培育壮大”“传统产业支持发展”分别被领导干部、企业家认为是政府经济发展最薄弱的工作。特别是“新兴产业培育壮大”在产业发展力、产业集聚力与产业要素保障方面与全省平均水平存在一定的差距，而原本极具发展优势的传统产业也在激烈的市场竞争中开始逐渐失去优势。第一，支持传统产业发展。制定传统产业发展优化政策，改善传统产业发展环境，完善传统产业发展配套，构建传统产业发展平台，打造传统产业区域品牌，积极促进传统产业焕发新活力。第二，培育壮大新兴产业。加大力度培育新兴产业中的龙头企业，支持龙头企业加大研发投入，发挥集群内龙头企业溢出效应，增强新兴产业发展力；完善产业规划，优化产业布局，构建创新发展平台，形成新兴产业发展集聚力；引进并培养专业人才队伍，创新用地政策，优化融资渠道，优化新兴产业发展要素保障。

（三）构建持续人才保障制度，优化人才发展生态

由前文可知，“人才缺乏”被领导干部与企业家认为是制约温州经济高质量发展的最大短板。而人才保障制度构建不能仅着眼于货币补贴、住房补贴等短期激励政策力度的提升加大，还要更加关注包括公共服务水平、创新创业氛围与文化包容度等在内的长期发展环境的优化。第一，大力提升人才密集区公共服务水平。特别是公共服务设施建设比较滞后的新兴创新活力地带，需要政府集中力量补齐公共服务短板。第二，努力营造创新创业良好环境。深化收益分配制度改革，凸显创新要素的经济价值，不断提升知识技术等收益分配比例，完善发明专利等科研成果的权益保护制度，以此增强与保护创新创业的热情。第三，不断提升文化包容度。打造良好的文化生态环境，形成“尊重人才、尊重知识”的城市文化，不断提升城市文化的人才吸引力。

（四）逐步缩小收入差距，促进形成公平合理的分配体系

第一，促进中等收入群体扩大。温州中等收入群体扩大的主要难点在于温州传统产业和中小企业占比偏高，就业集中在传统劳动密集型产业，而偏低的工资水平限制温州中等收入群体扩大。针对以上难点，温州要不断推进数字化改革，加速构建现代产业体系，提供大量高质量就业岗位，提升平均工资水平，以此促进中等收入群体扩大。第二，增强农民增收能力。农民是温州低收入群体的主体，增强农民增收能力，缩小城乡居民收入差距，对于公平合理的分配体系的形成具有重要意义。不断深化农村土地和集体产权制度改革，以“三权分置”改革探索土地经营权入股发展模式，探索赋予农民对集体资产股份的占有、收益及抵押、担保权的实现路径，探索农房财产权更丰富的实现形式，积极推动农民增收机制创新。

（五）积极推动教育改革，实现教育优质均衡发展

第一，逐步打破教育与房产的捆绑模式，迈出实现教育公平的重要一步。逐步消除教育资源的商业属性，积极探索教育优质均衡发展新路子，可以借鉴北京的做法，设立“多校划片+多年一学位”就学政策试点，逐渐推进政策落实与推广。第二，重点解决在温工作的非温州户籍人口子女入学问题。将随迁子女义务教育纳入教育规划，构建财政经费保障制度，以加大政府向民办学校购买服务力度来扩大学位供给，以挖掘公办学校潜力来提升优质学位供给，有效解决随迁子女义务教育问题，这对吸引外来人口来温就业，优化人才环境和创业环境有很大的现实意义。第三，构建数字化教育信息共享平台，健全教育资源共享机制。深入推进教育领域的数字化改革，构建覆盖全市范围的教育信息共享平台，鼓励温州名校名师建立网络课程体系，一方面向全市学生提供“教学—答疑”为一体的教学课堂，另一方面向全市教师提供“观摩—研讨”一体的教学培训，以此打通优质教学资源的共享渠道。

附录1　领导干部问卷样本特征

（一）总体

此次调查以电子问卷形式在2021年温州市党校系统参训的领导干部中开展，共回收问卷391份，有效问卷391份。

（二）性别

在391个样本中：男性被调查者有336人，占比达85.93%；女性被调查者有55人，占比达14.07%。

（三）年龄

在391个样本中，被调查的年龄在30岁以下的有6人，30~39岁的有186人，40~49岁的有152人，50岁及以上的有47人，分别占1.53%、47.57%、38.87%、12.02%。由此可见，样本年龄主要集中在30~39岁；此外，与以往调查年份相比，被调查者平均年龄偏小。

（四）现任职级

在391个样本中：乡科级领导干部有341人，占比达87.21%；县处级领导干部有50人，占比达12.79%。

（五）单位类型

在391个样本中，被调查者所在单位属于市级机关的有116人，县级机关的有93人，乡镇机关的有73人，事业单位的有89人，国企的有20人，占比分别达29.67%、23.79%、18.67%、22.76%、5.12%。

附录2　企业家问卷样本特征

（一）总体

此次调查以电子问卷形式在温州企业家中开展，共回收问卷202份，有效问卷202份。

（二）性别

在202个样本中：男性被调查者有179人，占比达88.61%；女性被调查者有23人，占比达11.39%。

（三）年龄

在202个样本中，被调查的年龄在30岁以下的有3人，30~39岁的有74人，40~49岁的有88人，50岁及以上的有37人，分别占1.49%、36.63%、43.56%、18.32%。

（四）企业规模

在202个样本中，被调查者所属企业为大型企业的有46人，中型企业的有69人，小微企业的有87人，占比分别达22.77%、34.16%、43.07%。

（五）企业所在行业

在202个样本中，被调查者企业所在行业为传统制造业的有96人，商贸服务业的有35人，高新技术产业的有59人，其他行业的有12人，占比分别达47.52%、17.33%、29.21%、5.94%。

B.22
2021年温州市规上工业企业经营形势分析报告

温州市经济和信息化局课题组*

摘　要： 课题组通过对温州市6708家规上工业企业生产经营情况进行调研分析，认为2021年温州工业经济呈现“快速恢复、前高后低”的发展态势，工业投资高速增长、产业结构持续优化、企业培育成效显著，但企业成本上涨较快、经营费用相对偏高、部分企业面临缺芯难题、企业出口恢复缓慢等问题仍然较为突出。本文对2021年全市规上工业企业生产经营的基本情况、主要问题进行了分析，并建议下一步要聚焦数字化改革、精准化施策、集群化发展、绿色化升级和服务化转型，促进工业经济高质量发展。

关键词： 规上工业企业　数字化改革　温州

2021年，新冠肺炎疫情影响仍在持续，国内外市场尚未完全恢复，企业出现了原材料价格上涨、缺工、缺箱、缺电等一系列新的突出问题，倒逼企业改变原有的制造方式和营销模式。为及时了解发现当前温州全市工业企业生产经营中的新问题、新趋势，准确把握现阶段经济运行态势，课题组深入有关县（市、区）开展调研，与行业协会、重点工业企业进行座谈交流，客观分析当前全市工业企业生产经营的基本情况，找出困扰企业

* 课题组成员：张建东，温州市经济和信息化局党委委员、总工程师；谢伯寿，温州市经济和信息化局经济运行处副处长；张瑞玹，温州市经济和信息化局经济运行处。

发展的主要矛盾和问题，提出优化营商环境、推动工业经济高质量发展的有效措施。

一 主要特点

（一）工业生产快速恢复，全年运行前高后低

2021年，全市规上工业增加值同比增长10.1%，近十年来首次两位数增长；两年平均增长6.6%。分季度看：一季度受2020年低基数影响（2020年一季度同比下降18.4%），规上工业增加值增长41.6%；二季度全市继续保持高速增长态势，当季规上工业增加值增长11.2%；三季度受原材料价格上涨影响，工业生产者价格指数保持高位，当季规上工业增加值增速回落至5.6%；四季度受能源"双控"的影响，连续3个月规上工业增加值负增长，当季规上工业增加值下降2.5%（见图1）。从用电情况看，2021年，全市制造业用电同比增长17.0%，列全省第三，较全省增速高2.2个百分点。

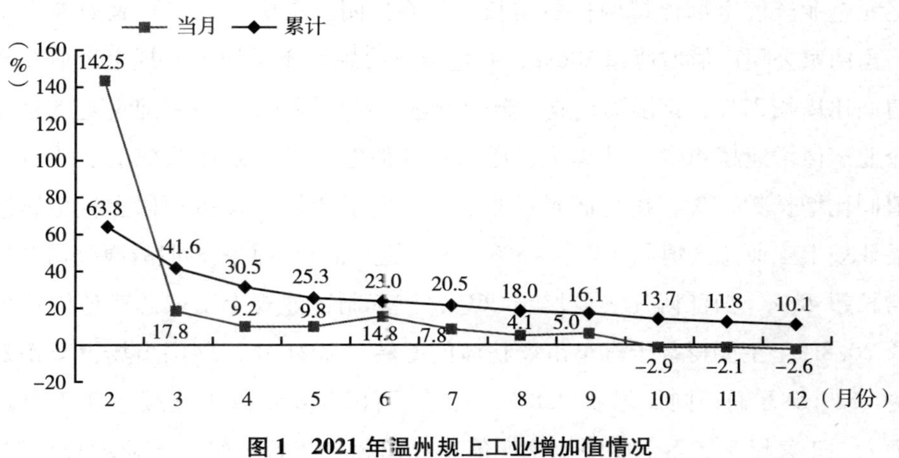

图1 2021年温州规上工业增加值情况

从县（市、区）情况看：乐清、瑞安、龙湾（含浙南产业集聚区）三个工业大县当年增速和两年平均增速均高于全市平均水平，贡献了全市

70%的增量，带动力较强；鹿城、永嘉、瓯海受鞋服产业影响，增长较慢，两年平均增速低于5%（见表1）。

表1　2021年温州各县（市、区）和省级产业集聚区规上工业增加值情况

单位：亿元，%

指标名称	全市	鹿城	龙湾	瓯海	洞头	乐清	瑞安	永嘉	文成	平阳	泰顺	苍南	龙港	瓯江口	浙南
总量	1319	57.5	88.9	134.5	11.6	385.5	219.4	76.6	4.6	93.0	4.8	38.1	51.8	10.8	131.7
增速	10.1	7.0	13.2	8.3	2.6	10.8	10.7	4.2	12.5	7.5	20.4	8.5	1.4	45.9	13.7
两年平均增速	6.6	2.5	7.2	4.7	7.1	7.8	6.7	3.3	4.4	6.2	12.9	5.3	4.6	24.7	8.7

（二）行业增长面超九成，部分行业增长较快

33个工业行业大类中31个行业产值实现正增长，增长面达到94%。部分行业增长较快。规上工业总产值超100亿元的行业中有5个行业产值增速超20%（电力、热力生产和供应业除外），其中化学原料和化学制品制造业规上工业总产值同比增长38.4%，主要是受原材料价格上涨影响，7家超5亿元企业产值全部保持两位数增长，华峰集团、东曹（瑞安）聚氨酯有限公司两家公司产值增速超100%；有色金属冶炼和压延加工业规上工业总产值同比增长37%，富泓锦铜业、金泰铜业、宏昌铜业、北正铜业等超5亿元企业产值增速超40%。计算机、通信和其他电子设备制造业规上工业总产值同比增长25.7%，超5亿元企业中新亚电子产值增长40%以上；金属制品业规上工业总产值同比增长25%，超5亿元企业中方大控股有限公司产值增长超40%，浙江博凡实业增长26%；汽车制造业规上工业总产值同比增长20.8%，主要得益于汽车市场整体的好转（2021年，中国市场汽车销量为2627.5万辆，同比增长3.8%，终结了自2018年以来连续3年下降局面），12家超5亿元企业中8家产值增长超20%。特色优势产业增长稳健。其中电气机械和器材制造业规上工业总产值同比增长16.0%，23家超5亿元电气企业中7家产值增长超20%；通用设备制造业规上工业总产值同比增长17.2%，在前几年高速增长后增速放缓，5家超5亿元泵阀企业中无一家

产值超20%。皮革、毛皮、羽毛及其制品和制鞋业规上工业总产值同比增长12.5%，纺织服装、服饰业规上工业总产值同比增长12.2%，主要是因为疫情影响，国内外消费市场尚未完全复苏。8家超5亿元鞋企中仅1家产值增速超过20%，2家负增长；3家超5亿元服装企业中无一家产值增速超过20%。

（三）工业投资高速增长，百亿元项目建设取得突破

制定支持工业企业“增资扩产”实施方案，梳理第一批“增资扩产”项目共351个，全市工业投资达617.13亿元，同比增长18.8%，连续4年保持两位数增长。百亿元项目取得突破，全市签约落地瑞浦新能源产业基地等百亿元产业项目15个，全市首个百亿元级单体制造业项目正威（平阳）长三角电子信息产业中心10月2日顺利投产。落实重大项目全生命周期管理，全年新开工超亿元制造业项目88个，竣工超亿元制造业项目129个，接近2020年的5倍。小微园建设提质增效，落实好小微企业园建设管理服务“十条刚性措施”，全年新开工小微企业园20个、新竣工24个，新增入园企业1377家，新增数字化园区建设21个、省数字化示范园区4家，乐清智能电气小微园、瓯海科创小微园获评省级五星级小微企业园；推动中心城区16个存量老旧工业园区改造提升为都市型现代工业园区，梳理项目339个，完成投资62.8亿元。要素保障不断加强。狠抓增量土地保障，全年完成低效工业项目整治11552亩、低效厂房整治365.6万平方米，均超额完成年度任务；全年新增工业供地10049亩。狠抓企业融资保障，2021年末全市制造业贷款额为2136.4亿元，较年初新增301.6亿元。

（四）腾笼换鸟加速推进，产业结构持续优化

深入新一轮制造业“腾笼换鸟、凤凰涅槃”攻坚行动，大力实施淘汰落后、创新强工、招大引强、质量提升四大行动，全年高新技术、装备制造、战略性新兴产业增加值占比分别达到64.7%、55.5%和32.3%，分别较2020年的占比提高3.8个、2.3个和5.9个百分点。一是数字经济产业加快

发展。出台物联网、软件和信息服务业三年行动计划，招引超亿元数字经济项目 39 个，包括百亿元级 DXC Technology 国际云软件生态平台总部项目。数字经济核心产业制造业增加值增长 10.4%；软件和信息服务业营业收入增长 28.9%。二是传统产业加快改造提升。深入实施传统制造业改造提升 2.0 版，传统制造业改造提升指数居全省第二，温州乐清电气产业集群入选国家级先进制造业集群试点，乐清智能输变电及储能装备产业群入选第一批省级“新星”产业群培育名单。深化“亩均论英雄”改革，加快推进高耗低效企业整治，912 家企业全部完成整治销号；12 家企业、5 个经济开发区和乐清智能电气高新技术产业园区入选亩均效益领跑者名单，全市亩均增加值、亩均税收分别列全省第二、第三。大力推进千企节能改造行动，全年实施千企节能改造项目 368 个，6 个传统制造业改造提升分行业试点绿色发展综合评价指数均超全省平均水平，单位工业增加值能耗强度、碳排放强度全省最优，获评年度全省淘汰落后产能工作先进市。全年新增国家级绿色供应链 2 条，实现了零的突破；新增国家级绿色工厂 4 家，新增省级绿色园区、工厂 18 家，数量居全省第一。纵深推进千企智能化改造，新增实施智能化技改项目 1380 个，新增工业机器人 2785 台，新增省级智能工厂（数字化车间）16 家，全市技改投资同比增长 21.3%，较全省平均水平高 7.4 个百分点。三是企业技术创新取得突破。持续推进企业技术创新，10 家企业获评省级企业技术中心，15 个装备产品被评为省级首（台）套，其中奔腾激光的 3 万千瓦大功率激光切割机床被评为国际首（台）套（全省 2 个），实现了温州市国际首（台）套的突破。全年新增省级工业设计中心 12 家，列全省第一，浙江树创科技有限公司成为全国唯一中低压电气行业国家工业设计研究院；备案省级工业新产品 1043 项，规上工业企业新产品产值同比增长 21.3%，新产品产值率达到 38.6%。

（五）营商环境持续优化，企业培育成效显著

全年新增制造业单项冠军企业（产品）2 家，工信部专精特新“小巨人”31 家（列全省第 3 位），省级专精特新中小企业 310 家（列全省第 1 位），省级隐形冠军企业 13 家（列全省第 2 位），省级服务型制造示范企业（平台）

25家（列全省第1位）。全年新增“小升规”企业1401家，创下历年新高（全市规上工业企业共6708家，列全省第2位）；瑞立列入第三批国家级服务型制造示范企业名单，实现零的突破。一是大力推进企业减负降本，制定实施新一轮减负降本政策“45条”等惠企政策，进一步制定了降低物流、融资、制度性交易成本等“温州版”政策。全年为企业减负301亿元。二是深化实施“两万”助企破难行动，针对企业缺电、缺箱、缺芯、缺工等难题，实施节能降耗破难行动等五大举措，全年共化解“两万”问题4540个。三是全力保障产业人才需求。开展规上工业企业产业人才现状调查、高层次人才需求排摸，走访企业近6000家，梳理重点引才企业276家，梳理并建立工信领域工程师人才信息库，入库工程师1524人。加大人才引进力度，全年共组织申报国家、省级“引才计划”350人，共推荐高级职称人员262人。

二 存在的问题

（一）企业成本上涨较快

2021年，全市规上工业企业百元营业收入成本为83元，较全省平均水平低0.6元，但较上年同期上涨1元，主要有两方面原因。一是原材料成本上涨。2021年，温州市工业生产者购进、出厂价格指数“剪刀差”十分严重，12月达9个百分点（PPI为106.1%，PIRM为115.1%），剪刀差比全省平均水平（8.0个百分点）和全国平均水平（3.9个百分点）分别高1.0个和5.1个百分点。这对温州市工业企业生产造成严重冲击，利润空间受到进一步挤压。主要是因为温州工业企业大多处于产业链中下游，产品同质化较严重，定价上缺少话语权，在本轮大宗商品价格上涨周期中受影响更大。二是用工成本上涨。2021年，全市规上工业企业人均职工全年薪酬已达到7.8万元/人，同比增长16.3%，增幅比规上企业利润（4.8%）高11.5个百分点。分行业看，化工、服装、农副产品加工和有色金属等行业职工薪酬增长较快，增速分别为25.3%、19.6%、18.9%和18.5%。

（二）经营费用明显走高

2021 年，全市规上工业企业销售、管理、财务等三项费用分别增长 11.9%、16.0%、5.1%，分别较全省平均水平高 2.1 个、0.9 个、14.5 个百分点，三项费用占营业收入比重为 9.0%，较全省平均水平高 2 个百分点，列全省第 1 位。三项费用加上成本的上升严重挤占企业利润空间，2021 年全市规上工业企业利润同比增长 4.8%，列全省末位；营业收入利润率仅为 5.6%，较全省平均水平低 1.3 个百分点，列全省第 10 位。

（三）产销率有待提升

2021 年，温州市产销率为 97.1%，较全省平均水平低 1.2 个百分点，列全省第 9 位，较 2020 年提升 1 个百分点。全市规上工业企业产成品库存同比增长 30.1%，较全省平均水平高 3.1 个百分点，列全省第 4 位。

（四）部分企业缺芯问题较大

2021 年二、三季度，上游供货商断货，芯片价格大幅度波动，部分企业面临的缺芯问题较大。全市使用芯片的企业主要集中在汽车及其零部件、电气、仪器仪表、计算机通信电子设备业、智能家居、智能装备等行业。调查显示，使用芯片的企业中，表示存在断供隐患的超 50%，对计算芯片、存储芯片、通信芯片、感知芯片、能源芯片需求迫切。断供芯片的可替代性弱，全市企业芯片主要来源于省外，对外依赖度较高，企业更易受市场环境的影响。而且断供芯片中，有很大一部分暂时无法找到替代产品。

（五）企业出口恢复缓慢

2021 年，全市规上工业出口交货值同比增长 17.4%，已连续两年列全省倒数第 2 位。其中一个重要原因是集装箱“一箱难求”，代表即期价格的上海出口集装箱运价指数（SCFI）在 2021 年初不到 3000 点，7 月首次突破 4000 点大关，12 月 31 日首次突破 5000 点大关。同时，拼箱出海较整箱出海更贵更难，部分企业反映疫情前3~4天可以完成拼箱，现在则需10~15天，拼箱后进仓还需再排队4~5天。此外，“义新欧”温州鞋类号虽已首发，但部分出口型企业仍反映铁路运输面临排队长、时间久等问题，需进一步加强班列统筹、增加开行班次。

（六）能源“双控”影响较大

2021年，全市单位工业增加值能耗为0.46吨标煤/万元，单耗效率居全省第三，同比下降0.2%。从8月开始，因能源“双控”，各地实行错峰生产，对部分企业生产造成一定影响。同时也导致更多后续问题，比如：部分企业担忧因限电无法按时交货而不敢接单；部分高能耗企业因限电停产后短期内无法组织原材料、工人，产能无法恢复至正常水平。

三　对策建议

2022年，坚持“稳字当头、稳中求进”总基调，以新一轮“腾笼换鸟、凤凰涅槃”攻坚行动为工作总载体，大力实施淘汰落后、创新强工、招大引强、质量提升四大行动，聚力打好产业基础高级化、产业链现代化攻坚战，加快打造传统支柱产业、新兴主导产业两个万亿元级产业集群，全力打造全球有竞争力的先进制造业基地、全国领先的时尚智造基地、长三角南翼制造业创新基地和全省数字经济领跑区，为温州奋力续写创新史、走好共富路夯实物质基础。具体要抓好“五个化”。

（一）聚焦数字化改革，打造数字经济领跑区

一是加快产业大脑建设。加快推进智能电气、皮革制鞋、泵阀（工业阀）3个省级产业大脑试点建设。围绕企业所需所求，加快打造一批企业获得感强的应用场景。二是加快未来工厂建设。加快推进5个产业集群省级新智造试点工作，打造多层次的新智造企业群体，新增实施一批智能化改造项目，打造一批省级数字化车间和智能工厂。三是加快数字经济产业发展集聚

区建设。招引培育一批大企业、大项目，推动数字经济产业集聚发展，争取全年招引落地一批超亿元数字经济项目，培育一批超亿元数字经济企业。

（二）聚焦精准化施策，打造增资扩产新引擎

一是加快老旧工业区改造提升。以部分乡镇工业园、村级工业集聚点等为重点，进行拆除重建或改造提升，实现连片整治。在中心城区推进 16 个老旧区块打造都市型工业园区；在各县域启动一批老旧园区改造试点。二是加大重点项目建设力度。建立实施谋划签约项目、拟开工项目、在建项目、竣工投产项目等四张清单，确保全年实施一批“增资扩产”项目。实施工业项目全生命周期管理，强化工业项目履约监管，争取全年竣工一批亿元以上制造业项目。狠抓增量土地保障，落实好工业区块线保护管理制度，争取全年新增工业供地 10000 亩以上。三是加快推进企业技术创新。建设完善国家、省、市级企业技术中心培育库，深化产学研合作，鼓励企业打造省级企业技术中心、产业链上下游企业共同体。支持企业研发高附加值的专精特新产品和首台（套）装备。四是加大“五企”培育力度。持续深化“两万”助企服务，落实好各类政策，减轻企业负担。坚持“抓大、扶小、育新”统筹发力，引导企业探索现代化企业制度，培育一批领航企业、单项冠军企业、专精特新“小巨人”企业、专精特新中小企业和创新型中小企业。

（三）聚焦集群化发展，打造先进制造业增长极

一是改造提升特色优势产业。推进省级制造业改造提升标杆县（市、区）创建，加快打造一批在国内乃至国际有一定影响力的千亿元级先进制造业产业集群，推进 G104 时尚走廊建设和电气产业国家级先进制造业集群建设。二是培育壮大战略性新兴产业。按照“资源+产业”“引进+转型”的思路，聚焦细分领域，培育一批新兴产业链。加快培育新能源装备产业，聚焦风电装备、光伏、储能等领域，推进海上风电整机制造、瑞浦新能源产业基地等重点项目引进、建设；加快培育新能源汽车产业链，支持整车企业做强做大，力争全市新能源整车产业产值超百亿元；加快培育新材料产业，

推进正威电子、华峰新材料等重大项目建设，支持龙港、平阳绿色包装新材料产业发展。三是大力推进产业链招商。会同投促部门，聚焦“5+5”产业链断链、缺失环节，主攻“500强”尤其世界500强企业、头部企业，大力招引一批旗舰型、标杆性、标志性先进制造业大项目。

（四）聚焦绿色化升级，打造“腾笼换鸟、凤凰涅槃”新标杆

一是加快实施千企节能改造。加大节能技术推广应用力度，建立重点项目库，对重点企业节能改造项目进行跟踪服务和政策支持，实施一批重点节能改造项目。二是加快实施“亩均论英雄”改革3.0版。进一步优化评价指标体系，提高单位能耗强度指标权重，增加单位碳排放强度、人才密度等指标，分类分业全面开展亩均效益综合评价，抓好差别化城镇土地使用税减免、用地、用能、排污等政策落地，争取全年亩均税收、亩均增加值列全省前3位。三是加快构建绿色制造体系。加快发展一批绿色产品、创建一批绿色工厂、打造一批绿色园区。

（五）聚焦服务化转型，打造生产性服务业高地

聚焦新布局、新企业、新设计、新营销、新技术、新模式，打造“研发设计策源地、软件信息融合地、商务会展集聚地、数字贸易创新地、现代金融试验地、现代物流示范地”。一是加快软件和信息服务业发展。以“一核多极”重点，聚焦工业软件与行业解决方案、嵌入式软件、信息系统集成服务、信息技术咨询服务、新兴信息技术服务等五大重点领域，打造温州国际软件谷。二是加快研发设计产业发展。做优浙江创意园、乐清市工业设计基地这两个省级工业设计基地，提升时尚智造设计中心档次，做实电气国家工业设计研究院。结合区域制造业特色，大力推动工业设计与实体经济深度融合，高水平举办工业设计大赛，举办“设计进企业”系列活动和设计成果推介系列活动。三是加快推进温州制造拓市场行动。加大省市级C2M超级工厂企业培育，继续做好中国国际进口博览会、义乌国际智能装备博览会、温州文博会等展会参展工作。持续推进“温州好产品”宣传，扩大温州产品的知名度和影响力。

B.23
2021年温州跨境电商发展研究报告

温州市商务局课题组*

摘　要： 2021年，温州跨境电商进出口规模高速增长，贸易伙伴日益多元化，商品品类和业务地区集中化明显。在全球疫情大背景下，外贸企业加速线上发展和数字化转型，“宅经济”催生诸多跨境电商消费新热点，跨境电商渠道日渐多元化，海外仓成为保障跨境电商供应链畅通的重要力量。当前，温州跨境电商发展迎来良好机遇，政策支持不断强化、监管机制逐步完善、物流渠道更加畅通、公共服务日益优化，同时也面临着主体培育不充分、支撑体系不健全等发展瓶颈。下一步，温州将实施跨境电商进出口绩效再提升、主体培育再提升、仓储物流再提升和公共服务体系再提升四大工程，建设成为平台集聚、主体云集、服务高效、生态完善的浙南闽北赣东跨境电商高地。

关键词： 跨境电商　进出口　仓储物流　公共服务　温州

一　温州跨境电商发展现状

（一）跨境电商进出口规模保持高速增长

2021年，温州跨境电子商务进出口继续保持良好发展势头。据温州海关统

* 课题组成员：彭魏滨，温州市商务局党组书记、局长；钱俊，温州市商务局跨境电商综试区处副处长；戴皓宇，温州海关统计分析科副科长；徐娜，温州科技职业学院跨境电商教研室主任，副教授，主要研究方向为电子商务；赖艺文，温州市商务局跨境电商综试区处工作人员。

计，2021 年温州市通过海关跨境电商平台的进出口总额达 161.79 亿元，其中出口额为 142.46 亿元，进口额为 19.33 亿元，分别较 2020 年增长 1898%和 317%，双双实现高速增长，并且已超额完成本年预定的高线任务指标，如图 1 所示。

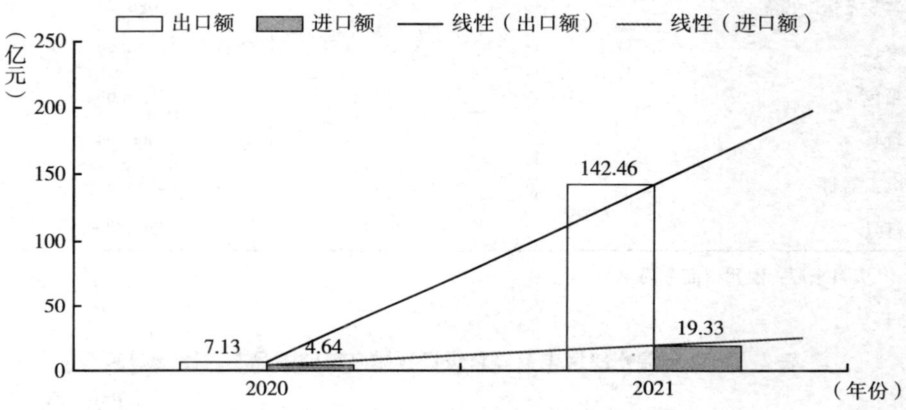

图 1　2020~2021 年温州跨境电子商务进出口总额情况

资料来源：温州海关。

（二）跨境电商进出口商品品类集中度较高

从商品品类看，2021 年温州跨境电商零售出口额排名前十的品类合计占总出口额的 50.3%，分别是纺织纱线、织物及其制品，塑料制品，服装及衣着附件，鞋靴，游艺及运动设备，家具，箱包，玩具，电工器材，灯具（见表 1）。2021 年温州跨境电商零售进口额排名前四的品类合计占总进口额的 99.2%，分别是美容化妆品及洗护用品、食品、玩具和机电产品（见表 2）。

表 1　2021 年温州跨境电商零售出口额排名前十的品类占比及增速

单位：%

商品品类	占比	同比增速
纺织纱线、织物及其制品	8.7	2980.87
塑料制品	8.6	1735.81
服装及衣着附件	7.5	2646.52

续表

商品品类	占比	同比增速
鞋靴	6.2	2244.2
游艺及运动设备	4.6	1984.42
家具	3.8	1989.99
箱包	3.4	2615.65
玩具	2.7	3360.64
电工器材	2.6	2638.86
灯具	2.2	5390.89

资料来源：温州市商务局。

表 2　2021 年温州跨境电商零售进口额排名前四的品类占比及增速

单位：%

商品品类	占比	同比增速
美容化妆品及洗护用品	68.3	267.7
食品	25.4	436.4
玩具	3.9	925.0
机电产品	1.6	814.1

资料来源：温州海关。

（三）跨境电商贸易伙伴日益多元化

从贸易伙伴看，2021 年温州跨境电商零售进口来源地排名前十的分别为欧盟、日本、美国、新西兰、韩国、澳大利亚、中东、英国、东盟和加拿大。温州跨境电商零售出口目的地排名前十的分别为美国、欧盟、东盟、英国、阿联酋、印度、墨西哥、智利、尼日利亚和沙特阿拉伯。2021 年，美国和欧盟依旧是温州跨境电商出口的主要目标市场，随着我国"一带一路"倡议推进和《区域全面经济伙伴关系协定》（RCEP）的签订，东南亚、中东、拉丁美洲等新兴市场也将成为跨境出口卖家的重要拓展方向，如图 2 所示。

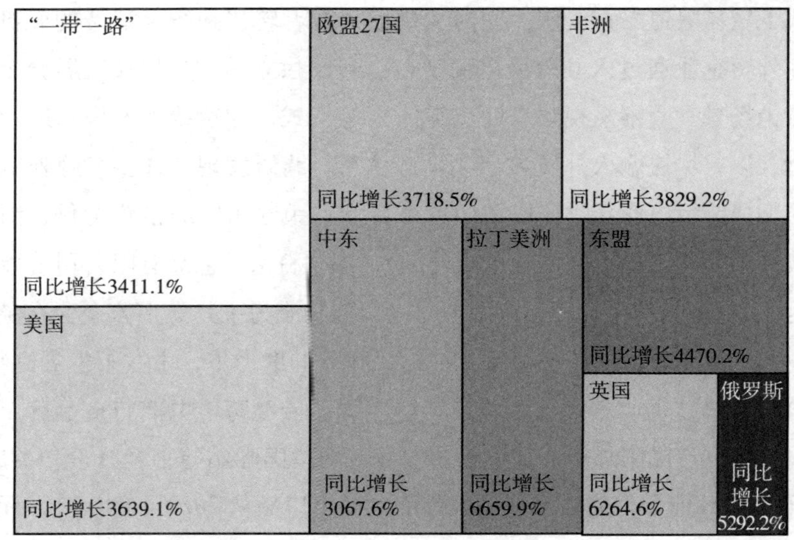

图 2　2021 年温州主要跨境出口目标市场分布及出口额增速

资料来源：温州海关。

（四）跨境电商业务地区集中度较高

当前温州市产业集群培育成效显著，各县市区都有各自的优势产业集群。包括鹿城鞋类，瓯海眼镜、鞋类，瑞安市汽摩配、鞋类、箱包，永嘉教玩具，龙湾制笔，平阳宠物用品、皮革皮件、按摩器具，乐清电气，苍南针织内衣，龙港礼品，经开区五金卫浴在内的 10 个县市区 15 个产业集群先后获批省级产业集群跨境电商发展试点，试点总量位居全省第一。鹿城、乐清、瓯海等地在“产业集群+跨境电商”模式的助推下，跨境电商进出口额迅猛增长，而泰顺、文成等地产业集群培育效果有待提升，跨境电商业务完成情况不理想。

二　温州跨境电商发展特征

（一）疫情加速外贸企业线上发展、数字化转型

2020 年以来，由于受新冠肺炎疫情的影响，全球零售链路受到冲击，特

别是线下贸易渠道严重受阻。面对大规模消费者转移到线上消费的商机，越来越多外贸企业通过入驻跨境电商平台、开设独立站、参加在线展会、丰富数字营销场景（直播短视频、社交媒体）等方式，加速线上发展，进行数字化转型，以求尽快融入外贸数字化生态体系。调研发现，许多老牌外贸企业成功转型成跨境电商新秀。以我国首个新型“镇改市”龙港市为例，浙江协利科技有限公司（综合性文化创意礼品）、温州百盛工艺品有限公司（以圣诞礼品为主）、温州博宇日用品有限公司（以购物袋为主）等多家企业在温州市跨境电商政策与跨境电商外贸综合一站式服务的助力下，由线下发展到线上，依托自身优势结合业务拓展和礼品产业布局，借助跨境电商打造品牌，通过创意设计提升产品附加值，陆续在速卖通、阿里国际站等平台开设相关店铺，积极开展 B2B 业务。龙港市综试区跨境电商出口额从 2020 年的 184 万元，增长到 2021 年的 2.76 亿元，初试跨境转型，实现华丽转身。

（二）“宅经济”催生跨境电商消费新热点

由于新冠肺炎疫情席卷全球，美国、欧洲、东盟等不少贸易国和地区实施“居家隔离”等限制外出政策。受居家办公和居家生活的影响，海外“宅经济”催生了一批跨境电商消费新热点，例如，浙江协利科技有限公司拥有 2 个生产基地和 5 家子公司，构建起“互联网+文化设计”平台，同时形成包括跨境和国内电商公司、海外研发设计和营销中心以及海外仓在内的完整闭环。其公司研发生产的儿童益智玩具不仅能提供“玩乐”，还满足“居家教育”的需求，真正做到“寓教于乐”，成为益智类玩具的消费新热点，2020 年外贸出口额达 4000 余万美元。浙江迈高科技有限公司抓住外贸新业态机遇，多方疏通线上产品流通渠道，大力研发设计符合国外风情的居家办公产品系列，其中便利贴成为居家热卖产品，2020 年外贸出口额达 1200 余万美元。

（三）跨境电商渠道日渐多元化

目前网络零售在全球主要国家和地区进入高速增长期，这为跨境电商发展提供了充足的成长空间。同时，在大型跨境电商平台流量红利减弱、各种建站工具日益成熟，以及跨境电商流量呈现碎片化趋势的背景下，越来越多的企业愿意应用新技术创新业务模式，通过独立站、国外社交媒体、短视频平台、直播平台等方式，拓宽多元化销售渠道。调研发现，开设独立站已经成为跨境电商企业布局的重要方向，部分跨境电商企业开始关注网红营销的重要性。而且，一些外贸企业通过参加线上线下融合的“云展会”平台，获得不少订单，这将为未来跨境电商的发展创造新的赛道。

（四）海外仓成为保障跨境电商供应链畅通重要力量

受新冠肺炎疫情影响，跨境直邮模式遭遇严重阻碍。当前，跨境物流成本上升、商品送达时间不确定等因素对跨境电商发展构成了巨大挑战，而由于海外仓模式具有提前备货、配送时效高、本土化服务、供应链保障等优势，能够帮助广大卖家有效解决例如运费高、运输配送速度慢、无法实现商品退换货等业务难题，因此受到越来越多跨境电商企业的欢迎。近年来，政府非常重视跨境电商海外仓的发展，提出各类政策支持，推动海外仓规模快速扩张。在国家对海外仓建设发布的政策号召下，温州市政府也出台了相应的支持政策。例如，在2020年温州市人民政府发布的《关于进一步加快开放型经济发展的若干政策意见》（温政发〔2020〕14号）中，政府鼓励企业建设公共海外仓，对新认定的市级跨境电商公共海外仓试点的投资主体，给予50万元的奖励，对在“一带一路”沿线国家的公共海外仓试点，奖励额度再增加10万元。经初步统计，温州现有公共海外仓56家，分布于16个国家，总面积超79.9万平方米，投资额超2亿元，海外仓数量和面积分别位列全省第四和第三。

三　温州跨境电商发展的机遇和挑战

（一）机遇与优势

1. 跨境电子商务政策支持不断强化

自2019年12月中国（温州）跨境电子商务综合试验区获批以来，温州第一时间成立由时任浙江省委常委、温州市委书记陈伟俊任组长，姚高员市长任第一副组长、殷志军副市长任副组长，市商务局、改革办、财政局以及交通运输、海关、税务、人行等职能单位主要负责人任成员的综试区建设领导小组，该小组在商务局成立跨境电商综试区处和跨境电商促进中心中承担领导小组办公室日常职能，从海关转任专业干部，新增事业编制 13 名，出台综试区建设总规划，制发专项扶持政策，建立联席会议制度，加强组织领导和统筹协调，完善组织、人才、财政等资源要素保障，专班化、清单式推进跨境电商综试区建设。

2. 跨境电子商务监管机制逐步完善

2021 年 7 月，国务院发布《关于加快发展外贸新业态新模式的意见》，明确提出要“支持运用新技术新工具赋能外贸发展，完善跨境电商发展支持政策，培育一批优秀海外仓企业”。为了有力支持跨境电商企业创新发展，温州海关制作《温州跨境电商综试区备案通关操作流程》，指导企业开展进出口申报业务；拓展温州综试区 9610 出口通道，在温州综保区搭建 9610 出口公共平台；优化通关、为重大项目提供个性化服务，助力综保区招商引资，推动综保区 1210 进口业务做大做强。市税务局逐步完善跨境电商出口业务的税收管理，对 1210 出口业务可以按照视同出口货物适用增值税退（免）税政策，对 9610 出口业务实行“无票免税、有票退税”的政策，9710 参照一般贸易适用增值税退（免）税政策，允许 9810 按较为严格的申报条件适用增值税退（免）税政策。市外汇管理局等相关部门也都相继针对跨境电商发展的主要瓶颈问题出台了相关政策。当前，“关、税、汇”已基本形成完善的制度体系，以支持温州市跨境电商企业合法、合规、低成本开展跨境电商业务。

3. 跨境电商物流渠道畅通取得积极进展

为了“稳外贸、稳出口、优服务”，温州市大力发展跨境电商物流，构建多元化国际物流渠道，加快完善跨境电商物流体系。作为跨境电商综试区核心区的落户载体，温州综合保税区于 2021 年 3 月通过海关总署等八部委联合验收并投入使用，且已完成跨境电商园一期改造和二期投资新建 4. 5 万平方米建设。在此基础上，温州综保区的跨境电商订单量爆发式增长，呈现井喷态势。2021 年跨境电商完成订单量 899. 5 万单，销售额 26. 92 亿元，分别较 2020 年增长 623%和 599%。在跨境货物集拼中心方面，瑞安探索建设“浙南首个跨境货物公共集拼中心”，同时也是温州市首个跨境货物集拼中心，自 2021 年 4 月 9 日启运以来，该集拼中心的月业务出单量累计达 130 余万美元。在国际货运航线方面，温州至意大利米兰、美国洛杉矶和日本东京的国际货运航线顺利开通，为温州市跨境电商发展提供有力支撑。

4. 跨境电子商务配套公共服务日益优化

一是立足区位特点，充分挖掘城市优势资源。温州位于沿海经济发展区，是东南沿海重要的商贸城市、区域消费中心城市和全国性综合交通枢纽，是“双循环”的重要节点城市，是长三角辐射闽台赣、联通粤港澳的战略节点，“海、陆、空、邮、铁”渠道齐全，机场客流量位列全国地级市第二，在 131 个国家和地区拥有侨商侨胞 70 余万人，归侨侨眷 50 万人。二是扶持跨境电商园区，持续凸显其集聚效应。据不完全统计，全市现有瓯海眼镜跨境电商园、红连跨贸园、鹿城跨境电商园、瑞安数字商务服务中心等七大特色跨境电商园，跨境园区面积合计超过 10 万平方米，入驻企业近 400 家，跨境电商园区数量全省占比为 8. 33%，位列全省第五。三是跨境电商应用主体培育成效显著。2021 年温州有出口活跃网店 1. 4 万家，同比新增 4000 余家，增速为 39. 87%，新增网店数量位居全省第三，占全省新增活跃网店总数的 87. 2%。

（二）挑战及短板

1. 主体培育不充分

一是龙头企业缺乏。在全市各类跨境电商活跃网店增长迅猛的同时，大部分企业仍处于初级摸索阶段，跨境电商年进出口额达 5000 万元的企业不到 15 家，全市年销售亿元以上企业仅 9 家，龙头企业数位列全省第六，亿元以上卖家培育成效离完成目标任务还有较大差距，龙头企业带动作用不明显，大中小企业协同发展格局尚未形成。二是品牌建设不充分。跨境电商行业商品同质化严重、竞争激烈，多数企业品牌建设不充分，尚未在竞争中树立独特的品牌形象，一定程度上陷入与同质化商品的价格竞争，未能充分发挥商品本身的内在价值。三是数字化营销能力不足。温州市跨境电商企业缺乏打通采购端及销售端信息的数字化能力，大多未实现对数据深度地、持续地挖掘，独立站等渠道建设滞后，业务拓展渠道单一，数字化营销能力不足。

2. 支撑体系不健全

一是口岸功能不强。跨境电商对仓储物流、口岸运能及前端揽货响应能力要求较高，但温州市拼箱基地、仓储物流基地建设滞后，运营企业运营能力和经验欠缺，货运包机及快船航线缺失，受上海、宁波、义乌、厦门等港口虹吸影响，温州跨境电商货源外流严重。二是海外仓共享机制缺乏。全市现有海外仓以租赁为主，自建（含合资）仅 8 个，企业自建公共海外仓意愿不高，且现有公共海外仓标准化、规范化、协同化水平不高，多数海外仓信息系统达不到主流跨境电商平台端口的对接标准，与属地物流系统没有形成配套，头程、尾程配送方式的安全性和时效性难以得到有效保障。三是专业人才稀缺。政、产、学、研尚未形成人才培育有效合力，温州市高校跨境电商对口专业人才供给与企业需求尚未实现精准匹配，企业“招人难”与跨境电商专业人才“就业难”现象并存。四是政企联动不平衡。跨境电商公共服务中心尚未实现县市区全覆盖，本地跨境电商协会的“政府助手、企业帮手、行业推手”作用发挥不足，政府部门在资源对接、业务推动、技能培训等方面的投入难以和企业形成有效联动，资源尚未实现高效串联整合。

四　建议意见

温州跨境电商发展要以跨境电商综试区建设为主平台，围绕“打通渠道”（产业集群—跨境电商产业园—口岸拼箱集货基地—口岸物流—海外仓）和“打造主体”（综试办—市级公共服务中心—市级跨境电商学院—跨境电商协会或跨境电商发展联盟）两条主战略，实施进出口绩效再提升、主体培育再提升、仓储物流再提升和公共服务体系再提升工程，全心强化要素保障，全力优化综试区功能布局，全速健全物流仓储体系，全面推进跨境电商监管模式创新，全效营造跨境电商发展氛围。

（一）实施进出口绩效再提升工程

根据9610、9710、9810、1210等不同业态的特征，根据温州企业在外地口岸报关、在本地口岸报关以及在本地口岸出运的不同情况制定针对性政策条款，在引导企业开展相关跨境电商业务，应统尽统的同时，充分运用扶持政策引导跨境电商企业跨境电商物流在口岸聚集、跨境电商货物在口岸出运，提升温州口岸竞争力。

（二）实施主体培育再提升工程

一是引育结合。扶持鼓励跨境电商创新创业，根据业务实绩为跨境电商创业企业提供租金扶持，支持企业申报国家级、省级、市级跨境电商示范企业，推动企业高质量发展；积极对接粤港澳优质跨境电商外溢资源，引进平台企业、物流企业将总部、功能性区域中心、法人分支机构设立或迁移至温州；培育综合服务企业，为企业提供注册备案、跨境电商申报、跨境电商物流、代理出口、代办退税、品牌运营、商业推广、商品定制、售后服务等综合服务。二是聚焦渠道建设。做好温州国际邮件互换局搬迁升级和温州机场、综保区9610监管场所等海关监管场地建设，协调各方尽快做大做强9610“非邮”出口业务，拓宽跨境电商出口渠道；加大跨境电商品牌企业、细分领域平台型企业（独立站）培育，鼓励跨境电商企业自建独立站，依托产业集群推动更多本土跨境电商品牌“走出去”。三是鼓励数字化营销和自主品牌建设。鼓励企业在第三方跨境电商平台新开设店铺，通过数字化营销提升销售额，对当年跨境电商网络交易额达到一定额度的店铺进行奖励；支持企业进行自主品牌申报，对以自主境外品牌销售的跨境电商企业进行政策扶持，打响跨境电商的温州品牌。

（三）实施仓储物流再提升工程

一是提高集货拼箱能力，强化物流用地规划与顶层设计。支持物流企业在温州本地发展集货、拼箱仓库，打造浙南闽北赣东集拼平台，使本地及周边进出口货物通过温州口岸能一步到位地实现出口集拼、进口拆箱、买方集运和国际中转。二是加快开辟直航航线。加快开通对日韩及对台海运直航航线，开辟飞往亲密贸易伙伴目的国的国际航空专线，利用航线优势，揽回本地流失业务；整合机场、中欧班列、港口等运输资源，实现“海陆空铁”立体物流。

（四）实施公共服务体系再提升工程

一是加速推进跨境电商综合服务平台建设，以数字化改革为契机，梳理现实需求，深入谋划多跨场景，厘清堵点、痛点和难点问题，提高综合治理效能，用数字化改革驱动跨境电商高质量发展和高品质公共服务。二是促进海外仓建设发展，鼓励企业通过购买或者租赁方式建设跨境电商海外仓，支持企业申报省级、市级跨境电商公共海外仓，推动海外仓高质量发展。三是支持跨境电商产业园区发展，鼓励各县市区、功能区结合实际，建设各具特色、错位发展的跨境电商园区，推进跨境电商公共服务中心建设，并建立动态评估机制和考评制度，为温州企业提供优质的跨境电商技术和政策咨询等服务。四是推进跨境电商人才建设，成立跨境电商专家库、人才库，建立跨境电商学院，增设跨境电商专业，支持和鼓励社会机构开展跨境电商培训，打造政产学研一体化的人才培养体系，实现供需匹配。五是营造良好的市场氛围和环境，鼓励国内外知名跨境电商企业、媒体、行业协会在温举办大型的峰会、论坛、展会等跨境电商专题活动，支持温州企业参加国内重点跨境电商展，积极营造跨境电商良好氛围。

附　　录

Appendix

B.24
1978~2021年温州经济社会发展主要指标

年份	地区生产总值（万元）	第一产业（万元）	第二产业（万元）	第三产业（万元）	人均GDP（元）	财政总收入（万元）	人民币储蓄余额（万元）	年末户籍人口（万人）		城镇居民人均可支配收入（元）	农村居民人均纯收入（元）	城镇居民恩格尔系数（%）	农村居民恩格尔系数（%）	城镇居民人均住房建筑面积（平方米）	农村居民人均住房建筑面积（平方米）	初中毕业生升学率（%）	医疗卫生机构床位数（个）
								城镇	农村								
1978	132150	55744	47361	29045	238	13477	4511	55.98	505.28	—	113	—	—	—	—	—	5826
1979	150186	62498	55400	32288	265	13781	7242	57.70	513.93	—	—	—	—	—	—	—	6449
1980	179689	68437	73121	38131	312	17089	10783	59.04	522.38	—	165	—	—	—	9.5	—	6951
1981	191755	69904	78928	42923	327	18076	14367	61.73	531.10	477	270	59.95	—	—	10.1	—	7186
1982	213686	88608	75839	49237	358	19100	18482	64.32	537.81	514	298	56.89	—	—	13.1	—	7372
1983	243432	93190	91797	58445	401	23067	24912	65.95	545.51	536	313	63.47	—	11.46	13.6	—	7737

续表

年份	地区生产总值（万元）	第一产业（万元）	第二产业（万元）	第三产业（万元）	人均GDP（元）	财政总收入（万元）	人民币储蓄余额（万元）	年末户籍人口（万人）		城镇居民人均可支配收入（元）	农村居民人均纯收入（元）	城镇居民恩格尔系数（%）	农村居民恩格尔系数（%）	城镇居民人均住房建筑面积（平方米）	农村居民人均住房建筑面积（平方米）	初中毕业生升学率（%）	医疗卫生机构床位数（个）
								城镇	农村								
1984	302064	112740	116447	104420	490	27352	31717	69. 51	551. 01	605	345	56. 64	59. 45	11. 88	15. 4	28. 10	8289
1985	378045	128045	160970	89030	605	40579	36044	85. 10	544. 09	819	447	54. 63	57. 34	—	17. 1	19. 20	8428
1986	449140	140772	194156	114212	710	50329	59761	88. 86	547. 35	1020	508	53. 24	54. 13	11. 56	18. 0	26. 71	8881
1987	549554	175792	233083	140679	859	60944	76291	91. 99	552. 00	1176	626	51. 71	54. 73	—	19. 5	22. 13	9207
1988	692077	205865	290740	195472	1067	75419	94946	95. 42	557. 55	1602	832	56. 84	53. 67	—	20. 4	19. 42	9841
1989	728378	207848	316565	203965	1110	87672	199361	97. 11	562. 63	1895	924	57. 51	51. 82	14. 84	21. 3	28. 48	9935
1990	778977	213424	347959	217594	1174	88929	311059	98. 28	568. 70	2007	929	58. 47	54. 84	15. 41	21. 4	27. 67	10135
1991	929184	243483	412663	273038	1387	99391	415505	99. 66	572. 89	2354	1044	59. 16	54. 60	—	22. 3	26. 19	10202
1992	1268594	237351	663989	367254	1877	118946	554207	102. 08	576. 91	3156	1200	51. 88	57. 22	13. 82	22. 3	24. 70	10261
1993	1960634	261792	1144698	554144	2874	186767	680182	104. 53	581. 04	4369	1474	49. 34	53. 89	14. 27	23. 2	32. 42	10661
1994	2958650	306284	1726585	925781	4294	216837	987766	107. 53	584. 87	5625	2000	53. 95	57. 77	16. 37	25. 3	68. 66	11249
1995	4016636	414154	2311076	1291406	5778	264921	1420469	111. 24	586. 66	7507	2801	54. 41	51. 26	17. 16	28. 4	50. 69	11303
1996	5070549	473725	2952381	1644443	7232	321986	1994759	114. 31	590. 06	8277	3371	51. 89	56. 28	17. 06	29. 4	52. 81	11288
1997	6018516	516825	3444436	2057255	8520	387066	2556952	119. 76	588. 59	9034	3658	48. 92	60. 21	20. 04	30. 7	54. 23	11655
1998	6720564	531329	3810420	2378815	9423	459864	3229434	123. 90	594. 14	8968	3833	47. 44	54. 08	20. 68	28. 6	54. 40	11905
1999	7290748	523703	4048362	2718682	10128	551533	3795863	127. 16	594. 46	10339	4024	42. 65	51. 20	23. 28	31. 0	58. 70	12381
2000	8220172	532070	4556311	3131791	11276	738727	4641487	130. 93	605. 39	12051	4298	43. 45	49. 43	25. 63	33. 70	66. 90	12411
2001	9243037	561894	5022548	3658594	12532	961088	5829091	134. 13	604. 68	13200	4683	39. 22	46. 43	26. 92	34. 10	72. 96	12946
2002	10523525	544913	5688237	4290376	14241	1262601	7459660	138. 26	600. 86	14591	5091	38. 13	43. 66	27. 70	38. 20	79. 47	14131
2003	12124850	556719	6604186	4963946	16369	1517719	9203153	142. 95	599. 33	16035	5548	37. 13	44. 65	28. 67	38. 40	83. 47	15481

续表

年份	地区生产总值（万元）	第一产业（万元）	第二产业（万元）	第三产业（万元）	人均GDP（元）	财政总收入（万元）	人民币储蓄余额（万元）	年末户籍人口（万人）		城镇居民人均可支配收入（元）	农村居民人均纯收入（元）	城镇居民恩格尔系数（%）	农村居民恩格尔系数（%）	城镇居民人均住房建筑面积（平方米）	农村居民人均住房建筑面积（平方米）	初中毕业生升学率（%）	医疗卫生机构床位数（个）
								城镇	农村								
2004	13889065	626205	7461479	5801381	18662	1824359	10040379	148.15	598.04	17727	6202	37.43	45.13	29.16	39.40	85.72	16309
2005	15963530	648867	8668845	6645818	21335	2049213	11613127	152.61	597.67	19805	6845	32.61	44.63	31.30	40.00	88.10	16839
2006	18375038	655084	10064859	7655095	24390	2410894	14763429	156.98	599.50	21716	7543	35.22	42.55	31.51	41.30	89.83	18223
2007	21589094	680862	11704211	9204020	28387	2932606	16380211	161.06	603.51	24002	8591	36.38	44.52	33.52	42.30	95.32	18612
2008	24242923	766843	12867606	10608473	31403	3397842	20850242	164.44	607.55	26172	9469	38.36	47.55	30.16	42.10	96.07	19304
2009	25273442	803100	13142400	11327942	32588	3607243	26172245	167.12	611.99	28021	10100	36.34	46.32	30.93	44.10	95.51	20380
2010	29250426	936932	15334626	12978868	37359	4114300	29161226	170.20	616.60	31201	11416	35.20	43.11	30.50	43.00	95.80	22617
2011	34185315	1078751	17607162	15499402	43132	4856156	33422645	171.34	627.02	31749	13243	36.20	44.90	32.30	43.80	96.10	22783
2012	36691832	1142171	18529900	17019761	45906	5178928	36169626	169.50	630.70	34820	14719	37.80	45.70	33.20	45.80	96.50	26159
2013	40038617	1153905	20154845	18729866	49817	5656347	38212517	169.73	637.51	37852	16194	38.80	46.00	41.70	42.20	97.30	29729
2014	43030500	1179400	20297000	21554100	53094	6124400	38831144	176.38	637.32	40510	19394	31.00	37.70	42.10	42.10	97.60	31464
2015	46198400	1232400	21015300	23950700	50809	6779200	95774600	404.40	406.81	44026	21235	31.90	39.40	42.62	42.97	97.60	35182
2016	50454000	1388100	21126800	27939100	55165	7239600	102133100	310.00	508.14	47785	22985	31.60	39.00	43.00	43.10	98.10	35688
2017	54531700	1440800	21492200	31598700	59177	7782600	108754900	381.55	442.98	51866	25154	31.70	37.20	43.30	45.40	98.10	39947
2018	60061600	1417500	23795300	34848800	72657	8952600	117366600	348.03	480.72	56097	27478	29.80	35.60	—	—	98.50	42432
2019	66061100	1517200	28124800	36419100	71225	9368700	131564400	378.27	454.09	60957	30211	29.00	35.40	48.20	58.88	98.54	44038
2020	68709000	1598000	28345000	38766000	71774	9625000	150320000	—	—	63481	32428	28.00	35.40	50.70	59.70	98.74	43790
2021	75850000	1643000	31913000	42294000	78642	10815000	162139000	—	—	69678	35844	27.60	34.90	51.40	59.90	—	45830

注：2015 年以前城镇人口为非农业人口，乡村人口为农业人口，受户籍制度改革影响，当年统计数值有较大变动；数据由王健整理与计算。

皮 书

智库成果出版与传播平台

皮书定义

皮书是对中国与世界发展状况和热点问题进行年度监测，以专业的角度、专家的视野和实证研究方法，针对某一领域或区域现状与发展态势展开分析和预测，具备前沿性、原创性、实证性、连续性、时效性等特点的公开出版物，由一系列权威研究报告组成。

皮书作者

皮书系列报告作者以国内外一流研究机构、知名高校等重点智库的研究人员为主，多为相关领域一流专家学者，他们的观点代表了当下学界对中国与世界的现实和未来最高水平的解读与分析。截至 2021 年底，皮书研创机构逾千家，报告作者累计超过 10 万人。

皮书荣誉

皮书作为中国社会科学院基础理论研究与应用对策研究融合发展的代表性成果，不仅是哲学社会科学工作者服务中国特色社会主义现代化建设的重要成果，更是助力中国特色新型智库建设、构建中国特色哲学社会科学“三大体系”的重要平台。皮书系列先后被列入“十二五”“十三五”“十四五”时期国家重点出版物出版专项规划项目；2013~2022 年，重点皮书列入中国社会科学院国家哲学社会科学创新工程项目。

S 基本子库
UB DATABASE

中国社会发展数据库（下设 12 个专题子库）

紧扣人口、政治、外交、法律、教育、医疗卫生、资源环境等 12 个社会发展领域的前沿和热点，全面整合专业著作、智库报告、学术资讯、调研数据等类型资源，帮助用户追踪中国社会发展动态、研究社会发展战略与政策、了解社会热点问题、分析社会发展趋势。

中国经济发展数据库（下设 12 专题子库）

内容涵盖宏观经济、产业经济、工业经济、农业经济、财政金融、房地产经济、城市经济、商业贸易等12个重点经济领域，为把握经济运行态势、洞察经济发展规律、研判经济发展趋势、进行经济调控决策提供参考和依据。

中国行业发展数据库（下设 17 个专题子库）

以中国国民经济行业分类为依据，覆盖金融业、旅游业、交通运输业、能源矿产业、制造业等 100 多个行业，跟踪分析国民经济相关行业市场运行状况和政策导向，汇集行业发展前沿资讯，为投资、从业及各种经济决策提供理论支撑和实践指导。

中国区域发展数据库（下设 4 个专题子库）

对中国特定区域内的经济、社会、文化等领域现状与发展情况进行深度分析和预测，涉及省级行政区、城市群、城市、农村等不同维度，研究层级至县及县以下行政区，为学者研究地方经济社会宏观态势、经验模式、发展案例提供支撑，为地方政府决策提供参考。

中国文化传媒数据库（下设 18 个专题子库）

内容覆盖文化产业、新闻传播、电影娱乐、文学艺术、群众文化、图书情报等 18 个重点研究领域，聚焦文化传媒领域发展前沿、热点话题、行业实践，服务用户的教学科研、文化投资、企业规划等需要。

世界经济与国际关系数据库（下设 6 个专题子库）

整合世界经济、国际政治、世界文化与科技、全球性问题、国际组织与国际法、区域研究 6 大领域研究成果，对世界经济形势、国际形势进行连续性深度分析，对年度热点问题进行专题解读，为研判全球发展趋势提供事实和数据支持。

法律声明